111 GRÜNDE, PARIS ZU LIEBEN

Catharina Geiselhart

111 GRÜNDE,
PARIS
ZU LIEBEN

**Eine Liebeserklärung an die
großartigste Stadt der Welt**

Mit Illustrationen von Jana Moskito

SCHWARZKOPF & SCHWARZKOPF

»Es gibt kein noch so mildes Klima, keine noch so lieblich duftende Luft, keine so entzückende Gegend, die mir den stinkenden Dunst von Paris aufwiegen könnte, dem ich meinen Husten verdanke … kein wirklich intelligenter Mensch kann nur in Paris leben und sterben. Zugegeben, die Luft, die man atmet, ist verseucht, das Leben ist abgehetzt, aber man befindet sich in einem geistigen Klima, einer Luft, die auch in die abgeschlossensten und einsamsten Wohnungen dringt. Paris ist das gestaltgewordene Leben, das kondensierte Weltall …« HEINRICH HEINE[*]

[*] In: Der Dichter stirbt, H. Heines letzte Jahre in Paris, Berlin Verlag 1997

INHALT

Weil 20 Arrondissements »très chic« sind – Weil das Feinste vom Feinsten ein Credo ist – Weil man im 2. Arrondissement mindestens zwei schlaflose Nächte verbringt – Weil das 3. Arrondissement so vielfältig und weitläufig ist, dass man es zu Fuß kaum zur Gänze erkunden kann – Weil sich das charmante 4. Arrondissement hervorragend mit Fahrrad, Tretroller oder Rollschuhen erkunden lässt – Weil das 9. Arrondissement neben guten Wanderschuhen auch einen wachen Geist verlangt – Weil es hinter Pigalle weiter und immer weiter geht – Weil es sich lohnt, die unterirdischen Verkehrsmittel genauer ins Auge zu fassen – Weil hier sogar die Metrostationen Kultur und Geschichte in den Alltag bringen – Weil manche Metrostationen zu Zeitreisen einladen

Weil selbst eigentlich unattraktive Metrostationen ihren abenteuerlichen Charme haben – Weil Pariser Brücken es in sich haben – Weil manche Brücken an schöne Orte führen – Weil die einzigartigen Plätze den Besucher mit ihrer Schönheit verzaubern – Weil auch die Place de Furstemberg zu einer Zeitreise einlädt – Weil in dieser Stadt sogar eine Insel sexy sein kann – Weil manche Straßen die Konten gefährden und gleichzeitig Geschichte schreiben – Weil viele Straßen reicher an Geschichte sind als manches Geschichtsbuch – Weil man für die Ausdauer, die man für die Wartezeiten vor mancher Sehenswürdigkeit braucht, hinterher reich belohnt wird – Weil es in Paris Orte gibt, an denen man sorgenlos schreien kann

Weil man wider Erwarten auch in Geschäften und Lokalen auf Pariser trifft, die einen mit ihrem Charme bezaubern – Weil Höflichkeit nicht nur eine Zier ist, sondern das A und O der französischen Lebensweise – Weil man in Paris auf Trab gehalten wird und so jung bleibt – Weil sich die Pariser Lebensfreude weder durch Lärm noch durch Stress dämpfen lässt – Weil Metro und Bus in jedem Fall das Auto an die Wand spielen und so manches erleichtern – Weil Paris sauberer ist, als man es von einer Großstadt erwarten würde – Weil man hier selbst nach dem größten Gezeter friedlich auseinandergehen kann – Weil in Paris nicht mehr geklaut wird als anderswo – Weil man in der Pariser Innenstadt auch nach Mitternacht gefahrlos spazieren gehen kann – Weil man in Paris auch preiswert leben kann, wenn man nur die richtigen Orte kennt

Weil es überall in Paris kokette und freche Mädchen gibt – Weil selbst Liza Minelli an-

5

reist, um die Pariser Gay Pride zu besuchen – Weil man erhitztes Blut leicht beruhigen kann – Weil manche Pariser die Liebe zu Hause bevorzugen, andere wiederum den Sternenhimmel – Weil Florida einmal im Jahr einen Abstecher nach Paris macht – Weil der Pariser Juni ohne Musik noch nicht heiß genug ist – Weil es in Paris Liebe on the rocks gibt – Weil die Seine schon viele Liebesschwüre gehört hat – Weil Gothic-Fans (und alle, die es ein wenig schauerlich mögen) auf ihre Kosten kommen – Weil Autogramm-jäger nirgends so viel Beute machen wie in Paris

Kapitel 5: Shopping in Paris

Weil es fantastische Vintage-Boutiquen gibt – Weil Aschenputtel in Paris nicht auf den einen hätte warten müssen, der ihr den Schuh bringt – Weil Antiquitäten und Gemälde auch für schmale Geldbörsen erschwinglich sind – Weil es ungewöhnliche Geschenkläden gibt, die hoffentlich noch lange bestehen bleiben – Weil es sagenhafte Galerien gibt – Weil Galeriebesuche Lust auf feines Gebäck und Kuchen machen – Weil selbst Hobbyköche exzellent einkaufen können – Weil nicht nur der Biomarkt empfehlenswert ist – Weil Käse nicht nur das Pariser Leben würzt – Weil Paris ohne Wein wie eine Suppe ohne Salz wäre

Kapitel 6: La Fashion *victime*

Weil die Mode in Paris zu Hause ist – Weil man natürlich ohne Mode leben kann, es sich in Paris aber nicht lohnt – Weil »enfin et surtout« Klamotten selbst den Schuh an die Wand spielen – Weil die Edelboutique trotz hoher Preise eine Pariserin nicht erschüttern kann und Voyageure nicht erschüttern darf – Weil man an einem einzigen Tag auf der Melrose Place und am Saint-Germain-des-Prés shoppen kann – Weil es Spaß macht, die echte Pariserin im Heer der Casual-Passanten zu erkennen: das Paris-Quiz – Weil die Fashion Week einen nicht zum Fashion »victime« machen muss – Weil Paris eine der wenigen Städte ist, in denen das Accessoire noch König ist – Weil Voyageure in Paris auf jeden Fall gut »behütet« sein können – Weil die It-Bag kein Must-have ist

Kapitel 7: Auf den Spuren der verlorenen Zeit

Weil die Rue Saint-Honoré, die Place de la Concorde und die Place de la Bastille schon ganz andere Gesichter gesehen haben – Weil viele Straßen und Plätze aufgeschlagene Bücher sind – Weil Paris das Mekka der Kunst ist – Weil man im »Café de Flore« neben Simone de Beauvoir sitzen kann – Weil Montmartre von Toulouse-Lautrec und der Tänzerin La Goulue erzählt – Weil das Quartier Chaillot-Passy einst ganz anders ausgesehen hat – Weil man auf den Spuren von Honoré de Balzac, Eugène Delacroix, George Sand und Marcel Proust wandelt – Weil zwischen der lärmenden Geräusch-kulisse unserer Zeit die Harmonien alter Meister erklingen – Weil es noch Mauerreste und Gemäuer gibt, die über 1.000 Jahre alt sind – Weil es in keiner Weltstadt so viele Straßen mit berühmten Namen gibt wie in Paris

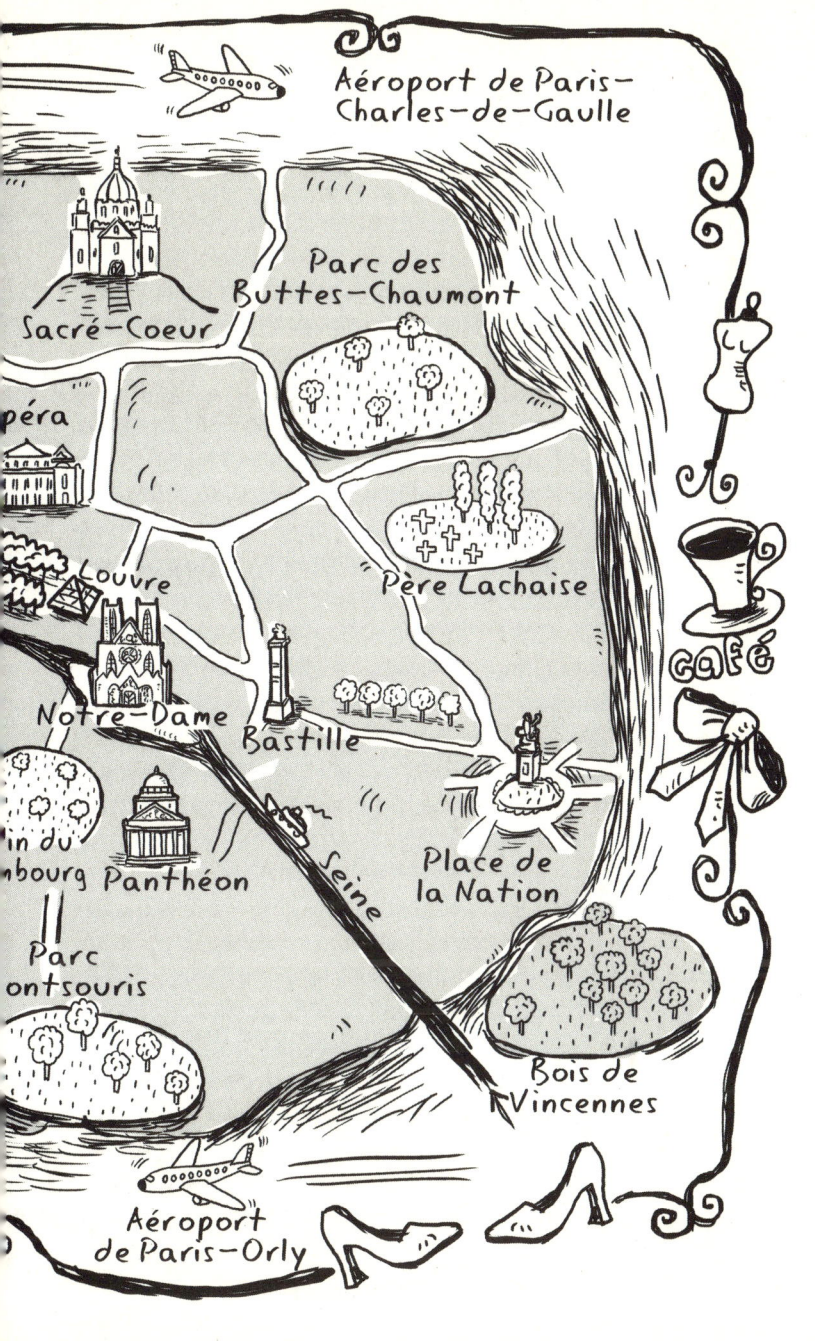

Le coup de foudre

Die Liebe zu Paris ist in meiner Familie schon lange vor meiner Geburt erwacht und das gleich mit Karacho. Es war sozusagen Liebe auf den ersten Blick – *le coup de foudre*, der Blitzschlag. Begonnen hat der Liebesrausch mit dem simplen Wunsch meines Vaters, seinem Studium in Innsbruck einen sechsmonatigen Sprachkurs in London anzuhängen. Er buchte ein Zimmer, schrieb sich ein und stieg an einem Abend im August in den Zug nach London.

Damals war die Bahn länger unterwegs als heute und bummelte durch einige Städte, bevor sie am Ziel anlangte. Von Innsbruck ging es nach Basel und dann weiter nach Paris. An einem Augustmorgen 1967 gegen sieben Uhr trudelte der Zug in der französischen Metropole ein und fuhr dabei langsam durch einen Teil der Innenstadt. Ein strahlend blauer Himmel wölbte sich über die Sandsteingebäude, die ganz frisch geputzt schienen, denn sie gleißten regelrecht im Licht der Augustsonne.

Mein Vater sah die Metropole an diesem Tag zum ersten Mal in seinem Leben und war geblendet und sprachlos zugleich. Er konnte es nicht fassen. Froh darüber, umsteigen zu müssen, verließ er freudig sein Abteil und spazierte vor die Tore des Bahnhofes.

Als er mir davon erzählte, verglich er die Gefühle, die ihn beim Anblick dieser Stadt überwältigt hatten, mit dem, was Wassily Kandinsky beim Sonnenuntergang von Moskau erlebt haben musste. Es war eine Art mystisches Erlebnis, eine Erleuchtung, erklärte mir mein Vater. Er entschloss sich in wenigen Sekunden, nicht nach London weiterzureisen. Er annullierte das Zimmer in London, stornierte die Einschreibung und belegte stattdessen einen Französischkurs an der Alliance française. Ein Jahr später begann er sein Studium an der Sorbonne und blieb von da an für immer.

Seine Begeisterung für die Stadt riss auch meine Mutter mit und allmählich die ganze Familie. Lange Zeit sahen auch wir Kinder alles in den goldenen Reflexionen der sonnenüberfluteten Sandsteingebäude. Wir tobten auf dem Spielplatz d'Orléans, der gleich neben dem Autobahnring liegt, und dachten uns nichts dabei. Ich amüsierte mich, wenn Papa mit mir auf den Schultern im Affenzahn durch überfüllte Straßen zur Parkanlage Montsouris raste, damit meine Lungen nicht allzu sehr litten. Wir fanden es normal, auf dem Heimweg nach der Schule nur Abgase einzuatmen. Die ersten Zweifel über die Schönheit der Stadt kamen meinem zwei Jahre älteren Bruder. Wir saßen wieder einmal im Auto, inmitten eines fürchterlichen Staus – das muss 1995 gewesen sein, als Metro, Busse, Bahn und Müllabfuhr streikten –, da hörten wir den Radiosprecher sagen: »Endlich bin ich in der schönsten Stadt der Welt!«

Unerwartet platzte es aus meinem Bruder heraus und er rief mit großen Augen: »Der hat Tomaten auf den Augen und Stöpsel in den Ohren genau wie Papa. Diese laute Stadt, in der alle wie blöd rumrennen, hupen und sich anschreien, soll die schönste Stadt der Welt sein?«

Unsere Mutter antwortete: »Er sieht mit den Augen der Liebe! Und die blenden oft alles Hässliche aus und sehen nur das Schöne!«

»Und was ist mit der Nase? Auch wenn ich nichts sehe, kann ich noch immer den Gestank riechen!«, murrte mein Bruder zurück.

»Du bist ein Meckerfritze«, entgegnete Mutter. »Merke dir eines: Egal, was passiert, ob bei Tag oder bei Nacht, im Regen oder im Sonnenlicht, in Wind und Wetter: Paris bleibt eine Stadt, in die man immer zurückkehrt.«

Jetzt als Erwachsene begreife ich diesen Satz erst wirklich. Hat man sich einmal mit der Stadt angefreundet und ist viel durch ihre Straßen gelaufen, bleibt man in ihnen stecken. Dem leichtfüßigen Voyageur fällt es schwer zu gehen. Halbansässige kommen nicht mehr von der Stadt los. Ansässige können sich nicht von ihr trennen.

Besonders deutlich wurde das Ende des Jahres 2012 und im Laufe des Jahres 2013. Viele Pariser flüchten vor den hohen Steuern und lassen sich im Ausland nieder. Stars wie Depardieu mögen darunter weniger leiden, da sie sich immer noch regelmäßige Stippvisiten leisten können. Normale Sterbliche tun sich allerdings schwer. Zwei Familien aus unserem Gebäude sind weggezogen. Als sie vor Kurzem vorbeikamen, um die restlichen Formalitäten zu erledigen, fragte ich nach ihrem Befinden in der neuen Umgebung. Die Antwort war: »Ach, wir wohnen ganz hübsch. Die Menschen sind freundlich. Die Läden billiger, das Viertel ist angenehm. Aber … na ja. Es ist nicht das Gleiche. Es ist eben nicht Paris.«

Ich habe alle Seiten von Paris kennengelernt, auch die nervigen, die Schattenseiten. Im Strudel der Eindrücke und der Leidenschaft für die Stadt jedoch gehen sie unter und man sieht (fast) nur noch das, was Paris liebenswert und fantastisch macht.

Mehr als 1.000 Gründe habe ich gefunden. Hier erst einmal 111.

KAPITEL 1

Für Unermüdliche

»Aber Paris ist ein wirklicher Ozean. Wirft man das Senkblei aus,
so wird man niemals seine Tiefe ermessen können.«

Honoré de Balzac

Weil 20 Arrondissements *très chic* sind

Der unermüdliche Voyageur kann in 20 Arrondissements auf den Spuren der Zeit wandeln: Monumente betrachten, Museen besuchen oder auf Terrassen einen *café crème* trinken. Faulenzt der Voyageur dann an einem sonnigen Sommertag im Freien eines Bistros und wirft entspannt den Kopf in den Nacken, fällt ihm eines sofort auf: die Architektur.

Es gibt herrschaftlich prunkvolle und sowohl verschnörkelte als auch schlichte, edle Baukunst. Dazwischen tummelt sich hin und wieder ein architektonisches Ungeheuer, aber darüber schaut man entweder gelassen hinweg oder man findet es *très chic*. *Néopostmodernisme* würde der Baukundige sagen. Und deshalb gilt auch heute, im 21. Jahrhundert, allen Unkenrufen, allem politischen Versagen und dem wirtschaftlichen Chaos zum Trotz: Paris ist die schönste Stadt der Welt.

Die erste Aufteilung der Stadt in Arrondissements fand am 19. *vendémiaire*, dem Weinmonat, im Jahre IV der Republik statt. Nach unserer Zeitrechnung war das Ende September 1795. (Damals galt noch der vom Revolutionär und Dichter Fabre d'Églantine erfundene republikanische Kalender. Dieser teilt das Jahr in zwölf Monate zu jeweils 30 Tagen plus fünf, in Schaltjahren sechs, Ergänzungstage ein und gab den Monaten landwirtschaftlich gefärbte Namen.) Die ersten zwölf Gemeinden von 1795 hatten ihre nördliche Grenze dort, wo heute der Nordbahnhof liegt, westlich auf der Höhe der Champs-Élysées, östlich am Ende des Faubourg Saint-Antoine und im Süden ungefähr dort, wo sich jetzt das Observatoire de Paris befindet.

Was heute teilweise schon zum Stadtkern gehört, war damals Randbezirk. Man stelle sich vor, wie klein das alte Paris war! Alle *faubourgs* – Faubourg Saint-Honoré, Faubourg-Montmartre, Faubourg Saint-Antoine – lagen bis ins Jahr 1795 außerhalb (altfranzösisch *fors*) des Zentrums *(bourg)*. Die Bezeichnung *faubourg* klingt zwar nobel, bedeutet aber schlicht »Vorort«.

1859 wurde kraft eines Gesetzes die Zahl der Arrondissements auf 20 erhöht und begrenzt. Man gliederte die nächsten Vororte ein, darunter auch jene Bezirke, die das heutige Paris säumen, weiter jedoch sollte es nicht gehen. Heute dient der Périphérique, der vierspurige Ring um die Stadt, als äußerste Grenze. Sämtliche Orte, die jenseits der lärmenden Schnellstraße liegen, bleiben gemäß dem Gesetz von 1859 für alle Zeiten Vororte.

2. GRUND

Weil das Feinste vom Feinsten ein Credo ist

Wie jede Stadt entwickelte sich Paris von innen heraus. Ihr Zentrum lag dort, wo sich die heutige Île de la Cité befindet. Umgeben von einer zwei Meter dicken Stadtmauer und eingebettet in die Flussarme der Seine, trotzte es jahrhundertelang Barbaren, Wikingern und anderen Feinden, die von überall herbeiströmten. Eine Basilika, deren Fundamente bei Ausgrabungen entdeckt wurden, und ein Teil des heutigen Justizgebäudes bildeten den Stadtkern. Glücklicherweise wurde in den kommenden Jahrhunderten nicht nur gekämpft, sondern auch freudig gebaut. Mehr als anderen Völkern lag den Franzosen schon damals Schönheit und Pflege am Herzen. Und zwar nicht nur, was ihren Körper betraf, sondern auch hinsichtlich des Stadtbildes. *Le fin du fin*, das Feinste vom Feinsten eben.

Unter diesem Credo dehnte sich der einstige Kaisersitz zu dem prachtvollen Palais de la Cité aus, der unter seinen Türmen und Giebeln heute die Justiz und die düstere Conciergerie. das ehemalige Gefängnis, in dem bereits Napoleon III. zur Strafe saß und Marie Antoinette auf ihre Hinrichtung wartete, beherbergt. Außerdem entstanden so das Palais Royale, die Sainte-Chapelle, Notre-Dame und der Louvre.

Das 1. Arrondissement von Paris ist für den Voyageur eine Fundgrube origineller Schönheiten. Hier wurden die ersten überdachten Passagen mit Stil gebaut (nicht jene finsteren Durchgänge, in denen *le pipi* in der Nase beißt). Die 1826 errichtete Ladenpassage »Galerie Véro-Dodat« gehört dabei zu den faszinierendsten. Auch einige Passagen im 2. Arrondissement, etwa die »Galerie Vivienne«, die »Passage des Princes« oder die »Galerie Colbert«, sind einen Besuch wert.

Ein Tipp für alle *gourmets* und *cinéphiles*: In der Rue Vivienne befindet sich das Restaurant »Le Grand Colbert«, verewigt im Film *Something's Gotta Give* (dt. Titel: *Was das Herz begehrt*) mit Jack Nicholson, Diane Keaton und Keanu Reeves in den Hauptrollen. Es wurde 1637 nach den Plänen von Louis Le Vau, Architekt unter Louis XIV. und Erfinder des Louis-quatorze-Stils, erbaut und an Jean-Baptiste Colbert verkauft. Nach dem Tod des Staatssekretärs Colbert ging die Stadtvilla an Philippe d'Orléans, der von 1715 bis 1723 Regent von Frankreich war. Danach diente das schöne Gebäude einige Jahre als Schuldenkasse des Staates, wurde schließlich abgerissen, neu aufgebaut, 1900 zum Restaurant geweiht und hat 1985 eine originalgetreue Renovierung erfahren. Bei Prominenten ist es nicht nur wegen der Glamour-Gäste beliebt, sondern für seine gute traditionell französische Küche, den Pariser Dekor und seine köstliche heiße Schokolade sehr geschätzt. Und wir, die keine Prominenten sind, schätzen auch das richtige Preis-Leistungs-Verhältnis. Deshalb zu empfehlen.

Weil man im 2. Arrondissement mindestens
zwei schlaflose Nächte verbringt

Erst im Laufe des 14. und 15. Jahrhunderts durften sich die Bezirke rings um das erste Viertel zur Stadt Paris zählen. Die damaligen Wiesen und Felder, auf denen teils Hütten oder steinerne Häuser standen, machten ansehnlichen Gebäuden Platz, die wir noch heute an manchen Stellen entdecken können. Vieles wurde allerdings später unter dem Städteplaner Georges-Eugène Haussmann abgerissen und durch prachtvollere Bauten ersetzt. Die breiten Landwirtschaftswege vom Louvre aufwärts bis zu der Stelle, an der im Jahre 1870 die Opéra entstand, konzipierte der Herr Baron Haussmann völlig um. Das Ergebnis war eine wunderschöne Avenue mit glanzvollen Häusern, die unter seinem Namen in die Geschichte eingingen.

Den Platz vor der Opéra mitsamt der exklusiven Rue de la Paix, der Avenue de l'Opéra und des Boulevard des Capucines könnte man den Times Square von Paris nennen. Dort herrscht ein stetiger Trubel, es wimmelt von Menschen aus aller Welt, Doppeldeckerbussen, Mopeds, Fahrrädern und natürlich Straßenverkäufern, die blinkende Eiffeltürme, rosa Opernhäuser, lilafarbene Kirchen und Museen aus FIMO verkaufen.

Der Boulevard des Capucines glänzt mit seinen weltmännischen Hotels, dem Konzertsaal Olympia und nicht zuletzt der Seitenstraße Rue Cambon, in der das Modehaus Chanel seinen Sitz hat. Mit einem Hutladen hat Coco Chanel vor mehr als 100 Jahren angefangen, heute erstreckt sich der Chanel-Komplex in dieser Straße auf drei herrschaftliche Gebäude.

In der Rue de la Paix funkelt es auf jedem Schritt. Und je mehr wir uns der Place Vendôme nähern, umso mehr glitzert es, weil sich hier die Haute Joaillerie, die ganz Großen der Juwelierskunst, niedergelassen hat: Cartier, Poiray, Piaget, Fred, Boucheron, Patek Philippe.

Es empfiehlt sich jedoch für den Voyageur, im 2. Arrondissement zu bleiben, den Rückwärtsgang einzulegen und einen letzten Blick auf das Hotel »Hyatt« zu werfen, um dann eine Pause im »Café de la Paix« zu machen, das vorne an der Ecke bei der Opéra liegt. Dort trinkt er einen Cappuccino mit viel Sahne, bewundert die Oper und beobachtet das Gewimmel auf dem Platz davor. Ein Gewusel, ein Kommen und Gehen ist das. Aus der Vogelperspektive muss es aussehen wie das unaufhörliche Wogen bunter Wellen.

Nach einer gemütlichen halben Stunde wirft sich der Voyageur erneut in das Abenteuer der Hauptstadt. Ziel: der Boulevard des Italiens mit seinen enormen Kinos, Theatersälen, Litfaßsäulen, gigantischen Werbeplakaten und Restaurants. Das »Le Grand Rex« ist darunter Kino und Theater zugleich. Wer große Ereignisse, gigantische Leinwände und geschmackvolle Säle liebt, sollte sich einmal unter seine Besucher mischen.

Vor ein paar Jahren habe ich dort den Flamencotänzer Joaquin Cortés bewundert. Der Saal war in saphirblaues Licht getaucht, die Kulisse, vor der der Tänzer seine Kunst darbot, lag in schimmerndem Nebel und man fühlte sich in eine Feenwelt versetzt. Dieser Ort ist ideal für Märchenvorstellungen, und es lohnt sich immer, einen Blick hineinzuwerfen.

Wer es etwas bescheidener mag, flaniert weiter in östlicher Richtung. Alle paar Meter gibt es ein Kino, ein Theater, eine Bank, ein Restaurant, eine Imbissbude, einen Pizzabäcker, einen Crêpes-Stand oder ein Sportgeschäft. Nebenbei wundert es, dass man bei der großen Anzahl von Lokalen trotzdem fürs Abend- oder Mittagessen anstehen muss.

Weil das 3. Arrondissement so vielfältig und weitläufig ist, dass man es zu Fuß kaum zur Gänze erkunden kann

Falls die lange Strecke vom Boulevard des Italiens bis zum Boulevard Montmartre zu Fuß bewältigt werden will, sollte das in bequemen Schuhen getan werden. Zwar gibt es in dieser Gegend unzählige Bistros, Musikgeschäfte, Touristen-Boutiquen und Cafés, aber das Kunterbunt kann rasch nerven und ist nichts für Leute ohne Ausdauer oder nervöse Zeitgenossen. In diesem Fall nimmt der Voyageur am besten den Bus der Linie 20 Richtung Gare de Lyon, dann kann wenigstens ein bisschen geschaut werden, während sich die gepeinigten Füße erholen. Ausstieg: »Bonne-Nouvelle«.

Damit es wirklich gemütlich wird, empfiehlt es sich, *les grands boulevards* zugunsten kleinerer, südöstlich gelegener Straßen und Gassen zu verlassen. Sobald der Voyageur die Station Bonne-Nouvelle hinter sich hat und die Porte Saint-Martin zu seiner Linken sieht, ist er richtig: Steuert er nun nach rechts, betritt er das 3. Arrondissement.

Die Rue du Vertbois hinunterspazierend und die Rue de Turbigo überquerend, landet er in einer Fußgängerzone mit alten Geschäften, aparten Cafés und einer gläsernen Markthalle. Unter Markisen und auf Terrassen können die Passanten beobachtet werden, während der Voyageur einen Salat isst und ein Glas Wein oder einen Pastis genießt.

Das Nonplusultra ist die »Bar à Huîtres« im Marché Saint-Martin. Einfach genial. Auf Barhockern sitzend werden frische Austern zu Weißwein geschlürft. Selbst ein regnerischer oder nebliger Tag fühlt sich hier gleich ganz anders an. Wer von Austern nichts hält, bleibt eben beim Wein.

Nach einer Stärkung an der Bar kann sich der betagten Rue du Temple gewidmet werden. Sie hat schon viele Geschichtsepochen erlebt. Von ihrer Mitte aus bis zu ihrem Anfang spiegelt sie das alte Paris. Es ist das Paris der Kaufleute, Tuchhändler, Gerber, Parfumhersteller und Putzmacherinnen. Filmemacher, Architekten und Schriftsteller finden hier ihre Inspiration.

Die Bauwerke in dieser Straße ähneln weder den großartigen Palästen der Adligen, wie sie aus der Innenstadt bekannt sind, noch den vierstöckigen, einfacheren Gebäuden der ehemaligen Vororte. Es sind stattliche Stadthäuser mit enormen Pforten, durch die einst voll beladene Fuhrwerke auf gepflasterte Innenhöfe rumpelten. Im ebenerdigen Bereich befanden sich die Werkstätten und Ställe der Pferde. Im Innern der Gebäude führen oft breite Wendeltreppen oder Holzstiegen zu den Wohnungen.

Die Treppenhäuser gibt es heute noch, die Ställe und Werkstätten wichen Erdgeschosswohnungen, Boutiquen, Galerien und Cafés. Glücklicherweise stehen in der Rue du Temple noch viele dieser Häuser. Ihre Mauern sind windschief, die Fassaden bröckeln und der Lack an den Fensterrahmen splittert ab. Sie erscheinen so sehr wie Denkmäler, dass keiner wagt, sie gegen einen hässlichen Betonklotz auszutauschen.

 5. GRUND

Weil sich das charmante 4. Arrondissement hervorragend mit Fahrrad, Tretroller oder Rollschuhen erkunden lässt

Vor dem Rathausplatz kann der Voyageur Fahrräder leihen. Der schöne, großzügig angelegte Platz hat nicht immer so freudige Zeiten gesehen. Während des Ancien Régime war er der Richtplatz.

Viele armselige Räuber wurden hier noch durch das Hackebeil enthauptet. Das artete hin und wieder in eine Schlachterei aus, wenn ein Henker nicht genau zielte, überarbeitet oder besoffen war.

Mit Robert-François Damiens fanden die grausamen Exzesse auf der Place de Grève – so hieß damals der Rathausplatz – ihr schreckliches Ende. Der junge Hitzkopf aus dem einfachen Volk wollte König Louis XV. erdolchen und sollte für dieses Ansinnen ganz besonders grässlich bestraft werden, denn wer den König attackiere, vergreife sich an Gott, hieß es damals.

Obwohl Damiens' Dolch den König nur geritzt hatte – mehrfache Lagen wertvoller Stoffe wie Brokat, Samt und Leder schützten den Herrscher –, musste er eine qualvolle Folter erdulden. Henker aus ganz Frankreich wurden zu diesem Zweck zusammengetrommelt. Als der Richter das Urteil verkündete: »Der Angeklagte ist an Brustwarzen, Armen und Beinen aufzuschlitzen, in die Wunden werde heißes Öl, Blei und kochendes Wachs gegossen. Sodann werde er von vier Pferden auseinandergerissen, seine Glieder verbrannt und die Asche in alle Winde zerstreut«, soll Damiens gesagt haben: »Das wird ein harter Tag.«[1]

Einer der Henker hieß Charles Henri Sanson und wurde später während der Schreckensherrschaft als »Henker von Paris« bekannt. Damals, im Jahre 1757, war er 18 und noch nicht lange im Beruf. Nachdem er Damiens' grausame Hinrichtung erlebt hatte, wollte er vom Henkerhandwerk Abstand nehmen, aber sein Vater verhinderte dies. Die seit 1685 existierende Henkersdynastie Sanson sollte weiter bestehen.

Gegenüber vom Rathaus fällt die hohe Granitkuppel mit dem runden Tambour eines großen barockähnlichen Gebäudes auf. Es ist der »Bazar de l'Hôtel de Ville«. Das Kaufhaus der Stadt, kurz »BHV« genannt. Wer alles in einem Abwasch kaufen will, geht zum »BHV«, weil es dort Möbel, Geschirr, Lampen, Spielzeug, Parfum, Gartengeräte und vieles mehr gibt. Heimwerker gehen zum »BHV«, weil sie dort finden, was zum Basteln zu Hause nötig ist. Wenn etwas Bestimmtes gesucht und es in der ganzen Stadt nicht gefunden wird, findet es sich garantiert im »BHV«.

Aber wer kam auf die glorreiche Idee, in einer Stadt, die für ihre Spezialboutiquen und ihren Hang zur Distinktion bekannt ist, einen gigantischen Krimskrams-Laden zu gründen? Der Gründer des »BHV«, Xavier Ruel, machte Mitte des 19. Jahrhunderts einen Stand in der Rue de Rivoli auf, weil es hieß, dort liefe das Geschäft am besten. Nach einiger Zeit schwebte dem unternehmungslustigen Mann etwas Größeres vor, etwas noch nie Dagewesenes. Zur Verwirklichung fehlte es ihm leider an dem nötigen Kleingeld. Da geschah es, dass Kaiserin Eugenie mit der Droschke des Weges kam und ihre eleganten Pferde ziemlich genau vor Ruels Laden in Panik gerieten. Heldenhaft eilte der junge Mann herbei und beruhigte die Tiere.

Mit der saftigen Belohnung, die er von der Kaiserin bekam, setzte er den Grundstein für das schöne Gebäude, in dem *les parisiens* wie der Voyageur heute beim Kauf die Qual der Wahl haben.

Mir persönlich ist dort zu viel los. Falls es allerdings geschafft werden sollte, trotz der verwirrenden Erklärungen der Säule ein Fahrrad zu ergattern, ist es empfehlenswert gemütlich, den Quai de l'Hôtel-de-Ville hinunterzuradeln bis zur Pont Marie und dort einzuscheren. Dann überqueren die Fahrradreifen eine der ältesten Brücken der Stadt.

Ihren Namen verdankt sie übrigens nicht einer Frau, sondern ihrem Erbauer Christophe Marie. Über 20 Jahre, von 1614 bis 1635, haben das Ingenieursteam und seine Arbeiter gebraucht, bis der Brückenbogen auf seinen fünf Pfeilern das rechte Seine-Ufer mit der Île Saint-Louis verband.

Falls die Insel erst einmal abgefahren werden soll, biegt der Voyageur, sobald er sie erreicht hat, rechts in den Quai de Bourbon ein. Hier lässt es sich gemütlich und vom Autoverkehr ungestört radeln. In der Nummer 19 lebte die Bildhauerin Camille Claudel, in der Nummer 25 der Politiker Leon Blum.

Der freundliche, aber bescheidene Platz am westlichen Zipfel der Insel trägt den Namen des Journalisten und Dichters Louis Aragon. In Frankreich nennt man ihn den »geheimnisvollen Dichter Aragon«, und ich nehme an, sein Geheimnis liegt in seiner Lebensweise. Er liebte seine Frau Elsa bis in den Tod, betete sie an, war aber homosexuell, hatte viele Liebschaften und behauptete in seinem gleichnamigen Gedicht *Il n'y a pas d'amour heureux*: »Es gibt keine glückliche Liebe.«

Sein Roman *Aurélien* gehört für mich zu den sensibelsten und aufschlussreichsten Liebesgeschichten des angehenden 20. Jahrhunderts. Es ist ein dicker Wälzer, doch darf man sich von seinem Umfang nicht entmutigen lassen. Man sollte sich schließlich immer wieder Zeit für schöne Dinge nehmen. Auch an diesem Platz: Von der Place Louis-Aragon kann die Pariser Skyline bewundert werden, dem Gluckern der Seine gelauscht, dem Rauschen der Blätter, dem fernen Raunen der Stadt. Und kaum vorzustellen, wer hier schon alles gestanden haben muss. Vielleicht der Dichter Charles Baudelaire. Er wohnte in der Nummer 22 des Quai de Béthune. Oder Voltaire, der regelmäßig bei seiner Freundin der Marquise du Châtelet-Laumont am Quai d'Anjou dinierte, diskutierte und übernachtete.

Beim Weiterradeln wird deutlich, wie ruhig es hier im Vergleich zu anderen Straßen der Metropole ist. Allerdings befindet sich der Voyageur da noch nicht im geschäftigen Viertel. Einen Vorgeschmack bekommt er, sobald er die Rue Poulletier erreicht hat. Er parkt sein Fahrrad am Fahrrad- und Moped-Parkplatz Ecke Poulletier/Rue Saint-Louis-en-l'Île und geht zu Fuß weiter. Er wird sich nicht langweilen. Für jenen, der es besinnlich mag, gibt es die Kirche St-Louis-en-l-Île.

Viele Berühmtheiten wohnten und wohnen noch in dieser Gegend, bis vor Kurzem auch der Musiker Georges Moustaki, der Grieche und Wahlpariser, der für Edith Piaf den Welthit *Milord* schrieb. Oder der Schauspieler Daniel Auteuil und der derzeit beliebte Komiker Jamel Debbouze, der aus einfachen Verhältnissen stammt. Durch seinen Erfolg auf der Bühne und seine brillanten Improvisationen wurde Debbouze schließlich für den Film entdeckt. Heute besitzt er ein eigenes Theater am Boulevard de Bonne-Nouvelle, tanzt auf allen Hochzeiten und lässt sich von seinem Chauffeur durch die Stadt fahren. Ein Glückskind, dieser Jamel.

Nach der ausgiebigen Sightseeingtour auf zwei Rädern braucht der Voyageur ganz bestimmt ein gutes Eis. Der Eissalon »Berthillon« soll der beste in ganz Paris sein. Tatsächlich stehen die Menschen vor der Nummer 29–31 in der Rue Saint-Louis-en-l'Île täglich Schlange. Das Eis ist köstlich, leicht, einfach spitze.

6. GRUND

**Weil das 9. Arrondissement neben guten
Wanderschuhen auch einen wachen Geist verlangt**

Man könnte sagen, dass der hintere Teil der Opéra Garnier, in dem die besten Choreografen der Welt die Tänzer zu Höchstleistungen antreiben, zum 9. Arrondissement gehört und der schöne vordere Teil zum 2.

Bevor das pompöse Operngebäude in der Avenue de l'Opéra entstand, fanden sämtliche Konzerte und Opern in der Oper Peletier in der Rue Peletier statt. Nachdem jedoch Napoleon III. auf dem Weg zu einem Opernbesuch nur knapp einem Attentat entging, beschloss er, den Ort künftig zu meiden und die Oper an einen übersichtlicheren Platz zu verlegen.

Tatsächlich ist die Rue Peletier recht schmal. Es wurde sicherlich sehr eng, als sich die kaiserliche Karosse mit Begleitpersonal durch die neugierige Menge zum Operneingang quetschte. Die Attentäter warfen ihre schlecht präparierten Sprengsätze in den kaiserlichen

Zug und tauchten flink in der Menge unter. Sie ließen einige Tote, viele Verletzte, aber ein unversehrtes Kaiserpaar zurück und entwischten. Kaiserin Eugenie allerdings soll noch Wochen danach über wiederkehrende Migräne geklagt haben und Frankreichs Herrscher standen mehrere Tage die Haare zu Berge (das jedenfalls berichtete die TV-Sendung *Secrets d'Histoire*). Diesem Umstand hat die Stadt die Opéra Garnier zu verdanken.

Gleich dahinter, also definitiv im 9. Arrondissement, wächst das imposante Gebäude der »Galeries Lafayette« in den Pariser Himmel. Unter ihrer weltberühmten Kuppel aus Buntglas tummeln sich Menschen aus aller Welt, denn jeder will einmal durch dieses Kaufhaus flanieren, egal, ob er tatsächlich etwas kaufen möchte oder nicht. Es herrscht dichtes Gedränge, man schaut, man staunt. Es riecht nach Geld, Schweiß und Zuckerwatte, alles glitzert und funkelt. Man wird von den Menschenmassen und den Verkäufern machtlos dahingetrieben.

Wenn Sie mich fragen: Ich flitze da nur durch oder mache einen Bogen um das schöne Gebäude und trabe weiter zur Kirche La Trinité, die Dreifaltigkeit. In ihren Mauern herrscht die Ruhe, die man braucht, wenn man mit wachem Geist durch den 9. Bezirk flanieren will.

Dieser besitzt nämlich einige Hauptattraktionen, die einen Besuch lohnen: Neben der Oper, den »Galeries Lafayette« und den Kirchen La Trinité und Notre-Dame-de-Lorette empfehlen sich das Musée de la Vie Romantique und die Avenue Frochot. Falls die Kirchen nicht so sehr interessieren und rasch die kleine Avenue sowie das erwähnte Museum erreicht werden wollen, steigt man in der Station »Opéra« in die Metro der Linie 3 Richtung Pont de Levallois, Umstieg an der Station »Saint-Lazare« in die Bahn der Linie 12 Richtung Porte de la Chapelle, Ausstieg »Pigalle« oder »Saint-Georges«.

Ich würde allerdings empfehlen, die Strecke zu Fuß zurückzulegen. Dabei lässt sich dieser Teil der Stadt viel besser kennenlernen. Die Nase nach Nordosten gereckt, lässt man die »Galeries Lafayette« links liegen, wirft einen kurzen Blick in die 150 Jahre alte Kirche La Trinité, strebt weiter durch die Rue de la Rochfoucauld und klettert die Steigung bis zur Rue Jean-Baptiste-Pigalle hinauf. Unterwegs werden Bistros, Tante-Emma-Läden, Billig-Boutiquen und Cafés passiert.

Einmal in der Rue Jean-Baptiste-Pigalle angekommen, biegt man nach rechts in die Rue Douais. Auf der Höhe des »Hôtel des Artistes« gelangt man in den schönsten Teil der Avenue Frochot. Hier lässt sich nach der Steigung und all den in Paris bereits zurückgelegten Kilometern getrost aufatmen, ohne an Kohlendioxid zu ersticken. Verträumte Ecken laden dazu ein. Aber einen Haken gibt es immer: Der schönste Teil, dort, wo dicht belaubte Bäume und buschige Sträucher manch originelles Haus aus dem 19. oder 18. Jahrhundert verbergen, lässt sich nur als Zaungast von Weitem bestaunen. Ein Gitter verweigert den Zutritt. Es ist ein Privatgelände, das nur von Anwohnern und Besitzern betreten werden darf. Das soll jedoch nicht daran hindern, ein wenig in die Vergangenheit zu schweifen.

In der Nummer 6 wohnte einst Gitarrist Django Reinhardt, in der Nummer 15 hatte vor 120 Jahren der Maler Henri de Toulouse-Lautrec sein Atelier.

Nächste Etappe ist das Musée de la Vie Romantique (siehe Grund 109: *Weil das Musée de la Vie Romantique und das Musée Rodin zwei reizende Patentanten haben*). Hier beschränke ich mich erst einmal auf die Umgebung und das Haus. Allein der Weg dorthin ist traumhaft. Es liegt in einer ruhigen Straße nur wenige Meter von der Place Pigalle entfernt.

Kaum zu glauben, wie nahe diese Oase am Rummelplatz des Moulin Rouge liegt. Kopfsteinpflaster, üppiges Grün, eine Terrasse vor dem Haus mit Stühlen und Tischen, dahinter eine Küche. George Sand war hier oft zu Gast, und es sieht so aus, als sei die Gastfreundlichkeit des Hauses geblieben, obwohl die berühmte Besucherin längst nicht mehr kommt.

Weil es hinter Pigalle weiter und immer weiter geht

Die Station »Abbesses« im 20. Arrondissement bringt den Voyageur dichter an den Montmartre als die Station »Anvers« am Fuß des Hügels. Und sie ist definitiv eine Besichtigung wert. 36 Meter tief gelegen, ist sie die tiefste Metrostation der Stadt. Das macht sich jedoch erst bemerkbar, wenn sich nicht zu den vielen anderen Passagieren in den gigantischen Aufzug gedrängt wird, sondern der Voyageur es wagt, die endlosen Stufen der Wendeltreppe hinaufzuschnaufen.

Der Marsch geht in die Schenkel, denn die Treppe scheint sich ewig in die Höhe zu schrauben. Wären nicht ihre kunstvoll bemalten Wände, würde man fluchend und schimpfend ans Tageslicht stapfen und sich schwören, künftig nur noch in den hässlichen Aufzug zu steigen. So aber legt man hin und wieder eine Ruhepause ein und bewundert den Wandschmuck. Da haben einige Künstler und Grafiker ganze Arbeit geleistet. Ganz und gar nicht eindimensional. Schöne Graffiti und impressionistische, expressionistische sowie realistische Abbildungen der Stadt reihen sich hier aneinander.

Der Name »Abbesses« soll an die letzte Äbtissin der Abbaye des Dames de Montmartre erinnern. Marie-Louise de Laval-Montmorency kam am 24. Juli 1794 – also nur wenige Tage vor Robespierre – aufs Schafott. Man sagte damals, ihr Blut habe das während der Revolution niedergezwungene religiöse Leben wieder aufblühen lassen.

Die Eingangsstufen zur Metro werden von einer gläsernen Markise der Marke Hector Guimard überdacht. Übrigens sind auch sämtliche im Jugendstil strukturierte Metroeingänge der Fantasie des Architekten Hector Guimard entsprungen. Dem Eingang der

Station »Abbesses« gegenüber befindet sich der romantische Square Jehan-Rictus, ein Überbleibsel des Gartens der einstigen Abtei Dames de Montmartre. Hier kann man die »Mur des je t'aime« betrachten und selbst etwas hinzufügen. Ziel ihrer Schöpfer Frédéric Baron und Claire Kito war es, in einer Welt, in der Mauern die Menschen trennen, eine Mauer der Liebe zu errichten. Verbinden statt trennen, versöhnen statt anfeinden. Sie soll ein Spiegel der Liebe und des Friedens sein. Das mag paradox klingen, solange man das Bild einer steinernen Mauer vor sich hat, ist aber beim Anblick der »Mur des je t'aime« leicht verständlich. Lässt man die unzähligen Liebesbotschaften in sämtlichen Sprachen und Schriften der Welt auf sich wirken, hat man keine Lust mehr auf Zoff, sondern möchte nur noch dem Quetschkommodenspieler zuhören und sich an die Schulter seines Partners lehnen.

Spaziert man dann einmal (oder zweimal) ums Karussell, begegnet man dem riesigen gelb-rot-grünen Gesicht eines Menschen, das aus einer Mauer herausdrängt und dabei die Zunge herausstreckt. Nicht erschrecken! Das Relief ist ein Werk des Künstlers Gregos. Es schmückt nicht nur Mauern. Es kann einem auch plötzlich auf einem Straßenschild begegnen.

8. GRUND

Weil es sich lohnt, die unterirdischen Verkehrsmittel genauer ins Auge zu fassen

Die Metrostation »Arts et Métiers« im 3. Arrondissement: Benoît Peeters und François Schuiten, zwei technisch begabte Künstler, zauberten aus der Station ein unterirdisches Gesamtkunstwerk. Seit 1981 arbeiten die beiden Männer an der Serie *Les cités obscures,* und bevor sie nach Paris kamen, hatten sie schon einige Projekte aus dieser Reihe in anderen Städten realisiert. In den 1990er-Jahren erlaubte ihnen der damalige Bürgermeister Jacques Chirac, eine ihrer Ideen in Paris zu verwirklichen. So entstand die Station »Arts et Métiers«. Wer dort mit der Metro einfährt, hat das Gefühl, in das Innere einer großen Maschine zu tauchen, ähnlich dem Boot Nautilus aus Jules Vernes' Roman *20.000 Meilen unter dem Meer.*

Die Metrostation »Arts et Métiers« befindet sich neben der Rue Réaumur, zwei Schritte vom prächtigen Bau des Musée des Arts et Métiers und ungefähr 100 Schritte vom Centre Pompidou entfernt. Wen es dort hintreibt, der sollte viel Energie mitbringen, denn es gibt eine Menge zu sehen. Eine Besichtigung des vom einstigen Präsidenten Georges Pompidou ins Leben gerufenen Ausstellungskomplexes Beaubourg beansprucht mindestens einen ganzen Tag. Falls es noch ins Musée des Arts et Métiers geschafft werden will, sollten um die acht Stunden zusätzlich einkalkuliert werden. Und nicht vergessen, die kleine Pause in einem der Cafés der Umgebung mit einzuberechnen.

Die Metrostation »Franklin D. Roosevelt« im 8. Arrondissement: Die Avenue, in der sich die Station befindet, war bis ins Jahr 1946 nach dem damaligen italienischen König Viktor-Emmanuel III. benannt. Nachdem sich nun Frankreich aus den Klauen der deutschen Besatzer befreit hatte, wollte es auch die Erinnerung an den italienischen Feind tilgen und änderte den Namen der Avenue in den des amerikanischen Präsidenten Franklin D. Roosevelt, eines Freundes und Helfers.

Die Bahnsteige der Station sind modern, sauber und werden zusätzlich von tief hängenden metallenen Lampen beleuchtet. Über metallenen Trägern leuchtet in großen goldenen Lettern der Stationsname, während er in japanischer, chinesischer, russischer und arabischer Schrift auf den safrangelben Wänden steht. Schwarze Bodenfliesen, originelle Sitze und das gedämpfte Licht der Lampenschirme schaffen Nachtclubatmosphäre. Auf enormen Monitoren leuchten der Metroplan von Paris oder aktuelle Werbekampagnen. Im August 2011 wurde diese Station zur Metrostation des Monats gekürt.

Weil hier sogar die Metrostationen
Kultur und Geschichte in den Alltag bringen

Metrostation »Palais Royal« im 1. Arrondissement: Steigt der Voyageur am Ausgang »Comédie-Française« aus, tritt er unter eine enorme, aus leuchtenden gläsernen Perlen bestehende Krone. Besonders eindrucksvoll sieht diese im Sommer aus, wenn die blühenden Äste der Kastanienbäume in das Gewölbe der Krone hängen. Auch bei Dämmerung, sobald die Lichter der Theater und des Louvre aufflammen, verwandelt sich die Place Colette mit dem Kunstwerk in einen magischen Ort.

Die farbenfrohe Idee stammt vom Künstler Jean-Michel Othoniel. Im Jahr 2000 errichtete er sein Werk vor den Türen der im klassischen Stil gebauten Comédie-Française und neben einem typischen Pariser Zeitungskiosk. Anscheinend liegt der Realisierung der Gedanke zugrunde, Märchen und Wirklichkeit eng miteinander zu verbinden. So eng, dass man stehen bleibt, den Atem anhält und nachdenklich wird.

Station »Louvre-Rivoli«: Ähnlich kann es dem Voyageur auch im Inneren der Station Louvre gehen. Ich habe Freunde, die nehmen gern einen halben Kilometer Fußmarsch in Kauf, um in dieser Station auf die Metro zu warten. Der Bahnsteig gibt einen Vorgeschmack auf das Museum. Genau so hatte es sich André Malraux auch gedacht, als er 1968 beschloss, aus einer der ältesten Metrostationen der Kapitale ein Schaufenster des Museums zu machen. Damals gab es noch den klassischen normalen Eingang, der eher langweilte als reizte. Deshalb sollte eine attraktive Metrostation zum Genuss der Künste anregen. Spaziert man durch ihre Gänge, stellt man sich unwillkürlich vor, was die Stadt gewinnen würde, wenn die Station beim Musée d'Orsay mit Impressionisten und Skulpturen bestückt wäre und es in der Station »Rodin« wenigstens ein paar Kopien der Werke Rodins mehr gäbe. Paris würde im Wettlauf um die schönsten Metrostationen Europas eindeutig vorn liegen.

Station »Assemblée Nationale«: Bis zum 30. Juni 1989 – da war ich gerade mal zehn Tage alt – hieß diese Station »Chambre des Députés«, also »Kammer der Abgeordneten«. Das hört sich ein bisschen nach Besenkammer an, finde ich. Vermutlich waren die Schreibtischkünstler im Rathaus derselben Meinung und zermarterten sich das Hirn nach einer Alternative. Dabei kam ihnen die Idee, die ganze Station aufzumöbeln. *Tant qu'à faire*, wennschon, dennschon!

Dazu beauftragte man Jean-Charles Blais. Der französische Künstler nahm sich auf faszinierende Weise der kahlen Mauern an. Auf die hässlichen Wände zauberte er ein lang gezogenes Gemälde im Retro-Look, das auf farbigem Untergrund in schwarzen Silhouetten die Köpfe der Präsidenten der V. Republik zeigt. Das Ganze lässt an die Poster und Plakate einer Litfaßsäule denken und soll auch wie eine funktionieren. Ständiger Wechsel, Veränderung, Aufmerksamkeit wecken – darum geht es dem Künstler. Deshalb erweitert er sein Werk auch regelmäßig, die jüngste Veränderung hat im Januar 2013 stattgefunden.

Beim Betrachten der Politikergesichter kann man die Geschichte Frankreichs der letzten 60 Jahre Revue passieren lassen und einiges lernen. Und ganz nebenbei hört man Dinge, die üblicherweise nicht in Geschichtsbüchern stehen. Dass zum Beispiel die dunkle Limousine des Präsidenten Valéry Giscard d'Estaing im Morgengrauen mit einem Milchwagen zusammenstieß und man von da an den Ausdruck *tromperie*, den Seitensprung, durch die Wendung *l'heure du laitier*, also die Stunde des Milchmanns, ersetzte. Warum? Nun, weil der Präsident gerade von einer außerehelichen Eskapade zurückkam. Ganz einfach. So steht es nicht explizit auf den Wänden, aber man kann sich einen Reim auf manche Skizze und die Gerüchte machen, die über den betagten Expräsidenten noch heute im Umlauf sind. Die junge Pariser Generation jedoch interessiert sich vor allem für den politischen Hintergrund der Expräsidenten. Und manche jungen Menschen kennen vielleicht nicht einmal den Ursprung dieser Wendung. Deshalb erinnere ich hier daran. Es könnte ja sein, dass Ihnen eines Tages die Millionenfrage gestellt wird, wo *l'heure du laitier* seinen Ursprung hat.

Weil manche Metrostationen zu Zeitreisen einladen

Metrostation »Porte Dauphine«: Der Eingang »Hector Guimard« versetzt einen in die Zeit des Art nouveau, das im späten 19. Jahrhundert populär wurde. Im Deutschen haben wir dafür den Begriff des Jugendstils.

Diese Kunstform ist von den Farben, Ornamenten, geschwungenen Linien und Formen des Morgenlandes inspiriert. Das damalige Böhmen zum Beispiel war schon im 16. Jahrhundert berühmt für sein farbiges emailliertes Glas. Ursprünglich verschönerte dieses Glas luxuriöse Wohnungen in Form von Lampen, Vasen oder Schalen, oder es veredelte die Wände und Decken vornehmer Pariser Restaurants. Architekt Guimard, anfangs sehr umstritten und kritisiert, hatte die Eingebung, mit Jugendstil den grauen, strengen Alltag aller Menschen zu verschönern. Er wollte den nüchternen Linien der Städte durch dynamische, elektrisierende, geschwungene Linien entgegenwirken. Ihm haben wir die schönen Strukturen mancher Metroausgänge zu verdanken wie zum Beispiel »Abbesses« und »Porte Dauphine«. Der Pariser liebt Metaphern, weshalb Guimards Kreationen les libelulles, Libellen, genannt werden. Und damit ist auch seine Intention getroffen: »Es ist die Natur, die man stets um Rat fragen muss.«[2]

Der Name der Station soll übrigens an die junge Marie-Antoinette erinnern. Im Jahre 1770 heiratete sie mit 15 *le dauphin*, den Kronprinzen, Ludwig XVI., der zu dem Zeitpunkt gerade 16 Jahre alt war. Demzufolge war sie *la dauphine*, die Kronprinzessin.

Die Metrostation gedenkt des naiven Mädchens aus der kaiserlichen Residenz in Österreich, das in perlenbesetzten Roben durch das Versailler Schloss tänzelte und keine Sorgen kannte. Sie ehrt jedoch nicht die spätere Königin Marie-Antoinette, die sich teure Geschmeide anfertigen, einen eigenen Bauernhof bauen ließ und 19 Jahre lang ihren Grillen nachging, während das Volk darbte und das Land unter einem Schuldenberg zu ersticken drohte. Dem folgte die Revolution, die Vertreibung aus dem Paradies Versailles, die Hölle im finsteren Gefängnis der Conciergerie und schließlich, als Marie-Antoinette 39 Jahre alt war, das Schafott. Sofia Coppola hat die sorglose Kaiserin in ihrem Film *Marie Antoinette* gut getroffen.

Die Metrostation »Bastille« ist eine Haltestelle der Linien 1, 5 und 8. Eine alte Mauer am Bahnsteig der Linie 5 in Richtung Bobigny zeugt von der einstigen Strafanstalt, die hier gestanden hat. Wie wir aus unseren Geschichtsbüchern wissen, wurde das Gefängnis, in dem selbst der Philosoph Voltaire einige Zeit schmorte, am 14. Juli 1789 gestürmt und später abgerissen. Beim Bau der Metrolinie entdeckte man 1905 Reste der Ruine und rekonstruierte anhand dieser die einstige Festung.

Einige Abbildungen geben den Ausblick wieder, den man damals von dem Furcht einflößenden Gemäuer hatte. Gebaut in Form einer enormen Bastion mit Schießscharten und Waffenarsenal, sollte sie im späten Mittelalter Paris von Osten her, am Stadttor Porte Saint-Antoine, vor Angriffen schützen. Ludwig XI. nutzte sie dann gelegentlich, um Gefangene dort festzuhalten. Unter seinen Nachfahren diente sie bald nur noch als Kerker. Allerdings reduzierte sich die Zahl der Häftlinge. Wurden vom 14. bis ins 17. Jahrhundert knapp über 5.000 Menschen hier gefangen gehalten, so waren es unter Ludwig XV. nur knapp über 1.000 und unter Ludwig XVI. nur noch um die 300 Gefangene.

Im Grunde war der letzte Ludwig der argloseste von allen. Er wollte nichts anderes, als seine Ruhe haben und im Wald hinter dem Schloss nach Hirschen jagen. Ludwig XIII. soll hingegen ein nervöser Finsterling gewesen sein, gnadenlos gegenüber den Hugenotten, abhängig vom grausamen Kardinal Richelieu und angeblich eine Pfeife im Bett. Erst nach 23 Jahren Ehe kam sein Sohn Ludwig XIV. zur Welt. Natürlich wurde er gehätschelt, verwöhnt und angebetet wie ein Wunder. Es überrascht also nicht, dass der Junge sich für die Sonne selbst hielt. Auf dem Rücken des Volkes baute der Sonnenkönig Versailles, führte Kriege, lechzte nach Ruhm und Luxus und riss dabei ein Loch von Schulden und Elend, das unter Ludwig XV. immer größer wurde und Ludwig XVI. schließlich den Kopf kostete.

Über all das kann der Voyageur nachdenken, während er die Mauern am Bahnsteig der Linie 5 betrachtet oder an denen der Linie 1 entlangschlendert. Dort sieht er ein Fresko der Französischen Revolution und der Opéra Bastille. Vielleicht fängt er dann an zu singen, denn irgendwie könnte man die Oper als späte Hymne auf die Stürmung der Bastille ansehen. Sie war als Volksoper konzipiert: akzeptable Preise, kein Krawatten- oder Abendkleid-Zwang, Sandwich und Cola an der Bar. Wer will, kann trotzdem einen Sekt bestellen und einen Trinkspruch auf die Station »Bastille« ausbringen. Oder auf alle attraktiven Metrostationen in Paris.

KAPITEL 2

Für Unerschrockene

»Auf Paris verzichten zu können, mag an Dummheit grenzen,
es nicht zu lieben, ist ein Zeichen von Dekadenz.«
Gustave Flaubert

11. GRUND

Weil selbst eigentlich unattraktive Metrostationen ihren abenteuerlichen Charme haben

Dem Voyageur kann eine hässliche Station zumindest dadurch sympathisch werden, dass er rasch weiterkommt. Da die Station nichts Besonderes zu bieten hat, hält man sich nicht auf, strebt eilig durch die Gänge, erreicht schnell das nächste Gleis, vielleicht gerade noch die dort abfahrende Metro, und ist pünktlich am Zielort.

Eine zweite Qualität mag die Ansammlung von Polizisten sein, die gelegentlich dort Razzien veranstalten. Selten sieht man so viele uniformierte junge, drahtige Männer und kräftige junge Frauen auf einem Haufen. Da geht es auch spannend zu und nicht immer ganz ungefährlich natürlich. Jedenfalls sind solche Situationen durchaus filmreif.

Ein dritter Punkt kann eher von Journalisten, Drehbuchautoren und Schriftstellern von Gegenwartsromanen als Qualität angesehen werden und weniger vom Voyageur – und schon gar nicht vom Pariser: In manchen Metrostationen haben sich Obdachlose niedergelassen. Da sie sonst nirgendwo unterkommen, richten sie sich in den verhältnismäßig warmen und geschützten Stationen häuslich ein. Einige Anwohner sind davon nicht begeistert und stören sich vor allem an den gestohlenen Welpen, mit denen manche dieser Menschen Mitleid erregen wollen.

Bei meinen Recherchen wurde mir klar, dass die ruppige Seite der Stadt auf einige Besucher großen Eindruck macht. Feine Pariser jedoch rümpfen die Nase, wenn sie im *tenue vestimentaire*, der

Anstandskleidung, auf hohen Hacken vor den durchdringenden Blicken der Roma defilieren müssen, um ins Restaurant oder in die Oper zu gelangen.

Und ich muss unbedingt noch die Station »Château Rouge« am Platz Château-Rouge unweit der Basilika Sacré-Cœur erwähnen. Nicht jeder Voyageur, dessen Hotel im 14. Arrondissement liegt oder der noch auf einen Sprung in die Conciergerie will, hat nach einem ausgiebigen Spaziergang durch Montmartre noch Lust, große Umwege zu machen. Er nimmt dann die Linie 4 und peilt »Château Rouge« an. Aber Achtung: Besser bleiben lassen! Als ich neulich mit amerikanischen Freunden auf der *butte Montmartre*, dem Hügel Montmartre, war, fragte ich einen Polizisten nach dem Weg zur Station »Château Rouge«. Er antwortete: »Negativ. Geh zur Station ›Anvers‹ und steige an der nächsten Haltestelle um.«

»Warum diesen Umweg?«, wollte ich wissen.

»*Parce que ›Château-Rouge‹ c'est de la merde!*« (Weil »Château-Rouge« scheiße ist!) Mehr sagte er nicht, stattdessen reckte er verächtlich das Kinn und schob sein Fahrrad weiter. Ich hatte verstanden. Er riet ab, weil sich dort vermutlich eine Menge dubioser Gestalten aufhielt, die den Reisenden an die Tasche wollte.

Wer sich wundert, warum ich all das als einen der *111 Gründe, Paris zu lieben*, auflistе, dem sei gesagt: Paris ist reich an Gegensätzen. Es ist schön und hässlich. Es ist laut und leise. Strahlend hell und trist grau. Und es gibt unzählige Künstler, die auf originelle Weise versuchen, diese Gegensätze miteinander zu verbinden. Es gibt Ordnungshüter, die mit Bettlern reden, statt sie kommentarlos wegzukehren wie Laub im Herbst. Es gibt Opernbesucher in feinen Anzügen, die dem Clochard am Ausgang der Metro ihre Krawatte samt der goldenen Krawattennadel schenken. Ja, es gibt Unglaubliches in Paris.

Weil Pariser Brücken es in sich haben

Ihr Name täuscht: Die Pont-Neuf, die Neue Brücke, ist die älteste Brücke der Stadt. Am 31. Mai 1578 legte König Heinrich III. im Beisein der Königinmutter, der berüchtigten Catherine de Médicis, den Grundstein der Brücke. Da in jenen Jahren die Katholiken damit beschäftigt waren, Hugenotten abzuschlachten, und die Hugenotten wiederum tot oder halb tot in den Pariser Rinnsteinen lagen, verzögerten sich die Bauarbeiten erheblich. Erst 1607, unter Heinrich IV., konnte die Brücke eingeweiht werden.

Sie ruht auf insgesamt zwölf Brückenpfeilern und ihre Flanken sind mit 384 grimmig blickenden Masken verziert. Sie spannt sich über den westlichsten Punkt der Île de la Cité, wo sich die Place Dauphine und die schöne Anlage Square du Vert Galant befinden.

Im 17. Jahrhundert kam hier viel gemischtes Volk zusammen. Händler, Gaukler, Diebe, Marionettenspieler, Blumenverkäuferinnen. Und es entwickelten sich die fliegenden Stände, so nennt man die wackeligen Buden, an denen Krempel und Krimskrams angeboten wird. Sie sind Vorgänger der Bouquinisten, die sich an den Quais des linken und rechten Seine-Ufers entlangziehen.

Als erste Brücke der Stadt verfügt die Pont-Neuf über Bürgersteige. Sie inspirierte die Maler William Turner, Pierre-Auguste Renoir, Pablo Picasso und in den Achtzigerjahren des 20. Jahrhunderts den Künstler Christo. »C'est le Pont qu'on l'habille« (Dieser Brücke fehlt ein Kleid), in dem Sinne drückte sich Christo aus und wickelte sie äußerst kunstvoll in ockergelbes Polyester, das von Weitem wie Krepppapier aussah.

So wurde es mir von jenen erzählt, die die Pont-Neuf mit eigenen Augen eingewickelt gesehen haben. Monumental muss es gewirkt haben. Wider alle Erwartung sogar schön. *C'est le Pont qu'on fleury* (Diese Brücke muss man mit Blumen schmücken), hat sich vermutlich der Designer Kenzo gedacht und tauchte die Brücke 1994 in ein Meer von Blumen.

Wer französische Filme liebt, dem sei die traurig-schöne Liebesgeschichte *Die Liebenden von Pont-Neuf* mit Juliette Binoche ans Herz gelegt. Sie erzählt vom Feuerspucker Alex, der mit einem älteren Obdachlosen unter der Pont-Neuf lebt und eines Tages auf das Mädchen Michèle stößt. Während Michèle aufgrund eines Unfalls langsam erblindet, verliebt sich Alex immer mehr in sie und sein Leben bekommt wieder einen Sinn.

Die Pont Alexandre III sollte 1900 die Weltausstellung in Paris um eine Besonderheit bereichern. Auf dieser Ausstellung wurden die Bahnhöfe Gare d'Orsay und Gare de Lyon sowie das unterirdische Transportmittel Metropolitan vorgestellt. Weiterhin prahlte man mit dem Grand Palais und dem Petit Palais sowie dem Cinéorama.

Zar Nikolaus II. legte 1896 den ersten Stein der Pont Alexandre III und damit eine symbolische Basis für die französisch-russische Freundschaft. Der Stein ist übrigens mit dem Namen des Zaren gekennzeichnet. Alexander III. setzte feierlich seine Unterschrift unter die brüderliche Allianz der beiden Länder, wofür ihn Frankreich mit der Taufe der Brücke auf seinen Namen ehrte.

Die Pont Alexandre III ist ein wunderschönes Bauwerk. Unvergleichlich großzügig und verschwenderisch, was Zierde, Meißel-Arbeit, Bildhauerkunst, künstlerische Umsetzung von Allegorien betrifft. Eine atemberaubende Brücke, ein Füllhorn handwerklicher Schönheiten.

Nachts, wenn sie im Schein ihrer kunstvollen Laternen glänzt, der Eiffelturm funkelt und auf der Seine die Lichter der Stadt tanzen, sieht sie einfach gigantisch aus. Märchenhaft wirkt sie, wenn sie völlig eingeschneit ist und die vergoldeten Figuren auf ihren vier Säulen im bleichen Himmel schimmern. Wie verzaubert, wenn bei Sonnenaufgang manche Masken und Skulpturen noch im Schatten liegen und andere im flammenden Morgenlicht aussehen, als seien sie lebendig.

Im Geschichtsmuseum Musée Carnavalet (23, rue Sévigné) können Entwürfe und Zeichnungen aus der Entstehungsphase der Brücke betrachtet werden. Hier ist zu erkennen, dass die Brücke aus einem einzigen metallenen Bogen besteht. Er ist 40 Meter breit und 107 Meter lang. Aber bevor die Brücke in aller Ruhe passiert und die Aussicht genossen wird, sollten die vier Säulen genauer angeschaut werden. Auf ihnen thronen die vergoldeten Flügelpferde, Allegorien auf Kampf, Krieg, Kunst und Landwirtschaft. In ihre Sockel sind vier Epochen Frankreichs in Gestalt weiblicher Statuen gemeißelt: das Frankreich Karls des Großen, das des Sonnenkönigs Ludwig XIV., das in der Renaissance und das moderne Frankreich.

La France war schon immer eine Frau und wurde als solche repräsentiert. Seit der Französischen Revolution heißt Frankreichs Repräsentantin *la Marianne*. Sie ist die Metapher für den Wandel der Zeit, die Freiheit, die neue Verfassung. Auf einem Gemälde von Eugène Delacroix führt sie mit bloßer Brust, die Trikolore in der Rechten, das Gewehr in der linken Hand, die Massen zum Sturm auf die Bastille an. Sie trägt die phrygische Mütze, die Kopfbedeckung der Jakobiner. Delacroix' Meisterwerk können Sie im Louvre bewundern. Das Gesicht der *Marianne* wiederum können Sie auch in Zeitschriften oder als Büste sehen.

Alle paar Jahre wählt Frankreich unter berühmten Französinnen eine Frau aus, die offizielle *Marianne* repräsentiert und verewigt ihr Gesicht in Marmor. Vor 40 Jahren war es Brigitte Bardot, gefolgt von Michèle Morgan und Catherine Deneuve. Das 21. Jahrhundert begann mit Laetitia Casta. Seit 2012 ist es Sophie Marceau.

Bleiben wir aber noch einen Moment lang auf der Brücke. Zu bestaunen gibt es die üppigen bronzenen Nymphen, die mit ihren vergoldeten Lorbeerkränzen die beiden Außenseiten der gewaltigen Brückenbögen zieren. Flussaufwärts lassen sich die Nymphen des Flusses Newa erkennen, die in ihrer Mitte die Wappen von Sankt

Petersburg tragen, flussabwärts die Nymphen der Seine mit den Wappen der Stadt Paris.

Und jetzt noch eine Information für alle, die sich nach so viel Kunstbetrachtung lieber die Ohren zuhalten und ins Vergnügen stürzen möchten: Unter den Brückenpfeilern am rechten Seine-Ufer befand sich lange Zeit ein heruntergekommenes Bootshaus. Im Jahr 2006 kam jemand auf die Idee, die Bretterbude von Spinnweben und Ratten zu befreien, rundum zu erneuern und daraus eine Disco zu machen. Und so entstand unter den Bögen der prächtigen Brücke der Nobelschuppen »Showcase«, der vor allem die Prominenz anzieht. Denken Sie daran, wenn Sie einen Gewölbekeller oder eine alte Scheune im Zentrum einer deutschen Großstadt besitzen.

13. GRUND

Weil manche Brücken an schöne Orte führen

Pont Marie ist die zweitälteste Brücke von Paris und führt zur ältesten Insel. 1614 wurde ihr Bau unter König Louis XIII. begonnen und erst 20 Jahre später beendet.

Verwundert habe ich bei meinen Nachforschungen über die Insel festgestellt, dass der damalige Architekt jeweils 15 bis 20 Häuser dicht an die beiden Ufer hatte bauen lassen, um den Endpfeilern Halt zu geben, und sogar 20 Häuser auf die Brücke selbst setzen ließ. Ein kühnes Unterfangen, dachte ich, und lag mit meiner Feststellung goldrichtig: Knapp 20 Jahre nach der Fertigstellung riss eine Überschwemmung fünf Häuser und bei der Gelegenheit auch gleich zwei Brückenpfeiler mit sich.

Danach versuchte man es zunächst mit einer Holzbrücke. Zwar genügte sie den Fischern und Händlern des Rive Droite und den Anwohnern der Insel, allerdings fand Jean-Baptiste Colbert, Finanzminister unter Louis XIV., an dem Bretterübergang auf die Dauer keinen Gefallen. Harte Münzen und bruchfeste Brücken brauche der Mensch, sagte er und trieb die Neukonstruktion voran. Eine solide Verbindung der beiden Ufer wurde geschaffen und der Bau von Häusern auf der Brücke endgültig verboten.

Gehen wir nun in östlicher Richtung weiter, gelangen wir zur Pont de la Tournelle.

Im Gegensatz zur pompösen Pont Alexandre III hat diese Brücke bis auf ihre himmelhohe Statue nichts Auffälliges an sich. Sie wirkt schlicht. Ihr einziger Schmuck ist die schlanke Skulptur der Sainte-Geneviève. Es heißt, die Heilige habe durch Gebete und stille Anrufungen am Ufer der Seine Gott um einen dichten Nebel gebeten, als Wikingerschiffe den Fluss verunsicherten. Der zog dann tatsächlich zum richtigen Zeitpunkt auf und verhüllte die Stadt zu beiden Seiten vollkommen, sodass die Wikinger glaubten, sie schifften weiterhin durch einsame Landschaften. Seitdem gilt Sainte-Geneviève als Schutzpatronin der Stadt.

Von der Brücke aus hat der Voyageur flussabwärts einen wunderbaren Ausblick auf den rückwärtigen Teil der Notre-Dame. Wenn ich hier stehe, habe ich immer das Gefühl, durch die Zeit zu fliegen. Warum? Wendet man sich flussaufwärts – besonders schön im Abendlicht –, sieht man rechts den erleuchteten »La Tour d'Argent«, das teuerste Restaurant der Stadt. Luxuriöser und feiner als das »Maxim's«, verfügt er über einen erlesenen Weinkeller mit über 400.000 Flaschen, unter denen sich eine verstaubte Flasche Cognac von Napoleon Bonaparte befindet. Die Fassade der oberen Etage ist mit glitzernden Steinen geschmückt, die dem Turm einen silbrigen Glanz verleihen. Daher der Name »Tour d'Argent«, der Silberturm.

Wendet man den Kopf ein wenig weiter nach links, beschleicht einen ein leichtes New-York-Feeling. Klar, die Skyline lässt zu wünschen übrig, aber so ein bisschen … Vielleicht erinnert der Ausblick auch ein wenig an Frankfurt? Jedenfalls geben sich hier alte und neue Welt übergangslos die Hand. Rechts glänzt der gläserne Komplex des l'Institut du Monde Arabe, geradeaus die modernen Bauten der Viertel Bercy und Austerlitz und ganz links lockt wieder das alte Paris. Unvermittelt stellt man sich eine Fischerfamilie an den Ufern vor, wie sie ihre Netze flicken und den Fang sortieren. Bekommt man da nicht Lust auf einen kleinen Spaziergang am Ufer?

14. GRUND

Weil die einzigartigen Plätze den Besucher mit ihrer Schönheit verzaubern

Wer durch das als jüdisches Viertel bekannte Marais gestiefelt ist, ein Dutzend originelle Boutiquen durchstöbert und vielleicht noch einige interessante Örtlichkeiten besucht hat, wie zum Beispiel das Musée de Picasso, der ist froh, auf einer Bank in der Grünanlage der großen Place des Vosges ausruhen zu können. An schönen Tagen kann der Voyageur getrost auf dem Rasen sitzen und beim Klang einer Gitarre sein Sandwich verspeisen. Zwar gibt es unter den Arkaden viele hübsche Restaurants, aber man sollte sie mit Vorsicht aussuchen. Einige von ihnen sind deutlich auf Besucher eingestellt: Sie verfügen über eine durchschnittliche Küche mit überdurchschnittlichen Preisen. Selbst das auffallend schöne Restaurant »L'Ambroisie« unterscheidet sich davon kaum. Sehr elegant, reich an Blumengestecken, leuchtenden Gemälden, uralten Tapisserien, traumhaftem Flair, doch leider hält das Essen nicht, was die Speisekarte und der schöne Rahmen versprechen. Die Speisen sind gut, aber nicht umwerfend. Besser, man isst in der unmittelbaren Umgebung, in einer der charmanten Gassen des Viertels, wo man reizende kleine Lokale mit jiddischer Küche findet. Preisgünstig und hervorragend.

Den Namen »Place des Vosges« erhielt der Platz erst im Jahre 1800. Die Stadt ehrte damit die Region der Vogesen, *les Vosges*. Während der Revolution hatte sie sich als erstes Departement Frankreichs bereit erklärt, Steuern zu zahlen. Anfangs hieß der Platz »Place Royale« und war Sitz des Königs Heinrich IV. Genau an dieser Stelle wollte der Herrscher seine fürstlichen Zelte aufschlagen, obwohl das mit enormer Arbeit verbunden war.

Im 14. Jahrhundert erhob sich etwas nördlicher des Platzes das enorme »Hôtel des Tournelles« – nicht zu verwechseln mit dem gewöhnlichen Hotel: Einer Beschreibung Victor-Marie Hugos zufolge war dieses »Hôtel« eine auf kuriose Weise angeordnete Ansammlung von Gebäuden. In seinem Roman *Notre-Dame* de Paris, das wir als *Der Glöckner von Notre-Dame* kennen, skizziert er sie folgendermaßen: »Weder das Schloss Chambord noch die Alhambra in Andalusien wirken so magisch und majestätisch wie der ›Nadelwald von Tournelles‹. Mit seinen Zinnen, Fahnen, Wetterhähnen, Schießscharten, lichtdurchbrochenen Laternen, unzähligen Schornsteinen und Türmchen unterschiedlicher Höhe ähnelt diese verschachtelte Burg einem riesigen Schachbrett mit steinernen Schachfiguren.«[3]

König Heinrich IV. ließ alles einebnen und fing 1605 mit der Bebauung der 17.780 Quadratmeter großen Fläche an. »Place Royale« sollte die Prunkstätte also heißen und alles beherbergen, was ein großer Herrscher so braucht: eine prachtvolle Residenz, ein elegantes Schlösschen für die Königin, herrliche Stallungen für die edlen Pferde und Küchen und Werkstätten für das Gesinde. Leider konnte sich der König nicht mehr am vollendeten Werk erfreuen. Der Protestantenhasser François Ravaillac erledigte den 57-jährigen Protestanten-Freund Heinrich 1610 mit mehreren Dolchstichen. Deshalb fand die feierliche Einweihung des Platzes erst anlässlich der Hochzeit des neuen Königs Louis XIII. mit Anne d'Autriche statt.

Dessen Reiterstatue lässt sich im Zentrum des Parks bewundern. Wie viele andere fürstliche Statuen wurde sie während der Revolution zerstört und im 19. Jahrhundert neu geschaffen. Die meisten Gebäude um den Park aus der Zeit Heinrich IV. sind allerdings recht gut erhalten geblieben. Mehrmals restauriert, innen teilweise modernisiert, werden sie von Promis aus Politik, Fernsehen und Showbusiness bewohnt. Hier lebte einst auch die Schriftstellerin Colette, der angesehene Victor-Marie Hugo – sein Haus ist heute ein Museum – und la Marquise de Sévigné. Letztere wurde als Verfasserin von mehr als 1.000 Briefen bekannt, deren Inhalte Gesellschaft, Moral und Politik ihrer Zeit geistreich aufs Korn nahmen.

Unter dem kostbar ausgestatteten Gewölbe der Arkaden verstecken sich urige Boutiquen. Dort lassen sich absolut einzigartige Souvenirs für Freunde oder die Familie zu Hause finden. Falls die kleinen Souvenirs nicht zufrieden stellen, sondern eine Wohnung an der Place des Vosges eher das Richtige zu sein scheint, so empfehle ich Ihnen wärmstens ein *Hôtel particulier*, eine Stadtvilla, am Platz. Diese schönen Villen verfügen über charmante Hintergärten, hohe, stuckverzierte Räume, herrliche Kamine und schmale elegante Fenster, vor denen die Äste der Kastanienbäume sich wiegen. Im Winter wirbeln Schneeflocken an den Scheiben und im Herbst steht der Duft vergangener Farben in den welken Wegen und die Blätter gehn auf Stufen durch die Luft[4]. Ich muss gestehen, dass ich denjenigen ein wenig beneide, der sich diesen Wohntraum erfüllen kann.

15. GRUND

Weil auch die Place de Furstemberg zu einer Zeitreise einlädt

Wenn Sie mich fragen, ist die Place de Furstemberg einer der romantischsten Plätze in Paris. Im Gegensatz zu dem von Schriftstellern, Geisteswissenschaftlern und Künstlern geliebten und verehrten Saint-Germain-de-Prés hat dieser Platz nichts von seinem einstigen Charme eingebüßt. Bei Beginn der Dämmerung, wenn die Lichter der zauberhaften Laternen über dem Brunnen aufflammen und die vier mächtigen aus China und Korea stammenden Bäume in voller Blüte stehen, hat man Lust, die ganze Nacht dort zu verbringen. Nicht mit Schlafen natürlich, sondern lieber mit Tanzen und Schmusen wie Anne Hathaway und Simon Baker in *The Devil wears Prada* (dt. Titel: *Der Teufel trägt Prada*). Können Sie sich an die Szene erinnern? Ich bin mir ziemlich sicher, dass sie auf der Place de Furstemberg spielt.

Es riecht nach Frühling und Sommer, die Luft ist erfüllt von Vogelgezwitscher und leisem Wispern. Man ist ganz berauscht und kann leicht vergessen, in welchem Jahrhundert man sich befindet. Durch eine der schmalen Gassen geht ein schlecht gekleideter Mann, der ein Nachtwächter aus dem 19. Jahrhundert sein könnte, doch vermutlich eher ein Clochard ist. Gegenüber führt eine ältere Pariserin ihren Hund spazieren. Mit ihrem altmodischen Hütchen und dem langen Rock sieht sie aus, als sei sie einem Roman von Guy de Maupassant entsprungen. Wirft dann noch der Mond sein silbriges Licht auf die Szene, wartet man unwillkürlich auf eine Droschke, die aus einer der dunklen Gassen kommt. Viel Fantasie braucht es nicht.

Falls Sie Woody Allens Film *Midnight in Paris* gesehen haben, wissen Sie, wovon ich spreche: Die Kutschentür geht auf und F. Scott Fitzgerald, Marcel Proust und die schöne Lou Andreas-Salomé steigen aus. Im Antiquitätengeschäft an der Ecke können Sie dafür den Eindruck gewinnen, Sie wären bei Marcel Proust zu Gast.

Der Platz wirkt verwunschen, und weit, ja sehr weit entfernt erscheint uns der berühmte Saint-Germain-de-Prés, dessen intellektuelle Patina vom grellen Glitzern der »Bling-bling«-Boutiquen allmählich weggeblendet wird. (Der Begriff »Bling-bling« ist in Frankreich seit Jahren ein Begriff für auffällige Accessoires, kostspielige Uhren und Ketten.)

Während sich um das »Café de Flore« und das »Les Deux Magots« teure Geschäfte aneinanderreihen, zu denen der Slogan »Le Fric –

c'est chic« (Geld ist schick) passt, hat sich die Place de Furstemberg den Charme vergangener Zeiten bewahrt. Statt Klamottenläden gibt es dieses hinreißende Antiquitätengeschäft, und Kunstliebhabern steht das Haus des Malers Eugéne Delacroix zu bestimmten Zeiten offen. In diesen Gassen verbirgt sich auch so manche idyllische Stadtvilla mit Schwimmbad und Garten. Dort wohnen Promis, die die Stille lieben und gleichzeitig den Trubel nicht missen wollen.

Benannt ist der Platz übrigens nach Wilhelm Egon von Fürstenberg-Heiligenberg, gebürtiger Deutscher und in jungen Jahren Bischof von Metz. Erst 1697, als fast 80-Jähriger, wird er Abt der Kirche Saint-Germain-de-Prés. Zu der Zeit trägt er sein Haar wie der damalige Sonnenkönig. Vielleicht waren sie alle beim gleichen Friseur? (Kleiner Scherz, natürlich trug er eine Perücke wie alle seines Standes.)

16. GRUND

Weil in dieser Stadt sogar eine Insel sexy sein kann

Die Place Dauphine liebe ich. Im Herzen von Paris, so richtig in die Flussarme der Seine geschmiegt, liegt sie ein wenig abseits des Massenandrangs. Häuser einer vergangenen Zeit säumen den Platz in Form eines Dreiecks. Die Passage, die zwischen zwei Klinkerbauten auf die Pont-Neuf zum Denkmal Heinrich IV. führt, ist so alt wie der Platz selbst.

Heinrich IV. liebte kunstvoll gestaltete Plätze. Ihm sind zwei königlich angelegte Bezirke zu verdanken. Zwei Jahre nach der Errichtung der Place des Vosges, also 1607, gab er seinem Architektenteam eine neue Aufgabe: Am westlichsten Zipfel der Île de la Cité sollte eine lauschige Nachahmung seiner Residenz an der heutigen Place des Vosges entstehen. Der anspruchsvolle König verlangte die genaue Reproduktion der Gebäude, welche die Place des

Vosges umsäumen. Zu Ehren seines Sohnes Kronprinz Louis XIII. – damals etwa acht Jahre alt – taufte der König den Platz Dauphin, also »Kronprinz«. Da der Platz im Französischen weiblich ist, wird aus dem Dauphin eine Dauphine: La Place Dauphine.

Ihr Name hat nichts mit der Namensgebung der Metrostation »Porte Dauphine« zu tun, deren Benennung sich auf das naheliegende Quartier Porte Dauphine bezieht. Diese wiederum, das heißt der gesamte Platz um die Porte Dauphine, wurde nämlich 1770 auf Geheiß von Marie-Antoinette angelegt. Damals war Marie-Antoinette noch Kronprinzessin, *la dauphine*, da ihr Ehemann Antoine-Françoise Callet erst 1774 zum König Louis XVI. gekrönt wurde. Daher auch die Benennung der um 1900 gebauten Metrostation »Porte Dauphine«.

Der Name des Gartens unterhalb der Place Dauphine (dank einer Treppe zu erreichen) stammt hingegen nicht vom König. Paris hat diese Anlage in Anlehnung an Heinrichs Liebe zu Frauen getauft, doch um das zu erklären, muss ich weiter ausholen: Heinrichs Favoritin hieß Gabrielle d'Estrées. Drei Kinder hatte sie ihm schon geboren und erwartete das vierte, als er beschloss, sie zur Königin zu machen. Doch kurz vor der Hochzeit starb sie auf mysteriöse Weise. Das Gerücht ging um, Gabrielle sei vergiftet worden, da sie dem Hof und dem Finanzminister ein Dorn im Auge war. Diese drängten den König nämlich, die reiche und tugendhafte Marie de Médicis zu heiraten. Heinrich jedoch schob die Hochzeit hinaus und tröstete sich mit wechselnden Liebschaften. Auch nach der Hochzeit konnte er es nicht lassen. Bis ins hohe Alter (damals war 57 schon alt) hofierte er Frauen und hielt sich Mätressen, weshalb ihm das Volk den Spitznamen *le Vert galant*, der grüne – im Sinne von »im vollen Saft stehende« – Galan, verlieh. Heinrich ist lange tot, aber sein Spitzname ist als Bezeichnung der Grünanlage geblieben.

An manchen Tagen ist es dort so still wie auf dem Land. Die dicken Mauern der Gebäude sowie der Fluss zu beiden Seiten schützen diesen westlichen Zipfel der Insel vor Lärm. Nur hin und wieder rattert ein Oldtimer über das Kopfsteinpflaster, weil gerade ein Film gedreht wird. Auf einer Bank sitzend kann der Voyageur die Silhouette des Louvre betrachten, die Kuppel des Institut de France sowie die der Académie française, die sich in der Ferne am blauen Himmel abzeichnet. Nach einer Weile stiller Kontemplation kommen die Höckerschwäne zu Besuch – übrigens überzeugte Vegetarier – und einige kühne Enten ziehen ihre Bahnen auf Suche nach Nahrung.

Nicht immer war es hier so idyllisch, und es ist sonderbar, welche Metamorphosen ein Ort durchmachen kann. Lange vor Heinrich IV. war die heutige Place Dauphine umgeben von drei morastigen Schwemminseln, wovon eine der Abtei Saint-Germain-des-Prés angehörte. Man nannte sie »L'île aux Juifs«. Hier wurden Juden verbrannt, die sich weigerten, zum Katholizismus überzutreten. Später verurteilte man führende Templer, ein kriegerischer Ritterorden, der das Christentum verteidigte, ebenfalls zum Tod auf dem Scheiterhaufen. Die katholische Kirche schielte damals neidisch auf die Schätze, die der Templerorden angeblich angehäuft haben sollte. Nachdem der oberste Templer in Rom auf grausame Weise hingerichtet worden war und man die Örtlichkeiten des Templerordens von Kopf bis Fuß durchwühlt hatte, kam jedoch kein Schatz zum Vorschein. Glücklicherweise ist mittlerweile viel üppiges Grün über die grässliche Vergangenheit gewachsen.

Der charmante Platz ist bei Dichtern, Sängern und Schauspielern sehr beliebt. Jacques Dutronc besingt ihn in einer kurzen Zeile seines Liedes *Il est cinq heures, Paris s'éveille* (Es ist fünf Uhr, Paris erwacht). Das Chanson gibt die Morgenstimmung der Stadt Paris wieder, erzählt von Tänzerinnen, Stripperinnen und Nachtschwärmern, die morgens nach Hause kommen, von Müllmännern, Bäckern und Zeitungsverkäufern, die mit der Arbeit beginnen, und von Plätzen, die aus ihrem Schlaf erwachen: »*Je suis le dauphin de la Place Dauphine.*« (Ich bin der Kronprinz des Kronprinzenplatzes.)

Der Dichter André Breton gab dem Platz eine sexuelle Konnotation. Die geschwungenen Linien seiner Form, um die sich die beiden Flussarme winden, ließen ihn an den Schoß einer Frau denken.

In der Nummer 15 wohnten einst Simone Signoret und Yves Montand. Als meine Mutter vor 26 Jahren dort spazieren ging und davon träumte, hier eines Tages zu wohnen, trat plötzlich Yves Montand aus einem der hohen Eingangsportale. Über einen Wohnungskauf diskutierten die beiden natürlich nicht, obwohl meine Mutter allen Ernstes die Idee hatte – in Paris ist eben alles möglich –, stattdessen grüßten sie sich, als wären sie alte Bekannte, und gingen wieder ihrer Wege. Für alle, die Yves Montand nicht kennen: Er gehörte zur angesehenen Elite der politisch engagierten Chansonniers und Schauspieler. In den 1940er-Jahren von Edith Piaf entdeckt, gelangte er zu Weltruhm, hatte ein Verhältnis mit Marilyn Monroe und starb 1991 an einer Grippe, die er sich bei Dreharbeiten zugezogen hatte.

Weil manche Straßen die Konten gefährden und gleichzeitig Geschichte schreiben

Kein Spaziergänger, der heute die luxuriöse Avenue Montaigne entlangschlendert und Vitrinen bestaunt, kann sich vorstellen, wie sie Ende des 18. bis Mitte des 19. Jahrhunderts noch ausgesehen hat. Ein dunkler, beidseitig von Ulmen überschatteter Weg führte von der Brücke ausgehend zu den Feldern weiter nördlich. Mit den Feldern sind »Les Champs« gemeint.

Damals waren es Kürbisfelder, heute sind es die Champs-Élysées, die »Elysischen Felder«, und statt Kürbissen kann man mittlerweile Klamotten, Schuhe, Schmuck, Souvenirs und viel Tand ernten. Längst ist *Les Champs*, so wird sie von Parisern genannt, nicht mehr die schönste Avenue der Welt. Wie sagte doch Woody Allen so treffend: »Dann doch lieber kleine Trips zurück in die Zeit, da die Champs-Élysées plötzlich vom Disney-Store befreit sind und von den Kino-Billboards mit den amerikanischen Blockbustern, und der ganze Touristen-Ramsch in der Rue de Rivoli ist auch verschwunden. Stellen Sie sich mal diese Schönheit vor!«[5]

Zurück in die Avenue Montaigne. In den Jahren 1770 bis 1840 trieben sich dort Räuber und Vagabunden herum. Nach und nach baute der eine oder andere Marquis für seine Geliebte ein Lustschlösschen oder eine alternde Gräfin ihren Ruhesitz und hin und wieder kamen alleinstehende Damen, die auf der Suche nach Bekanntschaften oder einem Abenteuer waren. Der Pfad erhielt die Namen *L'allée des Soupirs*, die Allee der Seufzer, und *L'allée des Veuves*, die Allee der Witwen.

Heute müsste die Straße »Allee der reichen Witwen« heißen, da sie vorzugsweise von steinreichen Damen im Witwenstand bewohnt und besucht wird. Marlene Dietrich wohnte in der Nummer 12, Eliette von Karajan übernachtet vorzugsweise im »Hôtel Plaza Athénée« und in der Nummer 46 lebte bis zu ihrem Tod Soraya Esfandiary Bakhtiary, die erste Frau des ehemaligen Schahs von Persien. Vor der Nummer 25 wurde die Spionin Mata Hari im gleichen Jahr festgenommen, in dem in Russland Wladimir Illitsch Uljanow, besser bekannt als Lenin, die Macht übernahm. Anstelle des aktuellen Théâtre des Champs-Élysées stand vor 100 Jahren die Stadtvilla König George V. von Hannover und die Nummer 28 beherbergte einst das Liebesnest von Napoleon III. und der Contessa di Castiglione, die im 19. Jahrhundert als die schönste Frau der Welt galt.

So viel Geschichte in einer Straße, in der sich die edelsten Haute-Couture-Häuser aneinanderreihen. Inzwischen trägt die Avenue den Untertitel: Geschäfte der Mode und Trends. Eintritt frei und zuvorkommende Bedienung garantiert.

Was in kleinen Boutiquen mit erschwinglichen Preisen sehr nervig ist, fällt hier weg: aufdringliche Verkäufer, die stets wissen, was einem noch fehlt, um glücklich zu sein. Sehr freundlich sind sie bei Dior, Inès de la Fressange, Escada und Nina Ricci. Überfordert im Hause Chanel, wo es von Japanerinnen nur so wimmelt, abschätzend bei Loewe, distanziert bei Prada und Gucci.

Bevor man schwach wird, sollte der Kontostand überprüft werden (das ist ja mit einem Smartphone immer und überall möglich), denn die Preise lassen ächzen.

Man läuft sich müde beim Marsch durch die High-Class-Läden. In der sehr schönen »Brasserie l'Avenue« Ecke Avenue Montaigne, Rue François 1er, im goldenen Dreieck sozusagen, kann der Voyageur bei vorzüglichen Salatplatten und kleinen, appetitlichen Gerichten bester Qualität Energie tanken. Und neben Gaumenfreuden gibt es auch einen Augenschmaus, da etwas weiter oben, in der Rue

François 1er, das Zweite Französische Fernsehen seinen Sitz hat und gestylte Fernsehansagerinnen und Glamourgäste hier in den Pausen snacken. Die Speisekarte zeigt Preise ab 45 Euro. Wem das zu teuer ist, der kann in der Brasserie »Chez Francis« eine üppige Gemüsesuppe für zwölf Euro, einen gemischten Salat für 16 oder einen Lachs für 29 Euro vertilgen. »Chez Francis« befindet sich am Anfang der Avenue auf der Place de l'Alma und hat einen schönen Blick auf den Eiffelturm.

Für die Fans von süßem Gebäck und traumhaften Küchlein rate ich eine Kaffeepause in der »Galerie Des Gobelins« am Plaza Athénée. Auf bezaubernden Louis-seize-Stühlen lässt sich die feine Backkunst des Zuckerbäckers Christoph Michalak kosten.

Wer allerdings finanztechnisch so richtig auf die Pauke hauen kann, ohne sich dabei zu ruinieren, der reserviere doch direkt im Restaurant »Plaza Athénée«. Im Frühling und Sommer ist die von Efeu umrankte Innenterrasse einfach grandios und an Regen- oder Wintertagen speist man im Inneren wie ein Fürst. Gleich daneben gibt es einen Tagungsraum mit einem enormen Öl-Porträt des Sonnenkönigs. Es ähnelt definitiv meinem Vater, ohne Perücke selbstverständlich.

18. GRUND

**Weil viele Straßen reicher an Geschichte
sind als manches Geschichtsbuch**

Es heißt, die Rue Mouffetard sei fast so alt wie Methusalem, was natürlich leicht übertrieben ist. Sie wurde im 1. Jahrhundert von den Römern auf ihrem Weg zurück nach Italien eher getrampelt als angelegt. Im Laufe der Jahrhunderte entwickelte sich dieser Trampelpfad jedoch auf erfreuliche Weise. Häuser schossen aus dem Boden, Metzger, Gerber, Bierbrauer, Tuchhändler, Bäcker bauten

ihre Stände auf und schwängerten die Luft mit einem Geruchs-
gemisch, das so manchen Anwohner betäubte. *La mouffette*, das
Stinktier, schimpften sie ihr Viertel. Möglicherweise leitet sich der
Name aber auch von *Mont-Cétard*, das in *Mont-Fétard*, also Steige
Fétard oder kurz Fétar'scher Hügel, umgewandelt wurde, ab, da es
hier ziemlich steil hinaufgeht. Wie auch immer.

Blumen- und Gemüseläden mit asphaltierten Vorgärten und
kleine Restaurants bereicherten hier farbenfroh die Gasse. Spielende
Kinder, Hunde, Katzen, Pferde und Fuhrwerke gaben dem Quartier
seinen dörflichen Charme. Davon ist glücklicherweise noch etwas
geblieben, und es lohnt sich, danach Ausschau zu halten. Es mag
schwerfallen, im Gewühl all der Passanten, der vielen griechischen,
italienischen und slowakischen Lokale sowie schrillen Souvenirläden die charmante Altstadt zu finden. Aber ich versichere: Man
findet sie.

Geht man mit offenen Augen durch die Gassen und richtet den
Blick zuweilen auf die Fassaden der Gebäude, entdeckt man plötzlich über der Nummer 122 das aus dem 18. Jahrhundert stammende
Emblem der Weinhandlung »A la bonne Source« oder am Giebel
der Nummer 134, dem renommierten Käsegeschäft von Pierre
Androuët, vier Gemälde auf Blech, die Landszenen darstellen. Sie
und die Dekoration der gesamten Fassade oberhalb der Gemälde
wurden 1929 von einem italienischen Künstler angefertigt.

Zum Schluss lockt ein Spaziergang bis zur Place de la Contrescarpe und dort ein Glas Bier. Jacques Brel hat den Platz in seinem
Chanson *Place de la Contrescarpe* auf eindringliche Weise verewigt.
Er weckt Erinnerungen an das Paris der Bohème und an das der
1950er- und 1960er-Jahre. In der *Fabelhaften Welt der Amélie* hingegen sehen Sie die Rue Mouffetard des 21. Jahrhunderts. Wesent-
lich hat sie sich nicht verändert. Noch immer ist sie bunt, lebhaft,
voller lebensfroher Menschen. Vielleicht gibt es mittlerweile mehr
Reisende, aber ganz sicher stinkt sie schon lange nicht mehr wie
ein Stinktier.

Und dann wird noch immer von der *sorcière de la rue Mouffetard*, der Hexe, gemunkelt. Ob es sie tatsächlich gegeben hat und noch gibt, weiß keiner so genau, doch irgendwie und irgendwann scheint sie noch herumzugeistern. Davon erzählen die Kinder der Rue Mouffetard.

Rue des Canettes, Rue Guisarde und Rue Princesse liegen nahe der Place Saint-Sulpice. Ein absolutes Muss ist es, hier mal durchzustreifen. Abgesehen von flippigen Läden gibt es unzählige gemütliche kleine Restaurants, die brechend voll aussehen, aber im ersten Stock immer noch ein Plätzchen frei haben. Ob vegetarisch, orientalisch, griechisch, russisch, französisch oder immer wieder italienisch – in dieser Ecke verhungert niemand. Auch kein Clochard.

Viele denken, die französische Küche halte nicht, was sie verspricht, und man werde nicht satt. Ich gebe diesbezüglich denen recht, die versuchen, sich auf den Touristenmeilen, etwa den Champs-Élysées oder dem Grand Boulevard, den Bauch vollzuschlagen. Sucht man hingegen Restaurants wie »Le Bistrot d'Henri« in der Rue Princesse auf, dann wird einem gezeigt, wie schmackhaft und üppig die französische Küche sein kann.

Die Rue des Canettes existiert schon seit dem 13. Jahrhundert und war schon immer eine sehr lebhafte kleine Gasse. Es ist ungewöhnlich für die Stadt Paris, eine Straße, durch die Honoré de Balzac spazierte und in der Marcel Prousts Haushälterin Céleste nach seinem Tod ein Hotel aufgemacht hat, mit einem solch schnöden Namen – *canette* heißt Dose – zu bedenken.

Ganz anders verfuhr man mit den Nebengassen: Die Rue Princesse zum Beispiel bezieht sich auf eine Prinzessin aus dem Hause Guise, einer weitverzweigten adeligen Familie, die unter König Heinrich II. von Frankreich sehr viel Einfluss gewann. Während der Religionskriege Mitte des 16. Jahrhunderts verteidigte sie verbissen die ultra-katholische Richtung und war mitverantwortlich für die blutige Bartholomäusnacht, in der massenhaft Hugenotten, also Protestanten, umgebracht wurden. Womit wir schon bei der

Namensgebung der Rue Guisarde sind. In dieser Gasse hat die Familie besonders schlimm gewütet. Schaudernd sprach man von der Geisterstraße, dann von der Todesstraße, schließlich, nach der Familie benannt, von der Guise-Straße. Während der Revolution wurde sie dann aber in Rue des Sans Culottes umgetauft. Als *sans-culottes* bezeichnete man während der Revolution die revoltierenden Männer aus dem Volk, weil sie im Gegensatz zu den feinen Kniebundhosen der Aristokraten knöchellange karierte Beinkleider trugen. Diese Beinkleider waren in den Augen der Franzosen keine Hosen. Deshalb: *les sans culottes*, die ohne Hosen.

Schwenkt der Voyageur dort, wo die Rue Guisarde in die Rue Mabillon mündet, nach links, geht er hinunter bis zur Rue du Four und strebt rechter Hand zum Boulevard Saint-Germain. Überquert er ihn an dieser Stelle, stößt er genau auf die Rue de Buci. Diese Straße sowie sämtliche Gassen um sie herum, also die Rue de Seine, Rue Christine, Rue Mazarine und Rue des Beaux Arts, sind unwiderstehlich. Dort ist alles zu finden: von Ramsch bis Luxus. Es gibt billige Snacks, teure Lokale im Neostil sowie die üblichen Klassiker.

In der Rue des Beaux-Arts finden Sie ein süßes Hotel von diskretem Charme mit dem Namen »L'Hôtel«. Oscar Wilde verbrachte dort die letzten Jahre seines Lebens und soll beim Einzug verkündet haben, er lebe fortan über seine Verhältnisse.

Von diesem Zeitpunkt an strömte die High Society von Kunst und Showbusiness herbei. Salvador Dalí, Grace Kelly, Liz Taylor, Richard Burton und viele andere. Trotz der glamourösen Gäste hat das Hotel seine schlichte Eleganz bewahrt. Sein Luxus ist nicht zu vergleichen mit dem der Grand Hotels, des »Marriotts«, dem »Ritz« oder »Hilton«. Man könnte seinen Luxus poetisch nennen.

Weil man für die Ausdauer, die man für die Wartezeiten vor mancher Sehenswürdigkeit braucht, hinterher reich belohnt wird

Alle wollen den Eiffelturm besteigen, als ob es sich um den Mount Everest handelt. Und ähnlich einem alten Bergsteiger, der in einer Dokumentation über den Mount Everest sagte, er tue ihm mittlerweile leid, weil die halbe Welt auf ihm herumkraxelt, geht es mir mit dem Eiffelturm. Irgendwie tut er mir leid. 250 Millionen Menschen haben sich bis zum heutigen Zeitpunkt durch sein zartes Gerüst geschoben. Erstaunlich ist, dass man ihm das gar nicht ansieht. Einmal oben angekommen, betrachten seine Besucher erschöpft die Aufnahmen der schrittweisen Entstehung des Monuments. Darüber muss ich hier nicht viel sagen, denn das steht in jedem Reiseführer, an den Wänden der zweiten Etage, auf dem Schild am Fuß des Wahrzeichens, etc.

Es gibt fast keine Uhrzeit des Tages, zu der der Voyageur nicht vor dem Kartenschalter und dann vor dem Lift Schlange stehen muss. Am besten sind natürlich die Führungen. Allerdings kommt man auch hier nicht ohne Wartezeiten nach oben und sie kosten mehr. Vergeht dem Voyageur angesichts der Menschenmassen vor dem Aufzug die Lust, obwohl er das Ticket schon erstanden hat, macht er Folgendes: Er nimmt die Treppe. Schließlich möchte jeder Paris-Besucher einmal von der Spitze des Turms herunterwinken oder -spucken. Je höher man steigt, umso leichter wird einem ums Herz, außerdem ist die Luft sauberer. Einige Anekdoten zum Turm möchte ich hier zum Besten geben, denn es liegt mir fern, den Aufstieg zu vermiesen. Der Eiffelturm gehört schließlich auf die Checkliste jedes seriösen Reisenden:

1. Im Ersten Weltkrieg wurden den französischen Truppen vom Turm aus Signale gesendet, die angeblich in der schrecklichen Marne-Schlacht hilfreich waren.

2. Nur einer einzigen Firma ist es bisher gelungen, den Eiffelturm für Werbezwecke zu nutzen. Zwischen 1925 und 1936 durfte Citroën seinen Firmennamen in senkrecht angeordneten Leuchtlettern in den Turm setzen.

3. Anfang des 20. Jahrhunderts nähte sich der Schneider François Reichelt ein fallschirmartiges Kostüm und sprang damit aus dem zweiten Stock des Turms (in dem sich heute das Restaurant »Jules Vernes« befindet). Leider ging der Sprung für ihn schlecht aus, uns bleiben ein Video und einige Momentaufnahmen.

4. Die Trapezakrobatin Rosa Gold vollführte 1952 ohne Netz und doppelten Boden ihre Kunststücke auf der Höhe des zweiten Stockes.

Nun ist es am Voyageur selbst, das Kunstwerk zu vollbringen, 1.665 Stufen bis zur Spitze zu steigen.

In Frankreich nennt man den Eiffelturm übrigens auch *la dame de fer,* die eiserne Lady. Vielleicht ist der Voyageur nach dem Aufstieg ebenso eisern und schafft am selben Tag noch die Besichtigung eines Museums. Wie wäre es mit dem Musée d'Orsay, dem Refugium der Impressionisten? Das Museum ist ein ehemaliger Bahnhof, auf fantasievolle Weise umfunktioniert. Noch immer lässt sich nachvollziehen, wo die Schienen verliefen. Und die gute alte Bahnhofsuhr blickt noch immer auf die Museumsbesucher wie in den Sechzigerjahren des 20. Jahrhunderts auf die Reisenden.

Weit zurück liegen das Pfeifen und Fauchen der Züge, die Hektik der Reisenden, der Dampf in der Luft und der Geschmack nach Blei auf der Zunge. Das Gewusel hingegen ist geblieben. Ein geruhsames Gewusel der Betrachter, die von einem Gemälde zum anderen, von einem Stockwerke ins nächste wandeln. Beeindruckende Werke von Monet, Manet, Gauguin, Toulouse-Lautrec, Camille Pissarro, Renoir und anderen Impressionisten werden präsentiert und Skulpturen gibt es auch. Sogar einige von Camille Claudel, die der Zerstörungswut ihrer Schöpferin entgangen sind. Wer die Ausdauer hat, sich in die endlose Schlange vor dem Musée d'Orsay einzureihen, der hole sein iPad heraus und schaue sich so lange den Film *Camille Claudel* an. Dabei erfährt man nicht nur einiges über die Kunst der Bildhauerin, sondern auch über ihre bittere Liebe zu Auguste Rodin.

20. GRUND

Weil es in Paris Orte gibt, an denen man sorgenlos schreien kann

Les catacombes interdites, die verbotenen Katakomben, befinden sich in jenen unterirdischen Steinbrüchen, deren Zugang seit 1955 strikt verboten ist. Dennoch sind sie zugänglich. Teils mit Stangen verrammelt, mit rot karierten Bändern gekennzeichnet und Verbotsschildern versehen, sollen sie Touristen abschrecken. Was aber kann eine leidenschaftliche Wühlmaus, die weder Furcht vor Ordnungshütern noch Skrupel vor Dunkelheit und Gefahr hat, schon erschüttern? Und wie soll man jemanden, der sich dort unten den Frust und die Hoffnungslosigkeit so richtig von der Seele brüllen kann, ohne dabei in die Nervenklinik Saint-Anne eingeliefert zu werden, vom Abstieg abhalten?

Im 14. Arrondissement, zwischen der Villa Brune und der Rue Giordano-Bruno, gibt es eine Bahnbrücke, unter der sich ein von Wurzeln und Gras überwuchertes Gleis befindet, das geradewegs in einen unheimlichen Tunnel führt. Rechts und links ziehen sich staubige Laubbäume und nicht mehr ganz frische Büsche die Böschungen bis zur Rue Giordano-Bruno auf der einen Seite, zu den Wohnhäusern auf der anderen Seite hinauf. Vor 100 Jahren zuckelte hier ein Güterzug entlang. Innerhalb der großen Randboulevards umgürtete diese Eisenbahn ein zweites Mal ganz Paris, weshalb man sie *la ligne de Petite Ceinture de Paris*, der kleine Gürtel von Paris, nannte.

Sie belieferte auf ihrem Weg Firmen und Großhandel mit Waren und stand erst ab 1854 Passagieren offen. Nach dem Aufkommen der Metro Anfang des 20. Jahrhunderts wurde sie kaum noch benutzt, worauf die Stadt alle Linien bis auf die Linie Auteuil Ende der 1930er-Jahre stilllegte. Mein Vater wohnte damals in der Villa Brune und hat noch Züge in dem finsteren Tunnel verschwinden sehen. Als ich klein war, lungerten am Fuß der Böschung Obdachlose, dort trafen sich Dealer und ihre Käufer und der schlechte Ruf und ein Geheimnis lagen auf der Umgebung. Kinder mussten sich bei Strafe fernhalten. Was ich natürlich getan habe. Mir blieb nichts anderes übrig, denn damals saß ich im Kinderwagen oder ging an der Hand meiner Mutter. Später kam mir zu Ohren, dass dort unten ein Zugang zu den »verbotenen Katakomben« sein soll. Das fand ich natürlich sehr spannend. Wie der Voyageur vielleicht weiß, ist Paris zu 40 Prozent unterhöhlt. Dafür gibt es mehrere Gründe: Seit 1.000 Jahren wird der schöne Sandstein der Pariser Gebäude aus seinem Bauch geschlagen. Später legte man die Untergrundbahn. Während des Krieges wurden unterirdische Waffenlager oder strategische Stützpunkte gegraben, die man am Ende des Krieges schlampig zuschüttete. Dass Paris nicht in Schutt und Asche versinkt, liegt an der mittlerweile strengen Kontrolle seines Bauches und einer fachmännischen Absicherung.

Wer sich hier hinunterwagt, 60 Meter unter die Erde, unter Friedhöfe und Abwasserkanäle, wo kein Licht die schwarzen Gänge, die dunklen Räume und die Knochenansammlung an den Wänden erhellt, der glaubt, in die Hölle hinabzusteigen. Unwillkürlich fällt ihm der düstere Satz von Dante aus der *Göttlichen Komödie – Das Höllentor* ein: »Lasst, die ihr eintretet, jede Hoffnung fahren.«

Man kann in einen 20 Meter tiefen Brunnen fallen und auf ewig verschwinden. Man kann ausrutschen, panikartig umkehren wollen und sich dabei verirren. Allein das veranlasst schon zu einem langen, erleichternden Schrei. Niemals sollte sich der Voyageur ohne einen kompetenten Führer auf den Weg in den »verbotenen« Bauch der Stadt machen. Rüste er sich sicherheitshalber mit Taschenlampen oder Laternen aus. Bei der Gelegenheit kommt er auch in den Genuss der alten Wandgemälde. Manche Skizzen und Zeichnungen ähneln Dinosauriern oder Phantomen. Einige Mauern tragen Brandspuren und Eintragungen in deutscher Sprache, die aus der Kriegszeit datieren. Vor über 200 Jahren schlich ein Mann durch die gruseligen Gänge auf der Suche nach dem verborgenen Schatzkeller des Ordre des Chartreux (dabei handelte es sich um einen religiösen Orden oder eine Sekte). Der Mann tauchte nie mehr auf. Sein von Ratten zernagter Körper wurde Jahre später entdeckt.

Ist der Voyageur in einem dieser langen, düsteren Tunnel, an deren Ende ein schwaches Licht schimmert, so reiße er den Mund weit auf, hole tief Luft und schreie aus Leibeskräften. Solange und so laut er will. Keiner hört ihn. Aber ihm wird es guttun.

KAPITEL 3

Für Skeptiker:
T'inquiéte, la vie est belle!

»Der echte Pariser liebt Paris zwar nicht,
aber er kann auch an keinem anderen Ort leben.«
Alphonse Karr

21. GRUND

Weil man wider Erwarten auch in Geschäften und Lokalen auf Pariser trifft, die einen mit ihrem Charme bezaubern

»Ach, du lieber Himmel! Die Leute reden schnell, schauen grimmig und denken nur an sich!«, entsetzt sich meine deutsche Oma, als sie zu uns nach Paris kommt. Eigentlich ist sie eine recht coole Großmutter, die nicht so leicht aus den Latschen kippt. Sie wohnt in Stuttgart im Heusteigviertel, geht abends auch mal zum Italiener oder zum Einkauf mitten hinein ins quirlige Zentrum. Obwohl man in ihrer Straße höchstens die Vögel zwitschern hört, ist sie einen gewissen Lärmpegel und das wuselige Stadtleben Stuttgarts gewohnt. Im Vergleich zum Hexenkessel Paris kommt ihr Stuttgart jedoch fast schon gemütlich vor.

Nun ja: Lärm, Stress, Eile und hin und wieder schmutziger Regen machen nicht immer Laune. Aber: Wenn Paris auch kein Kurort ist und vermutlich auch nie einer werden wird, so gibt es doch jede Menge freundliche Bewohner. In der Tat wirken die Pariser in ihrer meist dunklen Kleidung und mit ihren etwas verschlossenen Gesichtern auf den ersten Blick nicht besonders herzlich. Aber das täuscht. Das erzähle ich auch meiner Oma und nehme sie und meinen Großvater auf einen Erkenntnistrip mit.

Erstes Ziel ist die Bäckerei »Chevalier« in der Rue de Rennes 81, Ecke Rue de Mézières im 6. Arrondissement. Ganz nebenbei: Es gibt dort hervorragende Baguettes und exzellenten Rührkuchen. Wohlerzogen wie er ist, ruft mein Großvater ein freundliches *Bonjour!*, sobald er den Laden betrifft. Die Bäckerin grüßt mit einem überfreundlichen *Bonjour Monsieur, bonjour Madame, bonjour Mademoiselle!* zurück. Stammkunden und Ansässige wissen, dass die Bäckerin Automatenfreundlichkeit versprüht und ihre Bonjours mit einem kräftigen Grinsen von einem Ohr zum anderen etwas künstlich wirken. Was sie tatsächlich denkt, lässt sich eventuell an der Art ihres Grinsens erraten. Gepflegte Damen grinst sie schnippisch freundlich an, junge attraktive Geschäftsfrauen mit leicht gerümpfter Nase, gut aussehende Männer (wie meinen Opa) mit einem Schuss Verführung und einem Augenaufschlag, normale Leute wie mich und meine Oma nachsichtig bis arrogant. Sie verkörpert das typische Verhalten des korrekten, alteingesessenen Pariser Kaufmanns und setzt ihre besondere Note (das Grinsen) obendrauf. Mir persönlich ist das künstliche Lächeln lieber als eine grimmige Schnute, und ich vermute, dass es vielen Käufern ebenso geht. (Achtung: Landfranzosen unterscheiden sich deutlich von den Parisern.) Sehr gut persifliert wird die Pariser Bäckerin in dem französischen Film *So ist Paris* (franz. Titel: *Paris*). Es ist die Geschichte des Tänzers Pierre, gespielt von Romain Duris, der bei einer Untersuchung erfährt, dass er herzkrank ist und das Tanzen aufgeben muss. Ohne Tanz verliert sein Leben Sinn und Freude. Bis zu seinem Tod am Ende des Filmes beobachtet er Menschen und verfolgt deren Schicksale. Darunter auch die Bäckerin, die stark spöttisch so dargestellt wird wie die Bäckerin in unserem Viertel. Der Film kam 2008 in die Kinos, in den Hauptrollen waren außerdem Juliette Binoche und Fabrice Luchini zu sehen.

Meine Oma merkt von der aufgesetzten Freundlichkeit nichts und sagt beim Hinausgehen: »Die war aber nett!«

Zweites Ziel: Metzger Hugo und Metzger Monsieur Bajon. Hugo Desnoyer hat seine moderne, mit viel Glas und Licht ausgestattete »Boucherie« in der 45, rue Boulard im 14. Arrondissement. Sehr leicht zu finden, wenn man vor dem Rathaus dieses Viertels steht. Man durchquert den kleinen Park davor, hält sich links und erreicht nach 20 Schritten die Rue Boulard.

Hugo ist ein charmanter Mann Mitte 40. Bei Hugo kommt die Freundlichkeit von Herzen und die Redegeschwindigkeit aus der Wiege. Wie viele Pariser hat er seine früheste Kindheit in der *garderie,* der Kita, verbracht, und wer dort nicht untergehen will, muss viel und schnell quatschen statt quengeln und schreien. So verschafft man sich Zuhörer und Respekt, das weiß ich aus eigener Erfahrung. In Hugos Laden wird viel gequasselt. Man wird beraten, unterhält sich mit anderen Kunden oder dem Chef persönlich und tauscht Rezepte aus. Das alles in Lichtgeschwindigkeit und oftmals nuschelnd. Mein Opa sagt: »Ich dachte immer, ich kann Französisch. Aber das verstehe ich nicht!« Es ist verlorene Liebesmüh, den Pariser zu bitten, seinen Redefluss zu bremsen. Er wird es nicht tun, weil er es nicht kann. Er ist der geborene Hektiker, aber in nicht wenigen Fällen von der freundlichen Sorte. Oma rauchen die Ohren, aber sie ist zufrieden. Und vor lauter Freude wirft sie zwei Euro in den Sammeltopf für Waisenkinder. Da ruft das Team (Hugo hat noch vier Mitarbeiter) im Chor: »*Merci, Madame!*« Jetzt ist Oma nicht nur froh, sie ist auch förmlich hingerissen und wird krebsrot vor Verlegenheit.

Bei Monsieur Bajon geht es genauso herzlich zu und glücklicherweise etwas gemütlicher. Sein Laden hat noch den Charme längst vergangener Zeit. Regale mit Sülze und Einweckgläsern, Hackbrett, Fleischwolf und Dekoration wie zu Urgroßmutters Zeiten. Geräucherter Schinken und schmackhafte Würste hängen von der Decke, schöne Weinflaschen und kunstvoll angerichtete Platten schmücken die Vitrine. Neben der uralten Registrierkasse steht Helene und nimmt die Bezahlung entgegen, wobei natürlich nicht die schöne Kasse zum Einsatz kommt, sondern der Kreditkartenapparat.

Die Boucherie »Bajon« findet der Voyageur in der Rue de l'Abbé Grégoire, Nummer 29. Sehr leicht zu erreichen: Steigt er an der Metrostation »Saint-Placide« aus, überquert die Rue de Rennes, biegt links in die Rue de Vaugirard ein und dann sofort in die nächste Straße rechts. Monsieur Bajon begrüßt fast jeden Kunden in gemäßigtem Tempo mit Namen. Da meine Oma ebenso gut erzogen ist wie mein Opa, möchte sie Herrn Bajon auch mit Namen anreden, kann ihn allerdings nicht aussprechen. Da legt Monsieur seine Hand auf ihren Rücken, tätschelt sie ein wenig und flüstert: »Sie dürfen mich ruhig Jean-Pierre nennen.« Nun schaut Opa etwas verdutzt. Keine Bange, auch das ist Pariser Freundlichkeit, und zwar die typisch männliche. Franzosen sind und bleiben die ewigen Verführer. Nach dem Motto »Ob blond, ob grau, ich liebe jede Frau« schäkern sie sich durchs Leben und schaffen es auch mit Krückstock und Gebiss noch, eine Frau zu bezirzen. Wieder ist Oma hingerissen.

Im Bistro »Le Doucet« an der Ecke Rue Vaugirard/Rue d'Assas, gegenüber dem Institut Catholique im 6. Arrondissement, legen wir eine Verschnaufpause ein und testen bei der Gelegenheit die Freundlichkeit der Bedienung. Der junge Mann mit Backenbart macht Oma schöne Augen, als sie stotternd eine heiße Schokolade bestellt. Kaum kehrt er uns den Rücken, bemerkt sie: »Ich habe gelesen, die Freundlichkeit der *garçons* in den Pariser Bistros und Cafés ließe sehr zu wünschen übrig. Welcher Dummkopf hat das bloß geschrieben?«

Sagen wir mal so: Man kann nicht alle Bedienungen über einen Kamm scheren. Auf den Champs-Élysées oder an anderen von Touristen viel besuchten Plätzen sind die Kellner manchmal schlicht und einfach überfordert und setzen hin und wieder ein griesgrämiges Gesicht auf. In den kleineren Lokalen jedoch sind sie meist guter Laune, wachsam und äußerst flink.

»Sind all die netten Leute nicht auch ein Grund, Paris zu lieben?«, frage ich Oma. Verträumt schaut sie an die graue Decke des Cafés und singt versonnen ein Lied von Dalida: »Er war gerade achtzehn Jahr, fast noch ein Kind mit weichem Haar, ein Mann zum Lieben.« Ist das nicht ein schönes Ja?

Weil Höflichkeit nicht nur eine Zier ist, sondern das A und O der französischen Lebensweise

Mehr Schein als Sein. Das könnte auf die sprichwörtliche Höflichkeit der Franzosen zutreffen. Na und? Selbst wenn ein Pariser, der mir die Tür aufhält, denkt: »Ich bin korrekt, aber du bist ein Rindvieh!«, so ist mir das herzlich egal, wenn er mir nur die Tür nicht vor der Nase zufallen lässt. Derart erging es mir am Treppeneingang eines Stuttgarter Kaufhauses. Der unhöfliche Mensch vor mir hielt mir die Tür nämlich nicht auf, und ehe ich es begriff, hatte ich die Tür im Gesicht. In Paris reagiert man auf solche Ungezogenheiten mit einem lauten, ironischen *Merci, Monsieur, vous êtes trop aimable* (Vielen Dank, mein Herr. Sie sind sehr freundlich)!

Meine Großeltern und ich testen die Höflichkeit der Pariser Passanten. Auf dem Nachhauseweg von unserem Erkenntnistrip spricht mein Opa kurzerhand einen miesepetrig dreinschauenden Herrn an und fragt ihn nach dem Weg zum Jardin du Luxembourg. Der Mann hebt ruckartig den Kopf, die Augenbrauen ziehen sich zusammen und wir fürchten schon eine wüste Abfuhr. Da aber erhellt sich sein Gesicht. Freundlich sieht er uns alle an und ausgesprochen höflich sagt er: »*Mais bien sûre, Messieurs-dames …*«, gerne gebe er uns Auskunft. Und er erklärt ausführlich und mit deutlicher Aussprache, wo es langgeht.

»Jetzt weiß ich, warum Gott in Frankreich wohnt.«

»Ich glaube, er bleibt nicht mehr lange hier, Oma. Die neue Regierung verlangt zu viele Steuern. Selbst von Gott!«, antworte ich ihr augenzwinkernd.

Das Tüpfelchen auf dem i der Höflichkeit liefert uns ein Nachbar meiner Freundin, zu der wir einen Abstecher machen. Er funktioniert hundertprozentig nach dem Motto: »Immer schön korrekt bleiben, auch wenn du lieber Feuer speien würdest!« Nach Aussagen meiner Freundin soll er die personifizierte Pest des Hauses sein und ein gutes Beispiel für schönen Schein. Die Concierge nervt er wegen der Staubflusen auf den Säulen des Eingangs, er schwört, die nächtlichen Spaziergänge der Katze aus dem vierten Stock zu hören, und Partys verdirbt er mit der Drohung, die Polizei zu holen. Außerdem beschuldigt er den Hund des Nachbarn aus dem ersten Stock, die eingezäunten Blumenbeete des Hintergartens zu zerstören. Abgesehen von seinen schlechten Seiten ist er jedoch perfekt erzogen und gekleidet, hat Manieren der alten Schule, versieht jeden Satz mit »Bitte«, »Danke«, »selbstverständlich«, »wie Sie wünschen« oder »kein Problem«. Als er aus dem Treppenhaus kommt und uns durch das Glas der Eingangspforte sieht, stürzt er auf sie zu, reißt sie auf, verneigt sich vor meiner Oma, wie es einst die Lakaien vor Ludwig XIV. taten, und ruft elegant: »*Après vous, Madame!*« Wie eine Königin stolziert meine Großmutter durch die weit geöffnete Pforte.

Am Abend, als wir wieder bei mir zu Hause sind, sitzt Oma verträumt auf dem Canapé und singt leise: »I love Paris in the winter, I love Paris in the fall …«

23. GRUND

Weil man in Paris auf Trab gehalten wird und so jung bleibt

Eile gehört in Paris dazu. Ob es zum Shoppen, zum Bus, ins Kino oder zur Arbeit geht: Man eilt, man jagt, man rennt. Ja, die Pariser haben einen Affenzahn drauf. Normal gehen eigentlich nur Schulkinder oder 70- bis 80-Jährige, während die 90-Jährigen dann wieder zum gemächlichen Tatter-Schritt durchparieren. Nebenbei sei erwähnt, dass die Pariser steinalt werden. Als ich unserer Concierge vom Tod meiner 89-jährigen Großmutter väterlicherseits erzählte, entgegnete sie: »Mein Gott, so jung!«

Ob es vielleicht der rasante Herzschlag der Stadt ist, der einem ein langes Leben schenkt?

Eile ist übrigens immer geboten, auch beim Einparken oder beim Überqueren der Straße. Da hat meine Oma absolut recht, wenn sie sagt: »Man muss ja höllisch aufpassen, dass einem nicht die Hacken abgefahren werden.« Das möchte ich jenen ans Herz legen, die seelenruhig über den Zebrastreifen schlendern, ohne sich gut umzuschauen, wie sie es eben aus einem disziplinierten Land gewohnt sind, in dem es keiner wagt, den Fußgängerüberweg zu ignorieren, ohne dafür ins Gefängnis zu kommen. In Paris respektiert man den Zebrastreifen nur, wenn Verkehrspolizisten in der Nähe sind. Im Bäckerladen sollte man ebenfalls nicht trödeln. Wer mittags oder abends in der Boulangerie schnell seine Baguettes besorgen will, sollte genau wissen, was er kaufen möchte. Denn die anderen Kunden verlieren angesichts unentschlossener Gelegenheitskäufer leicht die Geduld.

Und wie schon erwähnt: Diskussionen, Gespräche, ja selbst der gemütliche Plausch – alles vollzieht sich in rasend schnellem Tempo. Während auf den Autobahnen und Schnellstraßen mittlerweile rigorose Geschwindigkeitslimits herrschen, sind Unterhaltungen die reinsten Rennfahrten. Wer nichts zu sagen hat, ist verloren, wer wenig zu sagen hat, wird nicht gehört, und wer langsam spricht, wird von jenen unterbrochen, die schneller sprechen. Sobald es bei einer Unterhaltung mit Parisern nicht nur ums Wetter geht, wird sie zum verbalen Ringkampf. Fernsehdiskussionen sind gute Beispiele. Dass es fast immer um Kultur, Politik oder Wirtschaft geht, macht die Sache für viele nicht einfacher. Also wappnen, oder mit guten Englischkenntnissen glänzen. Das mögen die Franzosen. Da schweigen sie sogar selbst und hören zu.

Der Voyageur sollte auch gut vorbereitet sein, falls er einem Franzosen telefonisch etwas erklären muss. Es muss rasch gehen, präzise sein und extrem verständlich, sonst wird das Gespräch von der anderen Seite jäh beendet.

Ein Paradoxon ist die Eile der Pariser am Telefon. Beispiel: Es wird von einem erwartet, sein Anliegen in Höchstgeschwindigkeit vorzubringen, damit die andere Seite nicht auflegt. Hat man sein Anliegen schließlich vollständig vorgebracht, muss man dann 20 Minuten warten, weil der Gesprächspartner sich alle Zeit der Welt nimmt, zu antworten, dies aber hinter der lapidaren Formulierung »*Deux secondes, s'il vous plaît*!« (Geben Sie mir bitte zwei Sekunden!) verbirgt.

Und nochmals: Im Straßenverkehr ist stets Eile geboten. Sollte der Voyageur den Mut haben, sich auch im Auto über die Place Charles-de-Gaulle zu wagen, dann bitte ohne zu zögern. Volldampf voraus und dabei trotzdem gewisse Verkehrsregeln nicht außer Acht lassen. Zum Beispiel hat in Paris rechts immer Vorfahrt, während diese Regel auf dem Land nicht überall gilt, vor allem nicht für den Kreisverkehr. Der hat auf dem Land Vorfahrt.

Fazit: Wer sich an die Eigenheiten der Pariser – Hektik, Trubel, Eile beim Gehen und Sprechen, Ungeduld – gewöhnt hat, stört sich nicht mehr daran. Und vielleicht empfindet er es mit der Zeit sogar als genauso belebend und erfrischend wie die Pariser selbst.

24. GRUND

Weil sich die Pariser Lebensfreude weder durch Lärm noch durch Stress dämpfen lässt

Ganz klar: Es ist nervtötend, sich während der Rushhour durch den Verkehr kämpfen zu müssen. Die Place de la Concorde zum Beispiel verliert zu diesen Zeiten ihr schönes Gesicht. Angeblich hat das *directoire*, die Regierung nach der Schreckensherrschaft, das Wort *concorde*, also Eintracht, als Namen gewählt, um die verstörten Franzosen wieder mit ihrem Land zu versöhnen. Zur Zeit Robespierres stand hier die Guillotine und fast täglich fanden Hinrichtungen statt.

La Place de la Concorde ist der größte Platz der Stadt. Er erstreckt sich auf 8,64 Hektar, wird im Südosten vom Jardin de Tuileries, im Südwesten von den Champs-Élysées, im Norden von der Rue Royal eingegrenzt und führt nach Süden über die Ponte de la Concorde zur Nationalversammlung. An verschneiten Tagen gegen fünf Uhr morgens, wenn kaum ein Auto fährt, wirkt er wie weites, gespenstisches Land, atemberaubend und so ruhig, dass man mal in aller Ruhe mit den Statuen plaudern könnte, wenn diese nur etwas gesprächiger wären. Zu Zeiten der Rushhour aber verwandelt der Platz sich in einen Dschungel aus Blech und Gestank, in dem sich Motorrad- und Mopedfahrer zwischen den Autos hindurchschlängeln und Fußgänger verzweifelt nach dem Zebrastreifen Ausschau halten. Bei Ampelausfall und großem Andrang wird der Verkehr zwar von Verkehrspolizisten geregelt, aber das Chaos ist trotzdem perfekt. Die Ordnungshüter haben scheinbar kein Zeitgefühl oder können nicht zählen. Es heißt hier ja nicht umsonst, sie hätten nur einen Vorschulabschluss; *Il a bac moins 10*. Die uniformierten Jungs lassen auf der einen Seite 20 Autos durch, auf der anderen aber nur drei. Fazit: Der Verkehr bricht zusammen und die Verkehrsteilnehmer sind kurz vor dem 19. Nervenzusammenbruch.

Doch das ist alles kein Grund, in Panik auszubrechen, denn: Wir gehen besseren Zeiten entgegen. Das ist gebongt. Der noch bis zum 4. April 2014 gewesene Bürgermeister Bertrand Delanoë wollte ja schließlich komplett auf Fahrräder und saubere Autos umrüsten. Und seine Nachfolgerin Anne Hidalgo will zumindest auf diesem Gebiet den gleichen Kurs einschlagen. Alle alten Karossen müssen definitiv die Stadt verlassen, Parkplätze weichen Leihrädern und Elektroautos; Fußgängerzonen, grüne Inseln und Inliner-Pisten werden angelegt. Autos und Stau sind *passé*. Falls es noch Reisende gibt, die mit ihrem Wagen unterwegs nach Paris sind: Seid gewarnt! Parkplätze sind selbst in den öffentlichen Parkhäusern Mangelware. Am ehesten findet man noch eine Nische im vierten oder fünften Untergeschoss. Eine Nische, wohlgemerkt! So eng, dass einem beim Manövrieren unwillkürlich ein Satz aus der Bibel einfällt, wenn auch leicht entfremdet: Eher geht ein Kamel durch ein Nadelöhr als mein Auto in diese Lücke.

Die beiden ersten Park-Etagen dienen immer den Abonnenten, das heißt im Klartext: den Angestellten, den Anwohnern oder den Stammkunden, erst ganz zuletzt kommt der Besucher. Ungern zahlt man dann 3,50 Euro oder mehr für jede anbrechende Stunde.

In Paris hat es die Zeit ebenso eilig wie die Bewohner der Stadt, besonders wenn man im Stau steckt. Wegen einer kurzen Strecke rinnen Stunden dahin und plätschern für immer davon. Besonders deprimierend sind die Staus, die durch Demonstrationen verursacht werden. Damit die Demonstranten in aller Ruhe ihre Bahnen ziehen können, sind viele Straßen gesperrt, und die Autofahrer werden gezwungen, weite Umwege zu machen. Dies kann Stunden beanspruchen und sensible Menschen an den Rand der Verzweiflung bringen. Statt für solche Fälle einen Colt ins Handschuhfach zu legen, sollte man sich mit Hörbüchern eindecken. Meine Mutter schaffte die *Buddenbrooks*, *Goethes Märchen von der grünen Schlange und der schönen Lilie* und einen Krimi von Charlotte Link an einem Nachmittag, als die Lohnabhängigen demonstrierten.

Am besten ist jedoch immer: das Auto zu Hause lassen! Und sich nicht entmutigen lassen. Das alles gehört zum Pariser *mode de vie*. Für die Ansässigen sind es Adrenalinspritzen und für viele Paris-Besucher Anlass zur Freude. Ich bin einmal einer deutschen Familie begegnet, die mit Rucksäcken und Kindern auf der Straße gehen mussten, weil Motorräder den Gehweg versperrten. »Wie finden Sie denn das?«, fragte ich unwillkürlich die beiden Erwachsenen.

»Ooch, das ist eben Paris!«, antwortete die Frau und lächelte.

25. GRUND

Weil Metro und Bus in jedem Fall das Auto an die Wand spielen und so manches erleichtern

Nimm den Bus! Fahr mit der Metro! Das sind die gut gemeinten Ratschläge an den Globetrotter, der keine Lust hat, für eine Taxifahrt auf der Strecke Montparnasse-Montmartre 30 Euro hinzublättern, und den es nicht anmacht, sich mit einem Elektroauto in den Stau zu stellen. Tja! Gut gebrüllt, Löwe! Aber leider kann die Metro unangenehm werden, wenn man sie zur Hauptverkehrszeit benutzen muss. Besonders schrecklich sieht es dann in der Linie 13 aus. Vom Vorort Saint-Denis ausgehend durchquert sie die nördlichen Bezirke und transportiert dabei zahlreiche Menschen in die Innenstadt zu ihren Arbeitsplätzen. Schon nach fünf Stationen ist sie so voll, dass man sich nicht festzuhalten braucht, weil man Nase an Nase und Brust an Brust an fremden Leuten klebt.

Das ist unerträglich, doch viele arbeitende Franzosen haben keine andere Wahl und müssen in den sauren Apfel beißen. Wer mit Rucksack, Tasche, Hut und Saxofon reist, sollte die Rushhour unbedingt meiden. Bus und Metro leiden zu diesen Zeiten an übelster Verstopfung, und manchmal geht es der Metro so schlecht, dass sie irgendwo unterhalb der Stadt plötzlich anhalten und verschnaufen muss. Den Passagieren bleibt nichts anderes übrig, als wie eingepferchte Hennen zu warten. Und da sie keine Eier legen können, werden sie zu Rohrspatzen und schimpfen auf die SNCF, also die Nationale Eisenbahngesellschaft, auf deren schlechte Organisation, dann auf den Bürgermeister, schließlich auf den Präsidenten und die Regierung überhaupt, die, ob links oder rechts, gemütlich von Chauffeuren transportiert wird. Und schon sind wir wieder bei lauten und raschen Diskussionen. Man erwägt Streiks, Straßenmärsche, Aufstände, doch sobald die unterirdischen Züge wieder loslegen, denkt jeder nur noch an die nächste Haltestelle.

Deshalb mein Tipp: Zu manchen Tageszeiten ist die Metro angenehm leer und bringt einen rasch in jeden Teil der Stadt. Die Linie 1 ist modern, bequem und sicher. Linie 6 trägt einen von der Station Pasteur bis Passy über die Stadt, sodass man zu den Klängen eines arbeitslosen Musikanten den Eiffelturm, die Seine und einige hübsche und auch weniger hübsche Straßen betrachten kann. Ja man sieht sogar das hässliche moderne Viertel am Pont de Grenelle mit Kettenhotels und japanischen Wolkenkratzern. Linie 3 bringt einen zur Oper und passiert auf ihrem Weg zum Friedhof Père Lachaise die Metrostation »Arts et Métiers«, die es, wie bereits besprochen, unbedingt wert ist, näher besichtigt zu werden. Die Fliesen der Haltestelle von Linie 11 sind hier aus Kupfer, außerdem befinden sich in den Anschlusskorridoren der beiden Linien 3 und 11 noch alte Rolltreppen aus Holzlatten. Die Station zählt zu den schönsten und originellsten Metrostationen der Welt. Diesen Anblick sollte sich der Voyageur nicht entgehen lassen!

 26. GRUND

Weil Paris sauberer ist, als man es von einer Großstadt erwarten würde

Meine Tante aus der Schweiz trug während ihres Besuches in Paris einen Mundschutz wie einst Michael Jackson, starrte verächtlich auf den Abfall, der vor Schuleingängen herumlag, und stöhnte: »Ja, Maria und Joseph, bin ich etwa in Neapel oder gar in Peking?«

Nein, wir sind nicht in Neapel oder Peking. Die Mülleimer werden im Normalfall regelmäßig und pünktlich geleert und hier dulde ich keinen Widerspruch! Jeden Morgen rumpeln die Waschwagen im Schneckentempo durch die Stadt, die Müllabfuhr und die öffentlichen Ämter sind das unverrückbare Pendant zur Pariser Eile. Die grünen Männer mit Schläuchen, die neben den Putzautos herschlendern, lassen sich Zeit bei ihrer Arbeit. Alles wird sorgfältig abgespritzt, aber auch alles. Und falls ein Passant nicht aufpasst, bekommt er ebenfalls eine Ladung frisches Wasser ab und blitzt danach so sauber wie Bürgersteige und Mäuerchen.

Früher gab es auch die anderen grünen Männer, die mit Staubsaugern bewaffnet auf Motorrädern herumfuhren und die Hundehaufen aufsaugten. Sie wurden Opfer der städtischen Sparmaßnahmen unter dem damaligen Bürgermeister Chirac. Das rief sofort die Skeptiker auf den Plan, die unkten, dass die Stadt nun alsbald in Hundekot ersticken werde. Das Horrorszenario stellte sich jedoch nicht ein, denn die Pariser Bürger sind nicht ganz so egoistisch und nachlässig, wie allerorts behauptet wird. In den günstigen Wohnbezirken stellt die Gemeinde den Hundebesitzern niedliche Plastiksäcke zum Kotaufsammeln zur Verfügung. Gratis natürlich. In den feineren Vierteln allerdings müssen die Hundebesitzer die Säcke selbst besorgen, und das tun die auch anstandslos. Übung macht den Meister. Auch im Kotaufsammeln. Mit der Zeit hat man den Dreh raus. Ich beherrsche es mittlerweile perfekt. Schwierig wird es nur, wenn meine Hündin Dünnpfiff hat. Einen guten Ratschlag gab mir der Verkäufer eines Supermarktes, der selbst vier Pinscher besitzt: »Trage immer eine kleine Wasserflasche mit dir herum. Damit spülst du Hundedünnpfiff ganz einfach in den Rinnstein.«

Was den Gestank betrifft: Am schlimmsten ist es an den Hauptverkehrsadern. Dort ist die Luft wahrhaftig nicht besonders frisch, und in sehr engen Straßen riecht es manchmal streng, weil wenig Wind durchbläst. Es kann auch vorkommen, dass Clochards keinen anderen Ausweg für ihre Notdurft finden als die Straße, den Winkel, die Häusernische oder das Plätzchen zwischen parkenden Autos. Die Bezeichnung »Clochard« hat übrigens eine sehr poetische Herkunft. Sie leitet sich von *la cloche* ab, was »die Glocke« oder »das Gewölbe« heißt. In diesem Fall ist das Himmelsgewölbe gemeint, unter dem er schläft.

Weil man hier selbst nach dem größten Gezeter friedlich auseinandergehen kann

Vor Kurzem kam es auf einem Zebrastreifen zu einer unheilvollen Begegnung zwischen Mensch und Tier. Vor meinem Hund und mir überquerten munter plaudernd drei Damen mittleren Alters die Straße. Innerhalb von wenigen Sekunden war es mit dem Plausch vorbei und das Trio geriet ins Wanken. Die Mittlere wurde gegen den Mast des gegenüberliegenden Trottoirs katapultiert, die Damen rechts und links stolperten kopfüber auf den Bürgersteig zu, konnten allerdings ihr Gleichgewicht noch halten, ehe sie sich den Schädel einschlugen. Schuld an dem Chaos war meine Hündin. Sie hatte einen Artverwandten erspäht, der uns mit seinem Herrchen arglos entgegenkam, und war, Beine, Röcke und Füße missachtend, zügig auf ihn zugestrebt. Ein fürchterliches Gezeter, böse Blicke und Beschuldigungen übelster Art stürzten auf mich ein und wir beide – meine Hündin und ich – hätten am liebsten zurückgebellt. Aber das konnten wir nicht, da die Karambolage eindeutig von uns verursacht worden war. Ganz im Stil der Pariser bedauerte ich das Vorgefallene stattdessen überschwänglich, entschuldigte mich unzählige Male mit Tränen in den Augen, zückte mein Handy und wollte den Notarzt rufen und die Kosten natürlich komplett übernehmen. Da sagte die betroffene Dame: »Aber nun machen Sie mal halblang, junge Frau! Ich hab nur eine Beule. Wer wird denn deswegen Himmel und Hölle in Bewegung setzen. Solche Dinge passieren eben. Die armen Tiere können ja nichts dafür, man hat ohnehin zu wenig Verständnis für sie!« Sie ging in die Hocke und streichelte meine Hündin.

Witzig oder ärgerlich, je nach Humor der Beteiligten, werden Staus, wenn es dabei zu Karambolagen kommt. Auch hierbei vergessen die korrekt erzogenen Pariser mit einem Schlag ihre gute Kinderstube. Sie fluchen, stoßen die übelsten Schimpfwörter aus, zetern und hampeln unruhig um ihren Wagen, und das auch, wenn er nur leicht beschädigt ist, bis sie schließlich die Arme sinken lassen und stöhnen: »Ach was, Polizei! Bis die sich durchgekämpft haben, ist es Mitternacht. Lassen wir es gut sein! Was interessiert mich das Blech, solange meine Haut heil ist.« Dann steigen alle wieder ein und die Sache ist vergessen. Hier zeigt sich deutlich der Charakter des Südländers. Auf ein fürchterliches Geschrei folgt die Gleichgültigkeit. Immer nach dem Motto: Ihr könnt mich alle mal. Ich will nach Hause.

28. GRUND

Weil in Paris nicht mehr geklaut wird als anderswo

Vergleiche ich die Statistiken, Meldungen und Ratschläge der Polizei von Berlin, Rom oder New York mit denen von Paris, fällt mir auf, dass sich die Städte diesbezüglich ungefähr die Waage halten. Mit einem kleinen Unterschied: In Paris wird anders geklaut als im Rest der Welt. Die Taschendiebe verfügen über dreiste Techniken und einen Modus Operandi, den wir nur bestaunen können. Beschreiben kann ich diese Techniken leider nicht kompetent. Aber dafür kann ich ein paar Beispiele liefern, die den Blick des Opfers schärfen dürften. Im Frühjahr 2010 brachte die Zeitung *Le Parisien* einen aufsehenerregenden Bericht über eine Gruppe von jungen Mädchen, einige Tage später kamen die frechen Ladys auch auf Kanal 6 unter dem Titel *Die Gang der kleinen Diebinnen*. Sie sahen eigentlich recht harmlos aus, erzählten entspannt von ihrem Leben mit Eltern oder Großeltern und von ihren Beutezügen ins Zentrum gegen Abend. »Wir kennen unsere Rechte«, brüstete sich die eine. »Die Polizei kann uns nichts anhaben«, sagte eine andere, und sie warfen sich belustigt Blicke zu. Beliebtes Ziel der Mädchengang war die Linie 4 ab der Station »Montparnasse-Bienvenüe« im Süden und der Station »Gare du Nord« im Norden. Von da an lohnt es sich. Viele Reisende, die in den Louvre streben oder zum Shoppen die Rue de Rivoli und umliegende Straßen anpeilen, steigen hier zu. *Les petites voleuses*, die kleinen Diebinnen, klauen beneidenswert geschickt, charmant und für Außenstehende nicht nachvollziehbar, deshalb ist dies ein guter Tipp: Damit der Voyageur an seiner Zielhaltestelle noch all seine Sachen beisammen hat, sollte er die Brieftasche entweder in der Jackeninnenseite tragen oder im Stiefel. Auf auffälligen Schmuck und seine Rolex sollte er verzichten, und das Damentäschchen stets verschlossen halten. Wenn er schon mit Koffer und im Touristenlook unterwegs ist, dann sollte er wenigstens die jungen Ladys nicht zu dicht an sich heranlassen, sollte er ihnen einmal begegnen.

Im September 2011 wurden im Champ de Mars, der Grünanlage beim Eiffelturm, Taschendiebe erwischt. Sie entrissen schlendernden Damen die Handtaschen und griffen in die Gesäßtaschen ahnungsloser Passanten. Es trifft nicht nur Paris-Besucher. Auch Pariser fallen den Dieben zum Opfer, wie etwa eine junge Studentin, die im Herbst von einer Gruppe junger Männer angerempelt wurde. Sie stürzte zu Boden und musste später feststellen, dass sie nicht nur einige Schrammen abbekommen hatte, sondern dass auch ihr Laptop verschwunden war.

Dennoch keine Panik. Wie heißt es doch so schön und so wahr? Vorsicht ist die Mutter der Porzellankiste. Dieses Motto gehört mit ins Reisegepäck. Schlicht und einfach umsichtig sein. Die Tasche im Bistro nicht an die Stuhllehne hängen! Bargeld getrennt von Kreditkarten und Schecks aufbewahren. Nicht mit offenen Taschen durch die Stadt spazieren! Tasche, Koffer sowie Schmuck im Auge behalten, wenn jemand nach dem Weg fragt, obwohl der eigene

Stadtplan in der Hand und bis auf Gesicht und Augen alles auf japanischer Tourist hindeutet. Den Wandersack gut zuschnüren oder die Damentasche quer über der Schulter tragen, damit sie sich nicht so leicht wegreißen lässt. Und in überfüllten Straßen nicht so laut sprechen, damit nicht jeder sofort den Nichtpariser erkennen kann. Wer entgegen allen Warnungen doch mit dem Auto unterwegs ist, der lege seine Brieftasche niemals auf den Beifahrersitz.

Angesichts so vieler Schreckschüsse blähen sich natürlich die Segel der Skeptiker. Aber nicht zu früh gefreut! Seit 23 Jahren lebe ich in Paris und mir ist nur einmal etwas geklaut worden. Dummerweise handelte es sich dabei um mein Moped. Meiner Mutter wurde in 30 Jahren viermal die Handtasche entwendet und es war dreimal ihre eigene Schuld. Zweimal vom Beifahrersitz, einmal aus dem Kofferraum. Viermal hat sie die Tasche samt Scheckheften und Kreditkarte auf dem Fundbüro wiederbekommen. Es fehlte nur das Bargeld. Das nenne ich einen rücksichtsvollen Diebstahl.

29. GRUND

Weil man in der Pariser Innenstadt auch nach Mitternacht gefahrlos spazieren gehen kann

Meine Verwandtschaft in Deutschland fürchtet immer wieder um mein Leben. »So jung, so nett und so oft auch abends unterwegs in einer Stadt, in der Menschen aus aller Herren Länder wohnen! Hast du keine Angst?«

Meine Antwort darauf ist durchaus nicht subjektiv. Sie kann von unzähligen Freundinnen, Bekannten und Nachbarn belegt werden: Nach Mitternacht haben mich bis heute nur charmante Verehrer verfolgt. Manche hatten eine Flasche Champagner oder stärkeren Alkohol intus. Einer von ihnen, er war stockbesoffen, hat mir sogar einen Heiratsantrag gemacht. Er hieß Adrien und sah sehr gut aus.

Ich sollte nebenbei erwähnen, dass mitternächtliche Verfolgungen dieser Art vor allem in bürgerlichen Vierteln vorkommen, die als relativ sicher gelten. Meine Hündin führe ich deshalb bevorzugt in diesen Bezirken zu einem letzten Spaziergang aus.

Weniger empfehlenswert ist es hingegen, zur späten Stunde in den Randgebieten der Stadt zu flanieren. Selbst in Begleitung eines Hundes kann es ungemütlich werden. An der Porte Clichy im Norden von Paris oder in Clichy selbst zum Beispiel ist es bei Einbruch der Dunkelheit nicht mehr ganz sicher. Der Vorort Clichy erstreckt sich auf etwa drei Kilometer, hat eine hübsche Kirche, einen linken Bürgermeister und 56.000 Einwohner. Ähnlich unsicher ist der Vorort Saint-Denis. Sein zweifelhafter Ruf geht auf die relativ bedürftige Bevölkerung zurück. Die Betonsiedlung hinter dem riesigen Stadion Stade de France ist eine Hochburg der Dealer und kleinen Gangster und deshalb in späten Stunden eher zu meiden. Allerdings gibt es einen hübschen Ortskern, der durchaus eine Besichtigung wert ist. Man kann über den reichhaltigen Gemüse- und Fischmarkt flanieren, in einem netten Restaurant nahe der Basilika gut essen und natürlich die schöne Basilika selbst bewundern.

Um dieses Monument rankt sich eine kuriose Geschichte, die ich hier kurz erzählen will: Im Jahre 250 wurden die Christen von den Römern verfolgt und hingerichtet. Auch der erste Bischof von Paris, Bischof Saint-Denis, konnte dem Massaker nicht entkommen und wurde geköpft. Es geht das Gerücht, der Bischof sei aufgestanden, habe seinen Kopf unter den Arm genommen und wäre bis vor die

Tore von Paris geflüchtet. An der Stelle, an der er dann erschöpft zusammenbrach und starb, wurde er begraben. Sein seltsamer Tod lockte Pilger aus ganz Frankreich an, weshalb schließlich die schöne Basilika gebaut wurde. Außer der Messe finden dort heute regelmäßig klassische Konzerte statt. Wir konnten vor einigen Jahren dem bekannten russischen Geiger Iouri Bachmet lauschen und ich muss sagen: Die Akustik ist erstklassig.

Fazit: Auch in den verrufenen Gegenden der Stadt gibt es Highlights, und das ist ein weiterer Grund, Paris zu lieben.

30. GRUND

Weil man in Paris auch preiswert leben kann, wenn man nur die richtigen Orte kennt

Immer wieder höre ich die Argumente: In dieser Stadt fliegt das Geld regelrecht aus dem Geldbeutel. Jeder Schritt kostet Geld, alles ist unmäßig teuer. Das ist richtig! Wer sich in Paris niederlassen und sparen will, kann kein Appartement in den inneren Arrondissements mieten. Man darf auch nicht Alleinverdiener sein, muss sich in einer kleinen Wohnung wohlfühlen können und sollte keinen großen Bedarf an Luxusartikeln haben. Es ist von Vorteil, wenn man nach den günstigen Supermärkten Ausschau hält, statt in der »Grande Épicerie« seinen Kühlschrank zu füllen. »Die Grande Épicerie« ist das Schlaraffenland der betuchten Pariser. Hier kaufen die Anwohner ein und die lassen sich das auch gerne etwas kosten, was einen angesichts der stattlichen Preise verwundert. Dennoch rate ich jedem, dem der Edelsupermarkt zu teuer ist, trotzdem einen Blick hineinzuwerfen. Er ist nicht nur eine Augenweide, sondern beschert auch olfaktorische Genüsse. Es riecht nach Gewürzen, frischem Gemüse, nach Obst, Nüssen und Kaffee.

Wer dort nicht einkaufen will, braucht noch lange nicht zu verhungern. Es gibt zahlreiche Lebensmittelläden für den Normalverbraucher. Und es gibt die Möglichkeit, im Notfall den Stadtteil zu wechseln. Besitzer von schmalen Geldbörsen kaufen gerne in den »populären« Vierteln ein. An dieser Stelle möchte ich allen, die es nicht wissen, erklären, dass das Wort *populaire* im Französischen zwei Bedeutungen hat. Zum einen heißt es »beliebt«, zum anderen will es den Gegensatz zu bürgerlich, wohlhabend, schick oder mondän ausdrücken. Man könnte sagen, dass populäre Viertel die Viertel der bescheidenen Haushalte sind. Auch der bescheidenen Häuser, da es in diesen Vierteln sehr wenig Haussmann-Gebäude gibt. Die nach dem Städteplaner Baron Haussmann benannten Gemäuer zeichnen sich durch den hellen Sandstein, kunstvollen Stuck über den Fenstern und prächtige Eingangspforten aus, was den Wohnhäusern der Randbezirke gänzlich fehlt. Die schönsten Paläste sind im Stadtinnern zu Zeiten der Könige und Herzöge entstanden und befinden sich im Norden um den Louvre, die Oper und die l'Église de la Madeleine, während sie im Süden bis zum Boulevard Saint-Germain anzutreffen sind. In diesem Fall meine ich mit Randbezirken also jene Stadtteile hinter den Grenzen zu diesen optisch schönen Bezirken.

Kehren wir zum Einkauf zurück. Sein Baguette bekommt man in populären Vierteln schon für 95 oder 90 Cent, während es in den schicken Quartiers zwischen einem und 1,10 Euro kostet. Das sind zwar nur fünf bis zehn Cent Unterschied, wer aber einen Kühlschrank, die Vorratskammer und eventuell ein Weinregal füllen will und überall zehn Cent, ja manchmal auch 50 Cent oder einen Euro spart, hat am Ende gewonnen. Vieles in Paris ist Geduldsache. Man lasse sich auch nicht von den horrenden Preisen der Bistros und Cafés auf den Champs-Élysées umwerfen. Was man dort für eine Tasse Kaffee hinlegt, zahlt man anderswo für ein Kännchen. Nicht gleich den Mut verlieren. Wie gesagt: *T'inquiéte, la vie est belle!* (Nicht verzagen, das Leben ist schön!)

Das trifft auch auf die Wohnungen zu. Geduld und Kenntnis sind die besten Ratgeber. Es gibt guten und preiswerten Kaffee, es gibt charmante, günstige Wohnungen, und glücklicherweise braucht nicht jeder viel Geld, um in Paris glücklich zu sein. Die Stadt hat ihre preiswerten Geheimnisse, von denen ich nun einige lüften werde.

Im schicken 6. Arrondissement und im angesagten Marais zahlt man für eine 50-Quadratmeter-Wohnung mindestens 1.500 Euro Warmmiete. Wer es besonders fein haben möchte – Parkettboden und Kamin, hohe Fenster –, der muss noch 200 bis 300 Euro drauflegen. Verzichtet man allerdings auf die zentrale Lage und zieht in den Süden, Norden oder Osten von Paris, finden sich Wohnungen dieser Größe schon für Mietpreise zwischen 900 und 1.200 Euro. Zur Stadtgrenze hin wird es noch billiger, und hat man einmal das Ortsschild »Paris« hinter sich gelassen, sinken die Mieten immer weiter. Viele junge Menschen wohnen in Vororten. Von Montrouge, Châtillon oder Garches im Süden zum Beispiel haben viele Studenten, besonders die der Medizin, mit der RER gute Verbindungen zu Universitäten und einigen Krankenhäusern. Sie werden direkt zur »Cité Universitaire« am Parc Montsouris, zu den Militärkrankenhäusern Val-de-Grâce und Hôpital Cochin oder zur Sorbonne gebracht. Hier sei nebenbei erwähnt, dass sich die große Universität Sorbonne in mehrere Universitäten mit unterschiedlichen Fakultäten aufteilt, die in anderen Vierteln unter den Namen Paris III, Paris IV, Paris V und Paris VII untergebracht sind. Ich meine hier Paris I, die Universität René Descartes Panthéon-Sorbonne an der Metrostation »Jardin du Luxembourg«.

Was Wohnungen betrifft, locken die Vororte Saint-Denis, Clichy, Aubervilliers und Saint-Ouen zwar mit sehr günstigen Preisen, jedoch weniger mit ihrem Ruf. Da empfehle ich lieber Levallois und Asnières: relativ saubere Wege, gemütliches Ambiente, akzeptable Preise, nette Märkte und attraktive Einkaufsstraßen. Aber: Es ist eben nicht mehr Paris. Das ist der Haken. Nun, sei es drum. Einen Haken gibt es immer.

KAPITEL 4

Für alle, die es heiß, romantisch oder gruselig mögen

»Frankreich ohne Paris ist wie eine Lammkeule ohne Senf.«
Pierre Perret

Weil es überall in Paris kokette und freche Mädchen gibt

Die meisten Pariserinnen wollen die Blicke auf sich ziehen. Studentinnen kommen in engen Jeans, schicken Lederjäckchen und Stiefeletten in den Hörsaal. Bedienungen tragen figurbetonte Röcke und Tops oder enge Pullis. Reife und überreife Frauen zwingen sich in hohe Schuhe, achten auf Qualität und Stil, gehen regelmäßig zum Friseur und zur Kosmetikerin, falls sie es sich leisten können. Manche sehen noch in hohem Alter so aus, als wollten sie sich einen jungen Liebhaber angeln – und den auch bekämen.

Ein Kribbeln liegt in der Luft, besonders im Frühjahr, und das trifft alle. Man zeigt viel Haut, flirtet gern, betet die Sonne an, liebt das Leben, zeigt sich ärmellos und ein wenig dekolletiert in Straßencafés. Da können noch so viele Abgase die Luft verpesten: Man streckt seine Glieder der Sonne entgegen und freut sich über jeden freundlichen Blick. Ob Männlein oder Weiblein. Bestätigung für meine Behauptung finde ich in Modezeitschriften und vor allem im Forum *Beauté* im Internet. Im Dezember 2012 schrieb eine junge Frau: *Macht es wie ich. Hängt euch das Foto einer perfekten Schönheit ins Badezimmer und setzt alle Hebel in Bewegung, wenigstens ein bisschen so auszusehen. Irgendwann werdet ihr belohnt.* Daraus geht ganz deutlich hervor: Die Pariserin will sich und anderen gefallen. Aber was sie für sich beansprucht, verlangt sie auch von anderen, vor allem von den Männern. Auch Frauen kommen hier also auf ihre Kosten.

Morgens und abends joggen in öffentlichen Parks die schlanken Feuerwehrmänner in Shorts und ärmellosen Shirts und sehen dabei drahtig und recht attraktiv aus. Vorzugsweise im Frühling schlängeln sich durch die Autoschlangen der großen Boulevards wie etwa Boulevard Saint-Germain, Boulevard des Capucines, Avenue de l'Opéra oder Boulevard de Sébastopol Motorräder, Roller und Fahrräder, auf denen gepflegte Herren in Anzügen zur Arbeitsstelle flitzen. Zu den Universitäten Paris I, III und V strömen junge und ältere Männer in schmal geschnittenen Mänteln, Haare à la Simon Baker. Im »Marly« zum Beispiel, einem Café der Brüder Costes, sehen die männlichen Bedienungen aus wie Mannequins, die von Karl Lagerfeld gemustert wurden. Dort sollte der Voyageur unbedingt ein Glas Champagner trinken, auch wenn es zwölf Euro kostet. Das elegante Restaurant wurde im Erdgeschoss eines Seitenflügels des Louvre eingerichtet. Seine lang gestreckte Terrasse zeigt auf die gläserne Pyramide, den Eingang des Museums, und ist besonders bei Nacht ein Highlight. Überall funkelt es. Aus der Ferne strahlen die Spotlights des Eiffelturms, im Glas der Pyramide spiegeln sich die Lichter des erleuchteten Louvres und die Scheinwerfer der Autos.

Aber auch im schicken »Maison Blanche«, im »Restaurant Le Voltaire« oder in den Bistros der Rue de Seine sind die Kellner immer schlank und muntern alleinstehende Besucherinnen auf. Paris ist voll von Männern, die auf ihr Äußeres achten. Auch beim Sport, auf dem Skateboard, auf Rollschuhen und Tretrollern wirken viele sexy. Ja, und neulich fiel mir sogar ein attraktiver Müllmann auf. Und ein 80-Jähriger im Nadelstreifenanzug mit Silberkrücke. Ob jung, mittelalt oder jenseits der 80: Ungepflegte Bärte, bestrumpfte Füße in Sandalen, langes, ungepflegtes Haar und extrem nachlässige Kleidung sind dem Clochard vorbehalten. Der Mann von Welt achtet auf sein Äußeres. Und der Franzose, besonders der Pariser, sieht sich als Mann von Welt. Aber auf diese Eigenart gehe ich in einem anderen Kapitel näher ein.

Weil selbst Liza Minelli anreist,
um die Pariser Gay Pride zu besuchen

Die Gay Pride in Paris ist ein besonderes Ereignis. Die Parade rollt im Juni durch die Stadt, Schwule und Lesben feiern hier, treten für ihre Rechte ein oder zeigen einfach ihren Stolz auf ihre Sexualität. Der Ausdruck »gay« hat sich in Frankreich als Begriff für Schwulsein eingebürgert. Ist einer schwul, sagen wir hier: *Il est gay*. Verbunden mit dem englischen Wort »pride« ergibt es das Banner, unter dem die französischen Schwulen defilieren.

Damals, als ich klein war, wurde die Parade als Kuriosität präsentiert. Ungewöhnliche Menschen, die aussahen, als kämen sie von einem anderen Planeten, stellten sich auf den bunten, riesigen Bussen zur Schau, braun gebrannte Muskelprotze mit Irokesenschnitt kokettierten, gestählte Jungs in knappen Badehosen machten eindeutige Hüftbewegungen, schrille Vögel ließen auf den Umzugswagen die gefärbten Locken im Sommerwind flattern. Als Achtjährige begaffte ich diese Menschen wie außerirdische Wesen und schwor mir, so eine Show nicht mehr anzusehen, sobald ich selbst entscheiden durfte. Und glücklicherweise hat sich die Show total geändert, hat sich einiges verändert. Wohl ist sie immer noch sexy, aber weniger schrill und bunt. Die letzten Paraden, die ich erlebt habe, wirkten auf mich fast brav. Männer unterschiedlicher Altersgruppen in T-Shirts tanzten unter dem Dach des Umzugswagens zu den Rhythmen der Musik. Vor zwei Jahren stand die amerikanische Sängerin Liza Minelli inmitten der Truppe und sang kräftig mit: »It's raining men!«

Schwule Pärchen wohnen zusammen, gehen ins Restaurant und ins Theater. Meistens treten sie selbstbewusst auf, schlendern

Hand in Hand durch die Einkaufsmeile, sitzen schmusend auf Parkbänken. Bei meinen Spaziergängen mit Hund durch das Edelkaufhaus »Bon Marché« locke ich vor allem homosexuelle Verkäufer an. Sie strahlen, wenn sie meine Hündin sehen, erkundigen sich nach Rasse, Alter, Charakter und wollen sie unbedingt streicheln.

In Paris leben berühmte homosexuelle Paare und Homosexualität stellte hier bislang nie ein Problem dar. Doch das hat sich geändert: Mit einem Mal schien Homosexualität hier das Übel zu sein, das an der Wurzel von Tradition und Familie nagte. Wie ist das gekommen? François Hollande hat mit seinem Programmpunkt »Heirat für alle« den Schneeball ins Rollen gebracht, der zur Lawine wurde. Monatelang prangte es auf den Titelseiten, diskutierten Journalisten, gab es Fernsehdebatten, Sit-ins, Märsche und Demonstrationen zum Thema Ehe für Schwule. Angesichts der vielen Gegner gewann das Ausland den Eindruck, Frankreich sei letztendlich doch ein verknöchertes, verstaubtes Land. Schließlich zeigte sich das auch an der Wahl seiner Repräsentanten: Jacques Chirac und François Mitterrand gebärdeten sich wie der Sonnenkönig Louis XIV., Nikolas Sarkozy wie Napoleon und François Hollande wie der Bürgerkönig Louis-Philippe I.

Ein Journalist sagte kürzlich: »Frankreich ist eine republikanische Monarchie.« Dennoch sind die Franzosen weltoffen, kritisch, gebildet und seit der Revolution immer gleich auf den Barrikaden. Jedenfalls viele von ihnen. Die Demonstrationen gegen das »Schwulen-Ehe-Gesetz« wurden von tieferen Gründen bewegt als von spießiger Lebenseinstellung oder Intoleranz. Familie, Ehe und – für einen Großteil – die Religion (in erster Linie der Katholizismus) sind die Pfeiler der französischen Gesellschaft. Daran konnte weder Robespierre mit der Inthronisierung des *Höchsten Wesens* etwas ändern, noch die Pariser Kommune 1870–71 mit ihrem Versuch, die Ehe ganz abzuschaffen. Und daran sollen auch »Homos und Lesben« nicht rühren, schrieben die Demonstranten auf ihre Banner.

Die Opponenten der Schwulen sind von der Angst um den Verfall der traditionellen Werte geprägt. In den Debatten, die ich im Fernsehen, im Internet und live in einem Forum verfolgen konnte, malten sie erschreckende Zukunftsbilder. Bei den versammelten Herren und Damen handelte es sich nicht nur um katholische Verfechter von Moral und Anstand, es waren Psychologen, Psychiater, Erzieher und Mediziner darunter. Sie behaupten, sei die Schwulenehe nämlich einmal erlaubt, dürfe das Pärchen Kinder adoptieren, könne es Leihmütter oder künstliche Fortpflanzung in Erwägung ziehen, woraus folge, dass künftig mehr Kinder von zwei gleichgeschlechtlichen Eltern aufgezogen würden. Für die Kinder könnte das Identitäts- und Orientierungsprobleme mit sich bringen, warnen manche Psychologen. Für die Gesellschaft könnte es destabilisierend sein, unken die Soziologen, da die Zahl der Homosexuellen unweigerlich steige und bei einer Überzahl an männlichen Homosexuellen (Statistiken zufolge gibt es mehr männliche Homosexuelle als weibliche) entstehe eine Gesellschaft von alten Jungfern. Diese Schlussfolgerung erscheint mir etwas weit hergeholt, aber zur Erklärung der hartnäckigen Demonstrationen musste sie erwähnt werden. An den Ereignissen der letzten Monate des Jahres 2013 war nämlich zu erkennen, dass es nicht genügt, wenn sich eine Gesellschaft mit ihren Schwulen »abfindet«. Selbst Akzeptanz reicht nicht aus. Respekt ist das Zauberwort.

Inzwischen haben sich die Gemüter beruhigt. Das Gesetz »*Marriage Pour Tous*« von Justizministerin Christina Taubira setzte sich durch. Schon am 29. Mai 2013 gaben sich zwei junge Männer vor der Bürgermeisterin von Montpellier das Jawort. Zu Sinatras Song *Love and Marriage* streiften sich Bräutigam und Bräutigam gegenseitig die Ringe über, Madame Najat Vallaud-Belkacem, Ministerin für Frauenrechte, klatschte Beifall und einer der Eheleute beendete seine Ansprache mit einem Zitat Martin Luther Kings: »Ein Gesetz darf einen Menschen nicht zwingen, mich zu lieben; aber es mag ihn davon abhalten, mich zu lynchen.«

Weil man erhitztes Blut leicht beruhigen kann

Wer es liebt, findet in der Rue de Richelieu und Umgebung ausgewählte Swinger-Clubs. Früher konnte man dort Herrn Strauß-Kahn inkognito begegnen.

Etwas weiter westlich liegt die Rue Saint-Denis, dort findet sich noch immer ein nettes Mädchen auf High Heels, das für 100 oder 50 Euro eine Besichtigung der düsteren Hinterzimmer dieser hundertjährigen Häuser vorschlägt. Mit Bonus, selbstverständlich! Allerdings werden solche Besichtigungen rar, da sich dieses Viertel Schritt für Schritt zu einem besseren Viertel mausert. Die Immobilienmakler schlagen auch hier zu.

Ganz konkret zur Sache geht es jedenfalls am Pigalle, im Bois de Boulogne oder in Saint-Ouen. Im nächtlichen Bois de Boulogne blitzen nicht nur die Lichter der Laternen. Manche Prostituierten locken mit ihren Hinterteilen, die blendend hell leuchten, sobald sie von Autoscheinwerfern angestrahlt werden.

In Paris gibt es keine Bordelle. Was im 19. Jahrhundert zum *Vie Parisienne* gehörte, wurde im 20. Jahrhundert komplett ausgerottet: das *maison close*, das Bordell. Wer also Liebe kaufen will, muss an oben erwähnten Orten nach Beute Ausschau halten. Wie lange noch? Ja, das ist eine aktuelle Frage, denn mittlerweile debattiert die Regierung darüber, ob man die Prostitution nicht ganz abschaffen sollte. Die Ministerin für Frauenrechte will der menschlichen Ausbeutung von Frauen endgültig ein Ende setzen. So einfach scheint das nicht zu sein, denn sie stößt dabei nicht nur auf energische Ablehnung der Kunden, sondern auch auf die der Betroffenen. Das hört sich so an, als bestünden die Prostituierten darauf, weiterhin ausgebeutet zu werden, aber so darf es nicht verstanden werden, konterte eine von ihnen bei einer Fernsehshow. »Wir verteidigen unseren Berufsstand. Manche haben keine andere Möglichkeit, Geld zu verdienen. Es ist ein Gewerbe wie jedes andere, und wer vorsichtig ist, begibt sich nicht mehr in Gefahr als die Bedienung einer Kneipe oder eine Taxifahrerin.«

Davon will unsere Ministerin nichts wissen. Vielleicht bleiben am Ende nur noch die Sexshops und die braven Shows des »Moulin Rouge«, »Paradis Latin« oder »Lido«. Drei attraktive Gründe, kreuz und quer durch Paris zu streifen. Das »Moulin Rouge« mit der roten Mühle als Erkennungszeichen befindet sich im Norden an der Place Pigalle. Das »Paradis Latin« liegt unscheinbar im 5. Arrondissement in einer unscheinbaren Straße gegenüber einem Mercedes-Auto-händler. Dahingegen hat das »Lido« ein Privileg, es befindet sich auf den Champs-Élysées, somit kommt auch ja kein Tourist daran vorbei.

Hier eine Anekdote zum »Lido«: Vor einigen Jahren fand in sei-ner Halle ein grandioses Fest der Pariser Prominenten statt. Perfekt frisiert, gestylt, in Designerklamotten und mit Edelschmuck behan-gen, spazierten sie durch das Blitzgewitter der Absperrung, hinter der sich das schaulustige Pariser Volk zum Gaffen eingereiht hatte. Plötzlich rief einer aus der Menge: »Ich habe gar nicht gewusst, dass die Reichen und Schönen aus der Nähe so hässlich sind.« Der Applaus und Lacherfolg galt nun ihm und nicht den Glitzergästen.

34. GRUND

Weil manche Pariser die Liebe zu Hause bevorzugen, andere wiederum den Sternenhimmel

Wer seine Heimerotik etwas aufmöbeln will, findet natürlich am Pigalle und rings ums »Moulin Rouge« die gängigen Spezialge-schäfte für Heimfreuden. Sehr viel interessanter sind jedoch die

Lovestores. *Le passage du Désir*, die Passage der Begierde, werden sie genannt. Es gibt eine in der Rue Martin Nummer 11, eine in der Rue Sainte-Croix-de-la-Bretonnerie, eine dritte in der Rue Pierre-Lescot und die vierte in der Nummer 22 der Rue du Pont-Neuf, nicht weit von Châtelet, Les Halles und vom Centre Pompidou entfernt. Keiner braucht sich zu scheuen, dort einzutreten. Kein Gruseldekor, wie es die üblichen Sexshops auffahren, keine schrägen Blicke, nur bunte Lebenslust, farbenfrohe Ausschmückung, witzige Liebestoys, fantasievoller Kleinkram für Spaß zu zweit. Dem schüchternen Voyageur empfehle ich die Läden der Marke »Lovestore« oder jenen ausgefallenen in der pittoresken Rue Brisemiche, in dessen Innenausstattung auch etwas Romantik mitschwingt. Die Verkäufer und Verkäuferinnen sind entspannt, sehr freundlich, und angesichts ihrer demonstrativen Ratschläge wird man überhaupt nicht rot, eher ist man amüsiert. Sie sind Meister ihres Faches, genauso gut bewandert wie der Gemüsehändler auf dem Biomarkt. Dildos, Vibratoren und Liebeskugeln stellen sie so cool und lässig vor, als präsentierten sie verjüngende Faltencremes oder – um beim Gemüsemarkt zu bleiben – anregenden und sehr frischen Spinat. Hier kann man getrost mit Mutter, Oma und Opa eintreten. Die glauben ohnehin zuerst, sie hätten sich in einen Spielzeugladen oder einen Shop für Mobiltelefone verirrt. Ich wollte es genau wissen und schleppte eines Tages meine Großeltern tatsächlich dorthin.

»Ist das aber ein lustiges Handy«, sagte meine Oma und hielt einen Vibrator in die Luft, während mein Opa nachdenklich die originelle Sammlung von Dildos betrachtete. Dachte er vielleicht darüber nach, ob er damit seinen Fischteich im schwäbischen Tübingen ausschmücken könnte? Die pfiffige Verkäuferin riss ihn aus seinen Gedanken, indem sie ihm einen rosafarbenen Dildo mit blinkenden Sternchen auf der Eichel unter die Nase hielt. Und zwar wirklich direkt unter die Nase, wobei sie provozierend lächelte. Mein Opa war ganz erschrocken. So cool, wie er manchmal tut, ist er eben doch nicht. Verlegen steuerte er den Ausgang an und meine Oma sagte noch wohlwollend zu der Verkäuferin: »Wissen Sie, für dieses Spielzeug sind wir zu alt.«

»Zu alt!«, rief die junge Frau aus. »Aber Madame! Für Sex ist man nie zu alt, und je mehr man davon hat, umso älter wird man.« Meine Oma winkte ab und mein Opa zwinkerte im Hinausgehen. Die beiden sind eher für den Montmartre-Hügel.

Für jene, die es romantisch lieben oder den Sternenhimmel zum Glück brauchen, kann der Hügel im Frühling und Sommer ein lauschiges Plätzchen sein. Aber nicht gleich von den Porträtmalern Geld abluchsen lassen oder in den Verkaufsstraßen oder Souvenirläden hängen bleiben. Es gibt verträumte Nischen mit Blick auf die Stadt und fantasievolle Hinterhöfe, in denen Rosen und Orangen blühen. Montmartre ist ein Dorf in der Stadt: ruhige Winkel fern vom Gestampfe der City, Treppen, Kopfsteinpflaster, Gartenzäune, vor denen Fahrräder stehen. Hier kann man sich setzen und genießen: einen Kaffee im »Café des Deux Moulins«, das durch den Film *Die fabelhafte Welt der Amélie* bekannt wurde, eine Ruhepause auf der Place Dalida, wo sich die schöne Büste der Sängerin bewundern lässt, oder einfach warten, bis es Mitternacht ist, und dann auf dem höchsten Punkt des Hügels in den Himmel schauen. Wer sich dort etwas wünscht, soll es erfüllt bekommen, sagt ein Sprichwort.

35. GRUND

Weil Florida einmal im Jahr einen Abstecher nach Paris macht

Ab Juli bis Mitte August taucht Paris in Florida-Atmosphäre. Manche sehen diesen Event mit einem gewissen Gruseln heraufziehen, andere wiederum fiebern ihm entgegen. Es ist anzunehmen, dass mittlerweile die Schatzmeister der Stadt händeringend an die Vorbereitungen gehen (in den Schatzkammern herrscht nicht nur Ebbe, es herrscht ein großes Loch). Tatsächlich ist es äußerst kostspielig,

Paris zwei Monate lang in einen sommerlichen Badeort zu verwandeln. Tonnenweise Sand muss herbeigeschaufelt werden, enorme Mengen an Wasser spritzen sechs Wochen lang täglich aus den unzähligen Duschen, ganz zu schweigen vom teuren eleganten Aufbau von Summercity. Aber es ist wunderschön, und wer Gelegenheit hat, es zu erleben, sollte sich *Paris Plages* nicht entgehen lassen.

Entlang des rechten Seine-Ufers ziehen sich sechs Wochen lang Sandstrände, Eisbuden, Palmen, Duschen und eine idyllische Promenade für Spaziergänger. Unter den blauen Sonnenschirmen entspannen sich jene Pariser, die keine Häuser am Meer besitzen oder sich kaum einen Urlaub am weißen Strand der Copacabana leisten können. Aus den nördlichen Einzugsgebieten strömen Familien mit Kindern, Babys, Hunden, Bierdosen und Picknickkorb. Weggeblasen ist der Gestank nach Blei und Benzin, stattdessen riecht es nach Sonnencremes, Zuckerwatte, Cola, Brause und Chlor.

Weiter flussaufwärts, Richtung Villette, lockt das *Bassin de la Villette* mit Wasserfreuden aller Nuancen: Paddel- und Ruderboote, Kanus, Gondeln sowie ein kleiner Hafen für elektrische Boote. Die unlängst renovierte Uferpromenade zwischen dem Hotel de Ville und dem Vergnügungshafen Port de l'Arsenal macht die gesamte Gegend ungeheuer attraktiv. Unkompliziert und schnell kann von einem Ufer zum anderen gewechselt werden.

Diesen Sommer wird das »Maison des Célestins« für hungrige Badegäste geöffnet. Das einst verwaiste, zum Hafen gehörende Gebäude soll in eine vielseitige Gaststätte umgewandelt werden. Voller Spannung erwartet man auch den *jardin flottant*, den aus fünf Inseln bestehenden schwimmenden Garten mit Rasenflächen, hohem Gras, Wasserpflanzen, Obstbäumen. Ja, Obstbäumen! Hört sich das nicht nach dem Garten Eden an?

Erkunden wir weiter das linke Seine-Ufer: Zwischen der Pont Royal und der Pont de l'Alma verwandelt sich die zweispurige Fahrbahn in eine idyllische Sommermeile. Längs der Mauern zur Stadt hin werden für Picknickfans Tische und Stühle aufgestellt, dicht am

Wasser laden Holzbänke zum Ausruhen ein. Dazwischen schieben Mütter ihre Kinderwagen, tummeln sich Fahrradfahrer, eilen Skateboarder auf die für sie angelegten, halsbrecherischen Pisten, rennen Kinder ihren Bällen nach.

Es wird gepicknickt, gespielt und bei Einbruch der Dunkelheit zum Klang von Gitarren oder Trommeln getanzt.

Man glaubt sich in Cannes, San Francisco oder am Golf von Mexiko.

Die Idee kam von Bertrand Delanoë, der 2001 mit einem verlockenden Programm für das Bürgermeisteramt warb: Autos verschwinden zugunsten der Fußgänger und viereinhalb Hektar der Stadt werden in Summerland umfunktioniert. Monsieur Délanoë hasst Autos. Bahn frei den Fahrrädern, Tretrollern, Inlinern, Joggern und elektrischen Gefährten. Paris kann wieder atmen. Und Monsieur Delanoë ebenfalls. Deshalb gilt für alle, die im Sommer nach Paris kommen: Keine Angst vor der Hitze, nicht vor dem Smog, nicht vor Verkehrsstau. Strand, Seine, *L'hymne à l'amour* und eine für die Stadt ungewohnte Ruhe machen Laune. Paris kocht nur auf halber Flamme und ist dennoch heiß. Viele Pariser sind mit der gesamten Familie in ihre Häuser auf Korsika, an der Côte d'Azur oder Atlantikküste geflüchtet. Schulen und Unis sind geschlossen. Autos stehen in Garagen oder sind verbannt. Es ist angenehm leer und sauber. Da können männliche Touristen lässig in Turnschuhen und mit nacktem Oberkörper von der Südspitze der Stadt, der Porte d'Orléans, hinauf nach Norden zur Porte de Clignancourt wandern.

Weil der Pariser Juni ohne Musik noch nicht heiß genug ist

Angeregt von Maurice Fleuret, der erklärte: »*La musique partout et le concert null part*« (Überall Musik und nirgends ein Konzert), führte der damalige Kultusminister Jack Lang *La Fête de la Musique* ein. Am 21. Juni 1982 fand es zum ersten Mal statt und am 21. Juni 1983 wurde das Ereignis offiziell zur *Fête de la Musique* erklärt. Der Verkehr steht still, wenn sich auf den großen Boulevards Musiker zu Konzerten treffen. Jeder kann mitmachen, wer allerdings in oder vor Cafés, Bistros oder Restaurants spielen will, sollte sich zuvor anmelden, um den Andrang von vielen Musikern zur gleichen Zeit zu vermeiden. In den kleinen Straßen, vor irgendeinem Gebäude, besteht kein Anmeldezwang. Wer zuerst kommt, packt sein Instrument aus und legt los. Schon nach kurzer Zeit versammelt er ein dankbares Publikum um sich. Die Palette reicht von Popmusik, Rap und Country über Klassik zur Lyrik. Mein Bruder hat im Bistro »Luxembourg« auf seiner Geige ziemlich schräge Gypsymusik gemacht, die Freundin meiner Mutter sang mit Schlapphut und Harfe Evergreens des Französischen Chansons, unter anderem *La Vie en rose, Milord, Les Feuilles mortes,* und meine einstige Klassenkameradin Joyce stellte mit glockenheller Stimme selbst geschriebene Songs zur Gitarre vor. Heute ist Joyce Jonathan eine bekannte französische Sängerin. Sie können Joyce googeln oder auf YouTube einen Song von ihr anhören und Sie werden staunen.

Aber nicht nur Sänger oder Bands kann man bei der *Fête de la Musique* genießen. Plötzlich taucht ein Stepptänzer à la Fred Astaire auf und steppt über die Tische eines Cafés oder ein A-capella-Chor steht fingerschnipsend vor einem Metroausgang nicht weit von Straßenakrobaten, die zu Flötentönen ein Kunststück präsentieren. Im Champs-de-Mars spielen kleine Gruppen junger Leute mit Flöte, Geige, Gitarre und Banjos zum Tanz auf, und jeder, der vorbeikommt, tanzt dazu. Und irgendwann wird man dem knallroten Musik-Bus begegnen. Der fährt im Schritttempo (schneller ginge es ohnehin nicht), hat auf sein Dach entweder eine Schlagzeuganlage montiert oder es turnt dort ein mutiger Akrobat herum. Bei offenen Türen und Fenstern wälzt er sich durch das Gemenge bunter Menschen. Aus seinem Inneren dröhnen die Rhythmen der aktuellen Musik. Ob Rock, Heavy Metal, R&B, Hip-Hop – je nach Trend der Zeit. Es variiert. Alles variiert. Alles ist bunt, ausgelassen, ein wenig verrückt. 50-jährige Ladys zwingen sich in das Kleid ihrer schönsten Jahre und hängen am Arm junger Männer, die ihre Söhne sein könnten. In den Straßen geht es rund.

Wer die Mühe auf sich nimmt, trotz des Gewühles halb Paris abzuklappern, stößt auf manch ungewöhnliches Talent und hin und wieder sogar auf Genies. Ich habe einmal auf der Brücke zur Insel Saint-Louis einen Pianisten erlebt, der einen Boogie-Woogie hinlegte, wie es angeblich nur Jerry Lee Lewis konnte. Das Klavier zitterte unter seinen Händen, der ganze Mann zappelte vom Scheitel bis zu den Füßen. Er war ein echtes Ereignis, man konnte nicht anders, als in seinen packenden Rhythmus einzusteigen und sich mitreißen zu lassen. Im Jahr 2013 dann, als ich gegen Mitternacht meinen Hund ausführte, schnappte ich noch die letzten zehn Minuten einer wunderschönen Darbietung von vier jungen Musikern auf. Geige, Cello, Gitarre und Querflöte spielten ein klassisches Stück, das so perfekt zu der lauen Nacht, dem dunstigen Pariser Himmel und den alten Häusern der schmalen Rue Cassette passte, dass uns fast die Tränen kamen (meinem Hund und mir). Ergriffen hörten wir zu und waren richtig traurig, als die Jungs ihre Instrumente einpackten und weiterzogen.

Weil es in Paris Liebe on the rocks gibt

Leider nur im Winter zu genießen: der Tanz auf dem Eis unter der Kuppel des Grand Palais. Einfach gigantisch. Und wenn es schneit, besonders romantisch. Das Grand Palais, bekannt als riesiges Museum, in dem sich in regelmäßigem Turnus die Werke der ganz großen Maler einfinden, hat viele Gesichter. Da ist zunächst sein architektonisches Aussehen. Mit dem Ziel, auf der Weltausstellung 1900 besonders auffällig zu glänzen, wurde 1897 der Bau eines ungewöhnlich schönen Monuments beschlossen. Beeindruckend ist das 240 Meter lange, von einem gläsernen Gewölbe überdachte Hauptschiff. Die zentrale Glaskuppel sowie die beiden Seitenschiffe und der Dom werden von einem kunstvollen stählernen Netz und Eisenstreben getragen und haben insgesamt ein Gewicht von 8.500 Tonnen.

2001 begann die Stadt mit der Restaurierung des Gebäudes, die sich zwischen 2002 und 2007 besonders der Fassade und des gläsernen Baldachins annahm. Seitdem stellte das Palais seine Hallen nicht nur den Werken von Rembrandt, Turner, Renoir und vielen anderen unvergesslichen Künstlern zur Verfügung, sondern auch Meister Karl Lagerfeld als Showroom und Schlittschuhläufern als Eisbahn. Ganz bescheiden möchte ich erwähnen, dass ich 2007 neben bekannten Models wie Mariacarla Boscono und Lily Cole die Chanel-Sommerkollektion unter der Kuppel präsentieren durfte. Ein tolles Erlebnis. Es ist Vergangenheit. Jüngste Gegenwart ist die Eislaufbahn. Um der vorweihnachtlichen Zeit sowie den Festen zum Ende des Jahres einen kräftigen Schuss Vitamin C und F (für Freude) zu verpassen, beschloss die Direktion des Grand Palais,

1.800 Quadratmeter ihrer Fläche in eine Eisbahn zu verwandeln. Vom 13. Dezember bis 6. Januar, geöffnet von 10 bis 20 Uhr, Donnerstag, Freitag und Samstag bis morgens um zwei.

Man stelle sich vor, über das schimmernde Eis zu laufen, umgeben von Freunden, mit denen gelacht, sich vergnügt, hingefallen, weitergejagt wird. Über einem wirft das angestrahlte Glas der kunstvoll geschmiedeten Kuppel rosafarbene Spots auf die Eisfläche und es zucken blaurote Scheinwerfer auf. Hinter dem gläsernen Gewölbe blinkt ein winterkalter Himmel, in dem Schneeflocken wie Sterne glitzern. Absolut empfehlenswert, allerdings mit Schlangestehen verbunden. Ist der Voyageur jedoch hin und wieder vom Glück beschenkt, kann hier elegante Frechheit schneller voranbringen als bescheidene Höflichkeit. So erging es mir mit meinen Freundinnen Stephanie und Clara. Stephanie lebt in Australien und kommt zweimal im Jahr nach Paris. Das Wiedersehen wird entweder im »Café de Flore«, im »Le Montana« oder auf einer der Eisbahnen der Kapitale gefeiert. Diesmal natürlich im »Grand Palais«. Wir kommen also ziemlich spät vor dem »Grand Palais« an und fallen angesichts der Schlange fast in Ohnmacht. Stephanie bleibt bewundernswert cool. Mit uns im Schlepptau drängt sie sich freundlich bis zu den Wachhunden am Eingang vor. Dort schildert sie in knappen Worten und mit heftigem Augenrollen, sie sei eigens aus Australien eingeflogen, um den Geburtstag ihrer Freundin Catharina unter der Kuppel zu feiern. Im Inneren würden schon die Freunde mit Champagnerflaschen warten. Die Typen wollen uns nicht glauben, kichern vor sich hin. Die Wartenden schauen böse. Stephanie bettelt: »Nun, seid schon cool, Jungs! Ich spendiere euch 'ne Flasche. Der Countdown läuft. In knapp zwei Stunden macht das ›Grand Palais‹ dicht. Wenn wir uns jetzt in die Schlange stellen, dann …«

»Okay, okay!«, unterbricht sie der Wachhund und fragt mich blitzartig nach meinem Sternzeichen. Eine spontane Reaktion hätte Schachmatt bedeutet. Ich bin im Juni geboren, habe plötzlich im

Januar Geburtstag. In meinem Hirn klingelt es und fix sage ich »Steinbock« statt »Widder«. Die beiden Tiere haben ja immerhin das Horn gemeinsam.

Nicht jeder hat das Glück, das wir an jenem Abend hatten. Ich hoffe, dass meine Leser die Eisbahn auch einmal erleben dürfen. Aber es ist stark anzunehmen, dass sich diese tolle Idee auch im nächsten Jahr durchsetzt. Für diesen Fall rate ich: Rechtzeitig eintrudeln, im Voraus die Schlittschuhe sichern und los geht's zur Fahrt ins Pariser Winterparadies.

38. GRUND

Weil die Seine schon viele Liebesschwüre gehört hat

An manchem warmen Sommerabend lehne ich mich an das Brückengeländer der Pont-Neuf oder Pont Marie und sehe hinunter ins dunkle Wasser der Seine. Ich finde den Fluss nachts am schönsten. Schon in der Dämmerung wird seine schmutzig grüne Farbe vom Glanz der aufflammenden Lichter verschluckt. Wie Feuer gleitet der Schein der Häuser, Laternen und Scheinwerfer über das Wasser und treibt dort sein Spiel mit den Wellen. Die ufernahen Gebäude schaukeln auf sanften Wogen, das Licht der Laternen hüpft unruhig hin und her, die Schweinwerfer der Autos senden ihre Spots und als Höhepunkt der Lichterorgie treiben die Touristenboote *Les Bateaux-Mouches* wie Fackeln durch die Wassermassen und verströmen ebenfalls funkelndes Licht nach allen Seiten. Wer kann, sollte sich auch eine Fahrt am Abend leisten. Meistens sind die Boote zu der Zeit nicht überfüllt, und außerdem entfaltet eine nächtliche Tour auf dem Fluss seinen besonderen Reiz. Der Fluss könnte viel erzählen. Denkt man allein an die Kriege, die schon in der Römerzeit an seinen Ufern gewütet haben. In der Bartholomäusnacht färbte er sich rot vom Blut der ermordeten Hugenotten. Zwischen 1795 und 1801 fischte man 306 Leichen aus seinen Fluten. Und einige Jahre später, als die Epoche der Romantik ihren Höhepunkt erreichte, suchten verzweifelte junge Menschen in seinen Tiefen ewige Ruhe.

Kehren wir in unsere Zeit zurück, so sieht es nicht immer sehr rosig aus. Allein in den ersten Monaten des Jahres 2013 sprangen drei Unglückliche in die Fluten. Einer von ihnen wählte den eiskalten Februar und brachte sein tristes Vorhaben zu einem erfolgreichen Ende. Der andere wurde herausgefischt und im Krankenhaus wieder aufgepäppelt.

Nicht alle ihre Toten hat die Seine fortgetrieben und im Ärmelkanal ausgespien. Manche bleiben irgendwo hängen, wie Ende des 19. Jahrhunderts der Körper einer jungen Frau, die als *l'inconnue de la Seine*, die Unbekannte der Seine, in die Geschichte einging. Als die Angestellten im Leichenschauhaus die aufgebahrte Leiche obduzierten, verblüffte sie deren Unversehrtheit und Anmut. Mord wurde ausgeschlossen, da weder Verletzungen noch Zeichen von Verzerrung oder Schrecken darauf hinwiesen. Einer der Leichenbeschauer kam auf die Idee, eine Gipsmaske der Unbekannten herzustellen. Ihm verdankt die Nachwelt das Abbild eines unversehrten Frauengesichtes, das viele Gemüter bewegte und die Fantasie von Regisseuren und Schriftstellern anregte. 1929 schrieb Jules Supervielle in seinem Erzählband: *L'Enfant de la haute mer* über *Die Unbekannte der Seine*. 1997 erschien zum Thema ein dokumentarisches Werk und im Jahre 2012 veröffentlichte Didier Blonde bei Gallimard seinen Roman *L'Inconnue de la Seine*.

Viele Geschichten ranken sich um den Fluss, der in einer Höhe von 446 Meter im Departement Côte-d'or der Region Bourgogne entspringt, 777 Kilometer lang ist und sich gemächlich an den Städten Troyes, Melun, Paris und Rouen entlangschlängelt, bis er sich zwischen Honfleur und Le Havre ins Meer ergießt. Es heißt, Cäsar

sei an seiner Namensgebung schuld. Er soll den Fluss »Sequena«
getauft haben, woraus das Volk – mit seiner Tendenz, Wörter und
Silben zu verschlucken – »Seine« machte.

Natürlich könnte der Fluss nicht nur Trauriges erzählen. Mit
Sicherheit hat er an manch glücklicher und verliebter Stunde teil-
genommen. Wenn ich hinunterblicke, denke ich vor allem daran. Ist
sein Wasser auch finster, raunt und wispert unheimlich, so müssen
das nicht nur die Stimmen der Verzweifelten oder Toten sein. Für
mich klingt das leise Murmeln eher wie ein Echo der unzähligen
Liebesschwüre, die vor den Ohren der Seine geflüstert wurden.
Liebeserklärungen, Liebesbeweise, Liebesbekundungen und
Liebesschwüre in allen Sprachen der Welt. Mancher der Bäume,
die das Ufer säumen, verraten es. Ihre Stämme sind voll von ein-
geritzten Herzen, Pfeilen, umrandeten Namen und Songtexten.

Das ist wahrhaftig ein Grund, an warmen Abenden hier spazieren zu gehen. Ein leichter Wind kräuselt die Oberfläche des Flusses
und bringt den Geruch nach Wasser, Erde und Kastanienblüten
mit sich. Darunter mischt sich eine Brise Benzin, ein Hauch ge-
brannter Mandeln, Zucker und Seide. Golden glänzen die Wellen,
strahlend spiegeln sich die Lichter der Bateaux-Mouches und die
bunt schillernden Brücken im Wasser, fern rumort der Lärm der
Stadt. Nun versteht sich auch, warum das Pariser Chanson ohne die
Seine nicht leben kann.

39. GRUND

**Weil Gothic-Fans (und alle, die es ein wenig
schauerlich mögen) auf ihre Kosten kommen**

Verständlicherweise ziehen die *Les Catacombs* nicht nur Grufties
an, denn sie sind ja ein Kulturereignis. Zur besseren Verständigung
sollte man sie eigentlich »Das kommunale Beinhaus« nennen. Sie

entstanden Ende des 18. Jahrhunderts, als im Quartier des Halles bei der Gemeinde verschärfte Klagen der Anwohner gegen den bestialischen Geruch und die Häufung von Ungeziefer eingingen. Schuld war der naheliegende »Friedhof der Unschuldigen«, ein uralter Schindanger, der sehr nachlässig sauber gehalten wurde. »Ausheben und evakuieren!«, verlangten die geplagten Anlieger. »Wohin damit?«, konterte die Gemeinde und grübelte darüber nach. Schneller als heute bewegte sich das Gehirn der Bürokratie auch damals nicht, weshalb es eine Weile dauerte, bis man auf die Idee einer unterirdischen Lagerung in Hohlräumen kam. Da zu jener Zeit immer wieder Gebäude wie Kartenhäuser zusammensackten (amüsant nachzulesen in Patrick Süskinds *Das Parfum*), inspirierte die Gemeinde den Pariser Untergrund. Der strahlende Sandstein vieler Pariser Bauwerke stammt nämlich aus dem Bauch der Stadt. Es wurde seit dem Mittelalter bis ins 19. Jahrhundert herausgehackt und dabei das restliche Mauerwerk schlecht abgestützt.

Der Gemeinderat überlegte, ob nicht die Gebeine vom »Friedhof der Unschuldigen« eine brauchbare Stütze für die Stadt sein könnten. Besser, man baut auf Knochen als auf Sand, sagten sie, und so wechselten im Jahr 1785 die zum Teil tausendjährigen Gebeine ihren Platz. Alsbald ratterten mit schwarzem Tuch verhängte Fuhrwerke zu den Steinbrüchen bei Denfert-Rochereau und Tombe-Issoire. Die Prozession zog bei Einbruch der Nacht los, feierlich begleitet von Priestern, die den Trauermarsch intonierten. Am Ziel angekommen, war es mit den Feierlichkeiten rasch vorbei und man warf die geladenen Knochen kunterbunt in den dunklen Keller der Stadt. Anfang des 19. Jahrhunderts begann die Gemeinde, in den Tiefen der Stadt für Ordnung zu sorgen, und ließ die sechs Millionen Pariser in Form von Gerippen und Totenköpfen wie Holzstapel aufschichten. Das war zwar ein wenig respektvoller gegenüber den Toten, jedoch noch nicht würdevoll genug. Erst mit der Zeit erwies man den Überresten die angemessene Ehrfurcht.

In den kommenden Jahren setzte sich die Pariser Neigung zu Kunst und Kultur auch unterirdisch durch. Manche Bereiche sind von neobabylonischem und griechischem Stil inspiriert und wirken wie die Kulissen einer Theaterbühne, auf der seit Jahrzehnten das gleiche Stück aufgeführt wird: *Dieu n'est pas l'auteur de la mort* (Nicht Gott hat den Tod erfunden). Auf einer gigantischen Tafel liest man »Hier beginnt das Reich des Todes« und glaubt sich in einer Wagner-Oper.

Ist das nicht ein Grund, in die Tiefe der geliebten Stadt vorzudringen? Einer Anekdote zufolge soll vor Jahrhunderten ein Gefangener dieser Stätte in seiner Einsamkeit eine kleine Stadt in die steinernen Mauern gemeißelt haben. Bei dem Versuch, sich einen Weg ans Licht zu buddeln, damit man sein Werk bestaunen kann, ist er dann verschüttet worden.

Informative Broschüren und erträgliche Warteschlangen, falls man nicht während der Hochsaison ansteht, steigern den Mut, 130 Stufen ins unterirdische Labyrinth zu steigen. Die Visite dauert eine knappe Stunde, allerdings gibt es weder Toiletten noch Snackbar. Es sollte vorgesorgt werden.

Herzkranken, Kleinkindern und empfindlichen Seelen (wie ich eine bin) rate ich vom Besuch ab. Grufties, Zombies, Archäologen, Theaterwissenschaftler und natürlich alle mutigen und wissensdurstigen Voyageure werden sich dort unten trotz der kühlen Temperaturen recht wohlfühlen.

Eine kleine Information sei hier noch erwähnt: Seit dem 8. Januar 2013 sind die Katakomben aufgrund Beleuchtungspannen geschlossen. Das ist nicht beunruhigend und kommt immer wieder vor. 2012 zum Beispiel brach das Ventilationssystem zusammen und man musste zwei Monate lang schließen Es ist deshalb sehr wahrscheinlich, dass die Katakomben wieder geöffnet sind. Oder möglicherweise schon wieder geschlossen.

40. GRUND

Weil Autogrammjäger nirgends
so viel Beute machen wie in Paris

Viele Berühmtheiten wohnen in Paris, viele kommen nur zum Shoppen oder Flanieren. Dem Paris liebenden Woody Allen bin ich noch nicht begegnet, aber etlichen anderen. Dafür brauche ich mich nicht immer in der Diskothek »Montana« oder einer anderen In-Disco aufzuhalten. Sie können einem überall über den Weg laufen. Deshalb gilt für Autogrammjäger: Aufmerksam durch die Straßen gehen! Im Schutz der Sonnenbrille können die Personen scharfäugig gemustert werden, die einem irgendwie bekannt vorkommen. Dann langsam auf sie zugehen und freundlich fragen: »Entschuldigen Sie die Störung, aber sind Sie nicht …? Ich hätte gerne ein Autogramm.«

Normalerweise funktioniert es mit Freundlichkeit. Es gibt nämlich sehr unterschiedlich gelaunte Stars. Die einen möchten erkannt und um ein Autogramm gebeten werden. Die anderen ärgern sich darüber und werden pampig. Ich bin kein professioneller Autogrammjäger und kann im Nachhinein nicht nachprüfen, wie jene Prominenten, die ich in meinem kurzen Leben schon getroffen habe, auf eine Autogrammbitte reagiert hätten.

Dem Sänger Alain Souchon, der in Frankreich nicht nur durch seine Lieder, sondern auch durch Filme bekannt ist, trat ich im Mini-Supermarkt Francprix auf die Fersen. Ich stand gerade vor dem Kühlregal und ging einen Schritt zurück, um das Angebot besser überblicken zu können, da stieß mein rechter High Heel auf Widerstand. Unwillkürlich drehte ich mich um und sah geradewegs in das total verknitterte Gesicht des Sängers. Stotternd entschuldigte ich mich, er verzieh mir lächelnd und sah noch verknitterter aus.

Isabelle Huppert – in Deutschland bekannt durch Filme wie *Madame Bovary,* Michael Hanekes *Amour* und *The Pianist* und Werner Schroeters *Malina* oder Mauro Bologninis *Kameliendame* – sehe ich immer wieder. Sie wohnt im 6. Arrondissement, ist eine kleine Person, fast unscheinbar und wirkt trotz ihres reifen Gesichtes ziemlich jung. Sie scheint ein absoluter Liebling der Scheinwerfer zu sein. Die sind so galant mit ihr und verschlucken alle ihre Fältchen.

Das Restaurant »Marco Polo« zieht Berühmtheiten magisch an. Vorletzten Sommer gerieten wir mitten hinein in die *fête* von Patti Smith. Das Lokal sitzt auf der Ecke Rue Saint-Sulpice/Rue de Condé. Falls der Voyageur gerne italienisch isst, empfehle ich es dringend. Es besticht nicht nur durch gute Kost, auch sein Interieur ist etwas Besonderes.

Als ich im »Hôtel de Seine« eine Verwandte aus den USA zum Paris-Walk abholte, fiel mir Paul Auster auf. Er saß mit seiner Frau Siri Hustvedt an einem Tisch und diskutierte.

Karl Lagerfeld und der französische Pop-Philosoph Bernard-Henri Lévy kamen mir in der Drehtür des Cafés »Les Deux Magots« entgegen. Seine Frau Arielle Dombasle stieg vor dem Hotel »Ritz« in eine Limousine, während ich mit zwei Freudinnen den Salon de Thé des Hotels anstrebte. Auch Nathalie Baye – Exfrau des Rockers Johnny Hallyday – geht gerne zu dem Biomarkt auf dem Boulevard Raspail, allerdings nie ohne ihren blonden Labrador und die Haushälterin. Der Rocker selbst besucht hin und wieder unsere Hausbewohnerin Helene Darroze. Die Dame ist Besitzerin von Fünf-Sterne-Restaurants in Paris, London, New York und neuerdings Moskau. Johnny begegnete mir schnaufend auf der Treppe, und fast wäre ich vor Schreck in Ohnmacht gefallen. Er sieht in echt ziemlich verbraucht aus. Vermutlich ist er es auch, denn er ächzte wie eine Dampflok aus dem Wilden Westen.

Ab und zu ist Catherine Deneuve eisessend vor dem Feinkostladen Christian Constant zu sichten oder Fotomodell Laetitia Casta, wenn sie zur Schule flitzt, um ihre Kleinen abzuholen. Einige kennen Sandrine Kiberlain nicht sehr gut, in Frankreich aber ist sie ein Star, und oft spielt sie in interessanten Filmen eine spannende Rolle. Sie kauft in Mutters Supermarkt »G20« ein und meistens zur gleichen Zeit.

Nun, und da wäre auch der Schauspieler Adrian Brody, der im »Montana« mit mir flirtete, oder der Sänger Renaud, der vor 15 Jahren im Restaurant »La Closerie des Lilas« mit meiner Mutter flirtete. Auch Kate Moss lief mir im »Montana« über den Weg, Mario Gomez in der In-Disco »Le Baron« und im »Café de Flore« der in Frankreich sehr bekannte und beliebte Schauspieler Romain Duris. Doch das sind längst nicht alle. Hier füge ich nur noch jene zu, die so ziemlich jedem bekannt sein dürften: die Schriftsteller Michel Houellebecq und Frédéric Beigbeder, die Schauspielerinnen Carole Bouquet, Sophie Marceau, Juliette Binoche und Mélanie Laurent und die auffälligen Gestalten Terence Trent d'Arby, Gérard Depardieu, Charlie Watts und Victoria Beckham. Auf sie alle und auf noch einige mehr bin ich in den letzten Jahren in dieser Stadt gestoßen. Wetten wir, dass Autogrammjäger in Paris auf ihre Kosten kommen?

KAPITEL 5

Shopping in Paris

»Paris zu atmen, konserviert die Seele.«
Victor Hugo

Weil es fantastische Vintage-Boutiquen gibt

Unglaublich: der »Salon de Vintage« im Espace Cardin. Was dort vorgeführt wurde, ist teilweise in den von mir genannten Boutiquen zu erstehen. Und das nicht nur zu den Billigpreisen. Wer die finanziellen Mittel hat, kann beispielsweise ein echtes Dior-Kostüm aus den 1950er- und 1960er-Jahren für ein Drittel seines ursprünglichen Preises sein Eigen nennen. Mit etwas Glück findet er das berühmte *tailleur Bar* aus der Dior-Kollektion 1947.

Vintage-Modelle sind authentisch und werden nicht verändert. Es sind Klamotten, Schuhe, Schals oder Accessoires, die vor den Achtzigern des 20. Jahrhunderts kreiert wurden. Der englische Ausdruck »vintage« ist vom französischen Wort *vendange*, Weinlese, abgeleitet und bezeichnet eigentlich Wein oder Champagner von besonderer Qualität und Reife. Daher die Zusammensetzung von *vin*, der Wein, und *age,* das Alter.

Unwiderstehlich: Die Boutique in der Nummer 32, rue de Rosier im Marais. »La Friperie Vintage« ist ein Muss. Wer hier mit leeren Händen hineingeht, kommt mit vollen Taschen wieder heraus. Kleider ab zehn Euro, Blusen ab fünf, Abendtäschchen ab drei Euro, und für den, der es nicht lassen kann: sehr billige Pelze. Ein kunterbuntes Geschäft, das so richtig Laune aufs Shoppen macht.

Unerreicht, was High Heels und Stiefeletten betrifft, ist die »Friperie Noir Kennedy« in der Nummer 14, rue de Bretagne, und Nummer 113, rue de Turenne. Schuhfetischisten müssten im Glück schwimmen angesichts einer Auswahl von Schuhen, die auch eine Marilyn Monroe oder Audrey Hepburn getragen haben könnte. Es ist unmöglich, dieses Geschäft mit nur einem Paar zu verlassen. Dafür sind sie einfach zu schön. Und im Übrigen locken die Preise. Drei Paar Vintage-Schuhe zum Preis eines einzigen regulären Modells. Das ist nicht nur ein Grund, Paris zu lieben, es lohnt sich allein dafür, nach Paris zu reisen.

Unübersehbar: »Friperie Mamz'Elle Swing«. Dieser hübsche Rockabilly-Laden in der Nummer 35, rue du Roi-de-Sicile mit seiner bonbonfarbenen Vitrine sticht ins Auge. Er erinnert an die Pin-ups der Fünfziger und Sechziger, und unwillkürlich wartet man darauf, dass Bettie Page aus einer Umkleidekabine schreitet. Baby-Doll-Négligés, spitzzulaufende Metall-Büstenhalter, Perlenkolliers, auffällige Broschen, Schmetterling-Haarspangen, Michel-Polnareff-Sonnenbrillen, Petticoats, Rock-'n'-Roll-Blusen, Rüschenkleider. Eine wahre Reise in Großmutters Kleiderkiste. Schon beim Anblick der Vitrine fängt man an zu singen. Und unweigerlich drängt sich einem der Song *Lollipop* auf.

Unverwechselbar der Klassiker unter den Vintage-Geschäften: »Free'P'Star«, 61, rue de la Verriere im 4. Arrondissement. Mit Geduld sollte sich der Mode-affine Voyageur hier wappen, denn er steigt in Ali Babas Höhle. Die ist so reichhaltig gefüllt, dass es Zeit braucht, den Schatz zu heben, der so lange gesucht wurde. Zum Beispiel ein Kleid aus den Sechzigern für zehn bis 20 Euro, Mäntel aus den Siebzigern, taillenkurze Pelzjäckchen aus den Fünfzigern. Und vieles mehr: Lederjacken, Stiefel, Taschen. Das meiste nicht mehr als 80 Euro. Glücklicherweise ist die Boutique täglich von elf bis 21 Uhr geöffnet.

Unbestritten: Die schickste Vintage-Boutique ist jene in der 12, rue de la Grande-Truanderie. »Iglaïne«, Nische der Designer. Hier finden Ladys und Dita-von-Teese-Fans ihr Outfit-Glück. Chanel-High-Heels im Fünfzigerjahre-Stil – meine Großmutter nannte sie Stöckelschuhe –, Kostüme von berühmten Couturiers, Kleider aus unterschiedlichen Epochen und Sechzigerjahre-Sonnenbrillen. Bereiten Sie sich darauf vor, schwach zu werden. Ich kann mir sehr gut vorstellen, dass auch Großmütter schwach werden. Sie fühlen sich in ihre schönsten Jahre zurückversetzt.

Unvermeidlich: »La Belle Époque Vintage«. Ist diese Boutique auch nicht so erlesen und ausgefallen wie die oben genannten, so bietet sie doch etwas, was die anderen nicht bieten: Kleider, Kostüme, Hüte, Accessoires aus den 1920er-Jahren. Inhaber Philippe ist ein *fanatique de la mode*. Seit er laufen kann, sammelt er Klamotten. Ganz am Anfang waren es die Stiefeletten seiner Uroma und die Dessous seiner Großmutter. Richtig begonnen hat er seinen Kleiderhandel dann auf dem Flohmarkt nahe Clignancourt, dem berühmten, jedoch von mir gemiedenen »Marché aux Puces«. Wer schon auf Vintage-Tour ist, sollte einen Sprung in die Nummer 10, rue de Poitou wagen.

42. GRUND

Weil Aschenputtel in Paris nicht auf den einen hätte warten müssen, der ihr den Schuh bringt

Ich habe den Eindruck, es gibt in Paris mehr Schuhläden als sonst irgendetwas. Sie übertreffen an Zahl die Bäcker und – wirklich erstaunlich – auch Boutiquen sowie Brillenläden. Zu Fuß bin ich nicht häufig unterwegs, und wenn, dann eile, jage und hetze ich zur Uni und Bibliothek oder spaziere mit Hund an der Seine entlang. Oft sitze ich auf dem Roller oder Fahrrad und starre auf Stoßstangen, nicht in Vitrinen.

Für dieses Buch habe ich jedoch alle Hebel in Bewegung gesetzt und bin gemütlich durch sämtliche Straßen gestreunt, um meinen Lesern auch ja nichts zu unterschlagen. Und was entdecke ich? Massenhaft Schuhvitrinen. Wie viele? Meine Güte, so weit kann ich gar nicht zählen. Der Voyageur kann getrost barfuß nach Paris kommen und muss sich nicht grämen, falls er einen Schuh verliert wie Aschenputtel. Hier gibt es Schuhe in allen Varianten und Farben. Vom Sportschuh, Feldstiefel, Straßen-, Haus- und Schlappschuh bis zum eleganten Stiefel, Citytreter, Sandalen und Open-Toe-Bootie ist alles vorhanden. High Heels findet man in allen Ausführungen, Abendsandaletten mit Strassbesatz eingeschlossen.

In Ralph Lauren's Cityschlösschen am Boulevard Saint-Germain gibt es die reinsten Kunstwerke, ideal für den Red Carpet. Designerin Sandie Jancovec stellt in einer kleinen Vitrine in der Rue Cherche Midi Nummer 77 ihre Kreationen aus, die Ende Juni und Anfang Januar zum halben Preis zu haben sind. Den eleganten kleinen Laden erkennt man schon von Weitem an den Initialen »JK«, wobei das K wie ein High Heel geformt ist. Summerhits zu niedrigen Preisen stehen in den Regalen des Schuhhauses »André«.

Wer sich während seiner Paris-Visite die Sohlen ablatscht, braucht nicht zu trauern oder gar zu leiden. Er marschiert einfach der Nase nach. Er knallt hundertprozentig auf einen Schuhladen. Die Rue de Rennes beispielsweise zählt etwas über 100 Nummern, worunter sich ungefähr 50 Schuhgeschäfte auflisten lassen. Ich nenne hier keine Namen und bitte um Vergebung.

Es gibt freilich Viertel, da überwiegen die Textilboutiquen. Nicht überall ist der Schuh so wichtig wie in den Arrondissements der *Rive gauche*. Das muss nicht unbedingt mit der intellektuellen Schlagseite des linken Seine-Ufers zu tun haben. Eine einleuchtende Erklärung für den neurotischen Hang zum Treter habe ich nicht parat, allerdings kommen mir so spontan zwei Argumente in den Sinn: Erstens lässt sich in der Stadt vieles zu Fuß erledigen. Paris ist letztendlich ein großes Dorf. Wer lange genug hier lebt, trifft immer wieder auf einen Bekannten. In einem Bistro, im »Café de Flore« oder in einem Schuhgeschäft. Also lohnt es sich, gut zu Fuß zu sein. Zum anderen ist der Pariser ein Schuhfetischist. Es gilt die Regel: Zu jeder Gelegenheit einen anderen Schuh. Zum Hund-Ausführen die flachen von Tod's, zum Joggen Adidas oder Converse, zum Einkaufen niedrige bis halbhohe Schuhe oder Stiefeletten. Zum Glas Wein gegen acht Uhr im »Café de Flore« oder bei Ralph Lauren feines Schuhwerk, egal wie hoch, wenn es nur neu und gepflegt aussieht. Zum Ausgehen ins »Montana« oder »Le Baron« natürlich die High Heels. Das versteht sich von selbst.

43. GRUND

Weil Antiquitäten und Gemälde auch für schmale Geldbörsen erschwinglich sind

Den Antiquitätenmarkt an der Place Edgar Quinet (nicht zu verwechseln mit dem Marché de Creation) sollte man sich nicht durch die Lappen gehen lassen. Mindestens fünf Pariser Impressionen in Öl hat meine Mutter recht preiswert erstanden. Sie stammen von Malern des ausgehenden 19. Jahrhunderts, die ihre Staffeleien nahe den Verkehrsadern oder an den Ufern der Seine platzierten, um Abbildungen von Notre-Dame, dem Blumenmarkt oder dem regen Leben auf den Boulevards zu schaffen. Immer wieder gräbt man ein Kleinod aus. Wer suchet, der findet. Reisende dürften mehr Chancen als die Anwohner haben, vorausgesetzt, sie tun das, was den Anwohnern nicht gelingt: in Ruhe durchflanieren. Sich Zeit lassen. Stöbern, nochmals stöbern! An der Place Edgar Quinet einen Kaffee trinken, überlegen, kurz durch die Rue Delambre spazieren, die dortigen skurrilen Läden durchforschen, wieder zum Markt zurückkehren. Manchmal finden sich für wenig Geld verzierte Spiegel aus alten Schlössern, leicht lädierte Louis-seize-Stühle oder alte Truhen, aus denen ein Bastler schöne Kommoden zaubert.

Märkte dieses Kalibers gibt es auch in anderen Quartiers. Manche nennen sich *bazar*, weil sie ein Kunterbunt an Angeboten haben.

Von Puppenstubenmöbeln und Silberbesteck über alten Schmuck, Uromas Kaffeeservice, Schemel für Wanderfüße, Schirmständer oder Nähkästchen (Häkelnadeln inbegriffen) bis hin zu Tellern, Büchern, Fotografien, Lithografien und Zeichnungen aus zwei Jahrhunderten.

Allen, die gut zu Fuß sind, weder Schund, Tand, Massenaufläufe noch Feilschen, aufdringliche Verkäufer und Wurst-, Pommes- und Bratengerüche scheuen, ja, das alles sogar lieben und unbedingt erleben möchten, denen empfehle ich den Flohmarkt an der Porte Clignancourt. Er ist etliche Kilometer lang und viele Kilometer breit. Man kann dort Tage zubringen und hat doch nicht alles gesehen, sollte die Gegend allerdings nach Einbruch der Dunkelheit meiden. Es gibt dort alles. Absolut alles! Auch Nachttöpfe. Wer nicht zahlen will, bekommt nur den Inhalt der Nachttöpfe. Nachgeworfen! Schnäppchen sind nicht häufig, da das Verkaufspersonal schwer unter Gewinndruck steht. Nichtsdestotrotz: Wer Paris besucht, muss den Flohmarkt Clignancourt in seinem Besichtigungsprogramm berücksichtigen. Sonst kann er einfach nicht mitreden. Und was wichtiger ist: Er kann dem Flohmarkt-Schwärmer nicht erklären, dass nicht alles Gold ist, was glänzt. Oder dass der Rummel, der um diesen Markt gemacht wird, übertrieben ist.

Hat er den Marché aux puces de Clignancourt dann gesehen, wird er seine Freunde künftig in ein nahe liegendes Gebiet lotsen, das eine Wohltat für die Augen ist und das unzählige schöne Antiquitäten zu ganz erstaunlichen Preisen präsentiert: der Flohmarkt von Saint-Ouen. Dort versammeln sich 2.000 Antiquitätenhändler, die endlos viele antiquarische Wertgegenstände, Möbel, Lampen und Teppiche anbieten. Ein Muss für Amateure, Kunstsammler, passionierte Innenarchitekten und Menschen, die Freude am Schönen haben. Le Marché aux puces de Saint-Ouen ist der größte Antiquitätenmarkt der Welt. Mein Vater hat sich dort seinen Schreibtisch ersteigert.

Weil es ungewöhnliche Geschenkläden gibt, die hoffentlich noch lange bestehen bleiben

Der Voyageur sollte mit wachen Augen auf der Île Saint-Louis flanieren. In den kleinen Straßen befindet sich alles, was das Herz begehrt. Vom Besucherstrom getrieben, wird er sich zunächst durch die Hauptstraße der Insel schleusen lassen. Dabei sollte er sich sorgsam umschauen. In einer Seitengasse der Rue Saint-Louis-en-l'Île ist mir ein Antiquitätengeschäft für Weltenbummler aufgefallen. Es ist nicht sehr groß, und man sollte sich behutsam umdrehen, um nichts umzustoßen, aber es hat sich trotz vieler Besucher die Patina vergangener Zeiten und akzeptable Preise bewahrt.

Hinten in einer Ecke sitzt der Besitzer, das Gesicht zur Hälfte von einem Hut verdeckt. Entweder er liest Zeitung oder ein Buch. Ich bewundere ihn, denn es erscheint mir schwierig, angesichts der regsamen Kundschaft, die hin und wieder Fragen stellt, einen einzigen Satz zu lesen. Ein wenig erinnern der Laden und sein Besitzer an das Antiquitätengeschäft in Balzacs Roman *Das Chagrinleder*, in dem sein Held Raphaël ein Wünsche erfüllendes Stück Leder kauft, das ihm letztendlich zum Verhängnis wird. Aber keine Angst: Der Trödler im Roman war ein Traum. Dieser Mann hier ist ein verträumter Trödler. Er verkauft schöne Dinge, so handlich und klein, dass sie in jede Reisetasche passen. Verschnörkelte Seifenschalen aus Silber, Pfeifenstopfer, perlenbestickte Geldbörsen, Anstecknadeln, Broschen, altertümliche Brillengestelle, silberne Zigarettenetuis, Zigarettenspitzen und vieles mehr. Ich wette, hier findet sich ein Mitbringsel für die Großmutter oder einen Freund, der es gerne *suranné*, verlebt, mag – jedoch keineswegs *démodé*, aus der Mode gekommen.

Alle, die orientalische Mode mögen, werden den farbigen Shop in der Rue Saint-Louis-en-l'Île lieben. Pantoffeln in Violett, Grün, Blau, Rot und in glänzender Goldfarbe, aber auch Weiß und Schwarz, aber immer mit Strass besetzt. Lassen wir die Insel hinter uns und kehren über den Pont Marie zurück zum rechten Seine-Ufer. Weiter in nordwestlicher Richtung gelangen wir zu »Les Halles« (Die Hallen). Auch sie eignen sich sehr gut zum Shoppen. Wer Glück hat, kann hier die megaschräge Kreation eines ausgeflippten Designers aus dem grenzenlosen Angebot schräger Kreationen buddeln. Da man aber stundenlang über Treppen, Rolltreppen und Gänge durch ein Glasgehäuse wandert und von der Buntheit und Aufdringlichkeit der Angebote buchstäblich erschlagen wird, empfehle ich den Besuch der Hallen an düsteren Regentagen.

Verlassen wir lieber die ausgelatschten Bahnen des Touristenstroms und begeben uns in Gassen, die weniger frequentiert sind.

In der Rue de Delambre zum Beispiel, nur wenige Schritte von der Place Edgar Quinet entfernt, gibt es einen ganz ungewöhnlichen Blumenladen, der gleichzeitig Geschenkshop ist. Dort gehe man vorsichtig und am besten ohne Hund hinein, denn die originellen Gegenstände stehen eng beieinander. Doch genau hinschauen wird belohnt: Schrullige Bilderrahmen, zu Vasen umfunktionierte uralte Nachttöpfe, Porzellanpuppen, Holzpantinen – hier ist jedes Stück etwas Besonderes.

Bis vor Kurzem gab es in der Rue du Montparnasse noch ein Geschäft, das alle Amerika-Fans geliebt hätten. Eine grelle Vitrine präsentierte Marylin-Monroe-Wanduhren, James-Dean-Sofakissen, Elvis-Presley-Mülleimer und Telefone, von deren Sockel Madonna lächelt und auf deren Hörer der Eiffelturm prangt. Obwohl er einem Schuhgeschäft, natürlich, weichen musste, erwähne ich die Boutique, weil originelle Läden dieser Art immer häufiger Standardläden Platz machen müssen und zu befürchten ist, dass es bald überall so aussehen wird wie auf den Champs-Élysées: Souvenirshops, Restaurants, Banken, Kinos, Hotels, Discounter, dazwischen die teuren Designerhäuser von Hugo Boss und Louis Vuitton. Dass es so weit kommt, können wir verhindern, indem wir in den aparten Geschäften einkaufen und sie weiterempfehlen.

Die Rue du Montparnasse führt mittlerweile drei preiswerte gediegene Schuhgeschäfte und einen witzigen bunt aufgemachten Schreibwarenladen, in dem wunderschöne Kunst- und Ansichtskarten sowie Zeichnungen und Abbildungen mit Zitaten von berühmten Poeten erhalten werden können. Wirklich ungewöhnlich ist allerdings der Papiershop in der Nummer 1, rue du Dragon am Saint-Germain-des-Près (vor mehr als 200 Jahren hieß diese animierte Gasse *Rue du Sépulcre*, die Grabstraße). Trotz seiner ideenreichen Vitrine geht er in der schmalen Rue du Dragon zwischen sehr geselligen Restaurants und kleinen Boutiquen leicht unter. Deshalb erwähne ich ihn hier. Es soll ja immer noch Menschen geben, die Briefe und Karten von Hand schreiben. Wer also urige Schreibutensilien, schnurrige Karten mit geistreichen Sprüchen, scherzhafte Briefumschläge und Briefbögen mag, der ist hier genau richtig. Es ist einer der wenigen Läden, die seit Jahrzehnten existieren und sich noch immer halten.

Statt geradeaus zum Boulevard Saint-Germain zu spazieren, sollte der Voyageur umkehren, die Rue de Sèvres überqueren und zur Rue d'Assas, direkt zur Nummer 11, streben. Dort kann er minutenlang verweilen und die unwiderstehlich nostalgische Vitrine bewundern. Er sieht Kronleuchter, bestickte und bedruckte Kissen, Nachthemden im Stil der *grand-mère*, verschnörkelte Seifenschalen und Seifenspender, ulkige Zahnputzbecher, Vasen, Badezimmerbeleuchtung, Badevorlagen, geschmackvolle Duschvorhänge, Haarbänder und Reifen, Hand- und Wandspiegel, aparte Bilderrahmen, kleine Waschbecken, die in jeden Koffer und jede Toilette passen.

Mit Sicherheit gibt es wenige, die achtlos an diesem Geschäft vorbeigehen können. Und vielleicht gibt es nicht viele, die eintreten, da sie die Preise fürchten. Doch der Voyageur sollte Mut beweisen und die Klinke der Ladentür des Geschäftes »Le bain rose« drücken.

Die Auswahl im Innern ist so groß und vielfältig, dass er in jedem Fall etwas Schönes findet.

Da es höchstens 100 Meter entfernt liegt, möchte ich allen Rosenliebhabern unter meinen Lesern dringend raten, einen Sprung ins Blumengeschäft »Au nom de la rose« zu wagen. Ob in der Nummer 4, rue de Tournon, oder hier, gleich um die Ecke, der Nummer 50, rue du Cherche-Midi, in beiden Geschäften erwarten betäubender Rosenduft, kreative Rosenbouquets, fantasievoll gebundene Rosensträuße, ja sogar Tees mit Rosenaroma und freundliche Verkäufer den Besucher. Er geht auf Rosen und denkt an *La vie en rose*, weil er schon ein wenig beschwipst ist vom Duft, der von den Rosettenseifen, bauchigen Duftkerzen und Blüten aufsteigt. Was auch immer er kauft, es wird in eine hübsche Tüte mit der Aufschrift »Au nom de la rose« in ein Bett aus Rosenblättern gelegt. Ein geniales kleines Mitbringsel.

45. GRUND

Weil es sagenhafte Galerien gibt

»*Rue de Seine, dix heures et demi le soir!*«, so beginnt ein Gedicht in der Gedichtsammlung *Paroles* von Jacques Prévert. Es erzählt von einer aufregenden Begegnung zweier Menschen. Und genau so ist es auch heute noch, hier in der Rue de Seine. In dieser Straße beginnen ungefähr um halb elf Uhr abends die Soiréen, treffen sich Künstler, Comedians, Musiker, füllen sich die Restaurants, sprudelt das Leben. Hier haben sich originelle Küchenchefs und ausgefallene Galeristen angesiedelt. Falls der Voyageur von der Place Saint-Michel kommt und sich mühsam durch die bunte, bevölkerte Rue Saint-André des Arts sowie die Rue de Buci gekämpft hat – an schrillen Souvenirshops, Snackbuden und Straßencafés vorbei –, wird ihm die Rue de Seine so richtig guttun. Hier hat er endlich die Chance, ein kleines, nicht allzu teures Kunstwerk zu erwerben.

Eine lohnenswerte Erinnerung an diese Gegend. Lohnend für ihn und den Künstler. Für den Künstler, weil der zuweilen am Hungertuch nagt, und für den Voyageur, weil keine andere Gegend der Kapitale so deutlich das echte Paris repräsentiert. Das Paris, wie es leibt und lebt, wie es gerne isst und trinkt, singt und lacht, gemeinsam diskutiert, gemeinsam schimpft und spottet. Hier sitzt das Herz der Stadt. Hier pulsiert es typisch pariserisch. Hier wohnt bevorzugt der *Arty* – der kunstbeflissene Pariser. Kultur ist Lebenszweck, behauptet der *Arty*. Er geht zu jeder Ausstellung, fehlt bei keiner Vernissage und kennt die neuesten (erwähnenswerten) Filme.

In diesem Winkel von Paris kommt alles zusammen, was den *Arty* begeistert: Galerien, intellektuelle Kneipen, die pittoreske Passage Dauphine mit ihren feinen Goldschmieden, ihrem altmodischen Spielzeugbazar und dem gemütlichen *salon de thé* »L'heure Gourmande« – untergebracht auf zwei Stockwerken in einem restaurierten Gebäude aus dem 18. Jahrhundert. In der oberen Etage fühlt man sich bei Tee, Kaffee, *madeleines* und anderem *gâteau* ganz wie zu Hause, ganz *intime*. Es wundert niemanden, gerade hier Woody Allen zu begegnen.

Falls der Voyageur allerdings vom Quai de Conti durch den Torbogen beim Institut de France in die Rue de Seine spaziert, landet er nach einem guten Fußmarsch vor »La Palette«, einem typischen Pariser Café-Restaurant. Es ist einzigartig, hat viele berühmte Gesichter gesehen wie zum Beispiel das von Ernest Hemingway und wird gerne von der Pariser *jeunesse dorée* besucht. Tritt er ein, genehmigt er sich bestenfalls einen Imbiss, einen Drink oder den typischen *apéro dinatoîre,* bevor er eine Galerie nach der anderen besichtigt.

Jenen, die 200.000 Euro in Öl anlegen wollen, weil das Geld auf der Bank nicht mehr gut aufgehoben ist, empfehle ich drei Galerien: Zeitgenössische Kunst, Modern Art und Popart stellt die Galerie »Visio dell'Arte«, 13, rue de Miromesnil aus. Galerie »Kalinka«, in der 146, rue Saint-Honoré, zeigt klassische Gemälde von russischen Künstlern und die Galerie »Claude Vittet« verfügt über einen

Schatz von alten Meistern. Zu finden ist sie im Erdgeschoss vom »Le Louvre des Antiquaires« (Eingang Nummer 2, Place Royale). Einmal im Innern, wird man vom Besucherstrom mitgerissen. Es ist möglich, dass man gar nicht bis zur Galerie von Claude vordringen kann, da man von den vielen Kunstobjekten und, zum Teil, wunderschönen Gemälden geblendet ist. Wer nicht kaufen kann, genießt. Das tut gut und kostet nichts.

Da der Voyageur hier nicht weit von der Rue de Richelieu entfernt ist, spaziert er bei Sonnenschein am besten über die Place Colette und betritt Le Jardin du Palais Royale durch den Eingang der Rue du Montpensier (die Straße verdankt ihren Namen dem Bruder des Bürgerkönigs Louis-Philippe, dem Duc de Montpensier). In diesem Garten, vor dem »Café Foy«, rief am 12. Juli 1789 der Revolutionär Camille Desmoulins zum Sturm auf die Bastille auf, der dann am 14. Juli stattfand. Heute gehen hier Müßiggänger, Paris-Besucher und Park-Liebhaber spazieren und bewundern Galerien und Geschäfte.

Unbedingt zu besichtigen und zu riechen ist die köstliche Parfumerie von Serge Lutens. Unter den Arkaden hat Monsieur eine märchenhafte Boutique mit extravaganten Düften aus Tausendundeiner Nacht errichtet. Der Dekor ist unbeschreiblich, deshalb bleibt einem nichts anderes übrig, als es mit eigenen Augen festzustellen. Ich nehme an, der Ruf von Monsieur Lutens Boutique, ja vielleicht sogar ihr Duft, ist schon über die Grenzen hinweg bekannt. Fast alles in dieser Gegend ist ungewöhnlich. Die schrulligen Anwohner, die stylish gekleideten Models und Boutiquenbesitzer, das Blumengeschäft in der Rue de Richelieu, das interessante Einrichtungsgeschäft gleich daneben, die kleinen Galerien und natürlich das unübertroffene Porzellangeschäft.

Palais Royale und Umgebung sind kein echter Geheimtipp, verlieren deshalb aber nicht ihren Charme. Der Haken ist nur: Seit sie unter den Touristen Furore machen, sind ihre Preise gestiegen. Es lebe deshalb der Geheimtipp.

Weil Galeriebesuche Lust auf
feines Gebäck und Kuchen machen

Alle Süßwarenfanatiker rennen als Erstes zu Pierre Hermé. Er macht die besten und schönsten Makronen der Welt. Das ist die Wahrheit. Man muss sie gesehen und gekostet haben. Das Besondere an ihnen ist die ungewöhnliche Kombination. Exotische Gewürze, Blütenaromen, Früchte, Schokolade, Karamell, Vanille, Zimt werden zu fantastischen Kompositionen verarbeitet. Seine Geschäfte sind im Pariser Südwesten und hinter der Oper angesiedelt: in der 185, rue Vaugirard, und 72, rue Bonaparte, in den »Galeries Lafayette« und der Nummer 40 des Boulevard Haussmann. Sie sind an der endlosen Schlange, die sich vor ihren Eingängen bildet, schon von Weitem zu erkennen. Wer davor kapituliert, kann Hermé-Makronen auch online ergattern.

Der gewiefte Pierre hat sich schon in jungen Jahren gesagt: Früh übt sich, wer ein Meister werden will. Mit 14 fängt er als Lehrling beim renommierten Starkonditor Gaston Lenôtre an und steigt in rasantem Tempo nach oben. Kaum 24, hat er das höchste Diplom der Konditorkunst in der Tasche und wird daraufhin in den Feinkostladen von Auguste Fauchon, Place de la Madeleine, berufen. Zehn Jahre steht er den Köstlichkeiten des Hauses als Chefkonditor vor, ehe er zu Ladurée überwechselt, der seinen guten Ruf ebenfalls der Makronen-Backkunst verdankt. Dort bekommt Pierre Hermé den letzten Schliff. Nun will er auf eigenen Füßen stehen. 1998 eröffnet er mit seinem Partner Charles Znaty in Tokio die erste eigene Boutique, zwei Jahre später folgt ein *salon de thé*. 2004 kehrt er zurück nach Paris und weiht ein Geschäft nach dem anderen ein. Ich würde sagen: Schlange stehen lohnt sich!

Wem Pierre Hermé nicht genügt und wer ein echter Gourmet ist, der gehe zu August Fauchon! Hier betritt er mit Sicherheit den besten Feinkostladen des Landes. Gaumenfreude und Augenschmaus in einem. Schlaraffenland, das Land, wo Milch und Honig fließen. *Mais attention*: Keine Angst vor großen Summen. Die Preise haben sich stark geändert seit dem Tag, als August Fauchon mit einem Gemüse- und Obststand angefangen hat. Er handelte auch mit Wein und Spirituosen, bevor er dem Laden, der 1886 noch ein Emmalädchen war, seinen Namen Fauchon verpasste. Ähnlich wie Pierre Hermé strebte er nach mehr. An der Place Madeleine gab es in den Neunzigerjahren des 19. Jahrhunderts viele renovierungsbedürftige Gebäude, die günstig zu erwerben waren. Fauchon fackelte nicht lange und kaufte. Zuerst einen, dann zwei Räume, und als er merkte, wie beliebt seine Ware war, baute er nach allen Seiten aus. Auf Pump, denn die Banken erkannten den potenziellen Großverdiener. Im Laufe der Jahrzehnte erwarb die Familie Fauchon einen Großteil der Räumlichkeiten rechter Hand und am rückwärtigen Teil der Place de la Madeleine. Herzöge, Könige, berühmte Künstler wurden Stammkunden, und im Jahre 1968, als Cohn-Bendit zum Marsch in den Élysée-Palast aufrief, leerte man im Vorübergehen Fauchons schöne Geschäfte und verteilte seine exzellente Gänseleberpastete an die Armen.

In den 1980er-Jahren verlor Fauchon an Prestige und Glaubwürdigkeit, als die Verteilung seiner Produkte an Billigsupermärkte bekannt wurde. »Masse statt Klasse! Fauchon wird banal!« – »*Fauchon, un épcier fauché!*« (Fauchon, der Pleitegeier!) So lauteten die Schlagzeilen, und es nützte nicht viel, dass ihm gewogene Journalisten nach wie vor das Prädikatssiegel »Wertvoll« aufdrückten. »»*Fauchon*‹ ist der edelste Feinkostladen Frankreichs. Man findet dort nicht nur die feinsten Produkte, sondern auch die ungewöhnlichsten!*«, schrieb 1998 der Journalist Jean-Michel Salvator. Nach einigen Höhen und Tiefen erfreut sich das Haus nun wieder eines gesunden Renommees, und es lohnt sich, wenigstens ein *pain* *au raisin* oder *pain au chocolat* zu kosten, um den Unterschied zum gewöhnlichen Pariser Bäcker zu schmecken.

Patisserie »Ladurée«: Man sollte Paris nicht verlassen, ohne einen Kuchen, eine *charlotte* oder eine *tarte tatin* gekostet zu haben. Zahlreiche Bäckereien und Konditoreien stellen appetitliches Backwerk aus, doch nicht alles schmeckt so gut, wie es aussieht. Will man in den Genuss der legendären *tarte tatin* kommen, empfiehlt sich die des Hauses »Ladurée«. Sie besteht aus weichgebackenen Äpfeln, Apfelmus mit Vanillegeschmack auf echtem feinen Mürbeteigboden und wird mit Crème fraîche gegessen. Bei »Ladurée« ist sie so richtig üppig, geschmackvoll und einfach sagenhaft.

Die *charlotte* ist eine Torte aus Früchten und einer Schaumcreme. Ihre Ränder werden durch senkrecht angedrückte Biskuitstäbchen gehalten. Von der Wahl der Früchte hängt die Geschmacksrichtung der Schaumcreme ab. Ob Erdbeere, Birne, Johannisbeeren oder eventuell Schokolade – es gibt auch *la charlotte au chocolat* –, jeder findet sein Kuchenglück, allerdings nicht in jeder Bäckerei. Backen ist eine Kunst für sich, deshalb mein dringender Rat: Beim Meister kaufen! Ladurée ist ein Gekrönter, aber Bäckermeister Thevenin, rue Notre-Dame-des-Champs, »La Patisserie des Rêves«, 111, rue de Longchamps oder das Haus »Dalloyau«, dessen Vorfahren schon für Ludwig XIV. gebacken haben (einer seiner Läden befindet sich in der Nummer 2, Place Edmond Rostand gegenüber dem Jardin du Luxembourg), sind auch nicht zu verachten.

Kennern von Zitronentorten lege ich »Carl Marletti« ans Herz. Zu finden in der Nummer 5, rue Cencier im 5. Arrondissement nicht weit vom Jardin des Plantes, wo Löwen und Gorillas leben. Nun kann ich nur noch sagen: Keine Angst vor Pfunden.

Weil selbst Hobbyköche exzellent einkaufen können

Beste Qualität, was Fleischwaren betrifft, bietet Metzger Hugo Desnoyer. Innerhalb von wenigen Jahren hat sich der Mittvierziger an der Seite seiner Frau in die Charts der Pariser Top-Metzger hochgearbeitet. Ich erwähnte ihn im zweiten Kapitel, als ich seine Freundlichkeit untersuchte. Hugo ist nicht nur freundlich, er ist auch geschäftstüchtig. Allerdings nicht von der Sorte: schnell, billig und mittelmäßig. Im Gegenteil: Wie einst meine Urgroßmutter ihrem Gockel Waldemar den Hals umdrehte, obwohl sie ihn liebte und stets gut gefüttert hatte, so geht Hugo mit Rindern und Hühnern um. In Frankreichs wunderschöner Gegend Limousin ist Hugo bekannt, und die glücklichen, ahnungslosen Rinder der Region scheinen ihn auch zu mögen. Daran sieht man, dass Glück blind machen kann. Hugo sucht die Rinder persönlich aus, tätschelt und streichelt sie, überprüft sie mit Argusaugen, bevor er kauft und damit ihr Todesurteil unterzeichnet.

In Paris beliefert er die besten Restaurants. Unter anderen »Café de la Rotonde« auf dem Boulevard Montparnasse und »Chez Géraud« im 16. Arrondissement. Oft steht auf der Speisekarte: »Das Fleisch ist von Metzger Hugo Desnoyer, 45, rue Boulard, im 14. Arrondissement.« Natürlich ist er etwas teurer als der Fleischer im Supermarkt, das versteht sich angesichts seines persönlichen Engagements von selbst. Allerdings hat mancher Käufer nicht so viel Verständnis, weil es ja immerhin seinen Geldbeutel beansprucht. Hugo, der ganz und gar nicht auf seinen großen Kopf gefallen ist, hat auch dafür eine Lösung. Im *Grand Journal*, einer witzigen Nachrichtensendung auf Canal+, behauptete er ungefähr sinngemäß, man solle besser gutes Fleisch von glücklichen Rindern und Kühen einmal die Woche essen als schlechtes von kranken Tieren jeden Tag. Die anwesenden Zuschauer applaudierten. Mittlerweile teilt er sich mit Yves-Marie Le Bourdonnec den Titel des berühmtesten Metzgers der Metropole und erschien in roter Schürze und Schlachtermesser auf der Titelseite des *Figaro Scope* vom 25. September 2013.

Hobbyköche benötigen natürlich auch feines Gemüse, würzige Kräuter und exzellente Lebensmittel.

In gewisser Hinsicht ist Paris ein großes Karussell und ein riesiger Markt. Jeder findet sein Marktglück. Wohin gehen wir zuerst?

Auf den Biomarkt am Boulevard Raspail würde ich vorschlagen. Der liegt zentral und bietet auch einen schönen Ausblick auf anliegende, interessante Straßen, unter anderem die Rue du Cherche-Midi mit ihrem anregenden Kaffee- und Tee-Shop, ihren Boutiquen für Kindermode, ihrem knallroten Restaurant »Le Rousseau« und ihrem illustren Gelegenheitsanwohner Gérard Depardieu. Zweimal ist uns Monsieur Depardieu beim Fischladen begegnet und ich muss sagen: Der Mann ist in der Tat überhaupt nicht zu übersehen. Er scheint so breit wie das Trottoir, auf dem er steht. Aber immerhin hat er ein sehr freundliches Gesicht.

Der Biomarkt fängt auf Höhe der Rue de Rennes an und endet an der Kreuzung Rue du Cherche-Midi/Boulevard Raspail. Am Fischhändler, der aussieht wie Dustin Hoffman in *Tootsie*, würde ich mit gerümpfter Nase vorbeigehen. Sein Fisch ist okay, doch er versucht ziemlich offensichtlich, durch Anekdoten aus seinem Leben die hohen Preise zu verschleiern oder hin und wieder das Wechselgeld unter den Tresen zu kehren. Da sich sein Stand am Anfang des Marktes linker Hand befindet, empfehle ich: Links liegen lassen und sich an den anderen, zehn Meter weiter unten, rechter Hand, wenden!

Schräg gegenüber vom Fischhändler »Tootsie«, auf der rechten Seite, gibt es den Brotstand, an dem drei fleißige Studenten ihr Studium verdienen und dabei putzmunter sind. Ihr Chef, der vierte Mann im Spiel, ist der Urheber der zehn Sorten Brot, Rosinenbrötchen, Baguettes und Olivenstangen, die an diesem Stand verkauft werden. Jeder der drei Studenten hat eine Kopfbedeckung. Einer von ihnen trägt fast immer eine Zipfelmütze, ein anderer einen breitkrempigen Hut, der dritte ein Barett. Der Chef selbst ist barhäuptig.

Flanieren wir nun an Seifen-, Schal- und Riechwasserständen vorbei, so kommen wir zum Honigmann linker Hand und dem Weinhändler rechter Hand. Honigmann Claude sieht einfach schnuckelig aus. Er hat einen typisch provenzalischen Charme. Mit Nickelbrille, Strohhut, hellbraunem Jackett aus grobem Stoff, worunter ein kariertes Hemd und Hosenträger blitzen, verkauft er zahlreiche Honigsorten: Wald-, Berg-, Akazien-, Blüten- und Tannenhonig. Bei ihm sind wir Stammkunden, denn wir ernähren uns sonntags ausschließlich von Honig (kleiner Scherz!). Es ist ratsam, ihn nicht nach dem Befinden seiner Bienen zu befragen, da er dabei richtig gesprächig wird und sich nicht mehr bremsen kann. Und schließlich möchte man ja noch einige andere Einkäufe tätigen, bevor der Markt seine Zelte abbaut.

Die meisten Gemüse- und Obststände bieten gute Ware an, allerdings lässt der eine oder andere Verkäufer es an Freundlichkeit vermissen. Das Pendant hierzu ist Maxence. Ihm müssen wir unbedingt einen Besuch abstatten! Er sieht knuffig aus, hat kluge Augen und Geschäftssinn. Alleine mit Hut startete er vor Jahren ein winziges Ständchen, an dem er Salz und Algenbutter verkaufte. In kurzer Zeit zauberte er daraus einen vielfältigen Feinkostladen mit bunter Markise. Stets mit Hut à la Johnny Depp in *Public Enemies,* aber unterstützt von seiner Frau und einer Freundin, bietet er Spaghetti, breite Nudeln, kurze und verschnörkelte Nudeln, Linguine und Gnocchi an. Alles *fait maison*, hausgemacht, versteht sich, denn Maxence lässt sich nicht lumpen. Dazu gibt es leckere Soßen für jeden Geschmack und frisch geriebenen Käse. Für den Feinschmecker außerdem schwarze und grüne Oliven, entsteint oder nicht, in Knoblauch getaucht oder Natur. Und das Tüpfelchen auf dem i sind die Freundlichkeit und das Aussehen von Maxence. Reife Damen bezaubert er durch seine Ähnlichkeit mit dem 18-jährigen Thronanwärter Ludwig II., junge Käufer fasziniert der lässige Johnny-Depp-Look. Falls Sie bei Maxence einkaufen, bestellen Sie ihm einen Gruß von mir.

48. GRUND

Weil nicht nur der Biomarkt empfehlenswert ist

Der mittlere und untere Teil des Boulevards Edgar-Quinet im 14. Arrondissement ist mittwochs und samstags von den Ständen der Lebensmittelhändler besetzt. Leuchtendes Gemüse, frische Salate, Fleisch, Fisch und vieles mehr bietet der Marché Edgar Quinet. Seine Waren sind ausgezeichnet, weshalb er immer gut besucht ist. Allerdings muss man anfügen, dass die Pariser ihre Märkte lieben und oft nicht nur einkaufen, sondern sich gemütlich durch das Gewusel schlängeln, dort eine Apfelsine probieren, da ein Stück Käse oder beim Griechen die herrlich gewürzten Crèmes kosten. Schlangestehen stört niemanden, auch mich nicht. Besonders beim Griechen. Für mich ist der Crème-Stand, an dem es nach Oliven, Basilikum und Oregano riecht, das Beste am Edgar-Quinet-Markt. Dort hole ich mir einige Portionen schmackhafter Soßen und Crème-Spezialitäten, die ich mit einem halben Baguette gleich auf dem Markt koste (obwohl mein Weight Watcher dagegen ist).

Jeden Sonntag von 9:00 bis 19:00 Uhr stellen an der gleichen Stelle Künstler unterschiedlichster Couleur ihre Werke aus. Ölgemälde, Zeichnungen, Keramikkunst, Grafiken, Seidenstickerei, Batik, Bildhauer und fantastische Gebilde aus Plastik, Ton, Holz sind zu bestaunen. Ein Gespräch und eine Tasse Tee oder Kaffee mit dem Künstler bieten sich immer an. Auch der Hund, falls einer dabei sein sollte, genießt Abwechslung. Er kann mit anderen Hunden spielen. Viele Künstler sind nämlich »auf den Hund gekommen«.

Strebt man Richtung Boulevard Saint-Germain, lässt sich der Marché Rue de Buci erreichen. Er ist nicht wie der übliche Markt aufgebaut, der eine lange Reihe von Ständen bildet. Der Markt der Rue de Buci tagt das ganze Jahr unter flatternden Markisen und zieht illustres Publikum an. Mir ist hier Jane Birkin begegnet. In langem Kleid, einen großen Schlapphut auf dem Kopf, Sonnenbrille auf der Nase, am Arm einen Einkaufskorb und neben sich in Knöchelhöhe einen Pinscher, so schlängelte sie sich durch die unorthodoxe Anordnung der Holzstände. Es gibt frisches Gemüse, ein riesiges Angebot von Früchten, Meeresfrüchten, gebratenen Hähnchen, Snacks und natürlich Blumen.

Den Blumenmarkt von Notre-Dame möchte ich wegen seiner Schönheit und Farbenfrische erwähnen. In den gläsernen Hallen gerät man in ein Labyrinth sämtlicher Blumensorten, die es auf der Welt gibt. Orchideen, Kakteen, Rosen und natürlich Dekorationsartikel für den Garten. Wie man ihn findet? Am besten vom Hôtel de Ville (Rathaus), auf seiner Höhe die Seine überqueren und Notre-Dame anpeilen. Unwillkürlich stößt man auf den Markt. Gleichzeitig vermeidet man den Tiermarkt, der sich den Quai de la Mégisserie entlangzieht, um Katzen, Hunde, Vögel, Nagetiere, Fische und Reptilien in Käfigen zu verkaufen. Für mich ist das kein Grund, Paris zu lieben, deshalb soll dieser Markt hier umgangen werden.

Auf der Place Saint-Sulpice schlagen mehrmals im Jahr unterschiedliche Märkte ihre Zelte auf. Um die Weihnachtszeit ist es der berühmte Weihnachtsmarkt Saint-Sulpice. Vor den Toren der annähernd 300 Jahre alten Kirche entfaltet sich blausilbrige Weihnacht. Produkte aus biologischem Anbau, süßer Wein, Gebäck und Weihnachtsdekor aus bemaltem Holz. Und für jeden Geschmack – ob Schokolade, Vanille oder Zitrone – gibt es die berühmte *Bûche de Noël* – den traditionellen Crèmekuchen, der aussieht wie eine »Bûche«.

Zwei Wochen lang präsentiert der »Salon des Antiquaires« an der Place Sulpice antiquarische Besonderheiten: antike Möbel, goldene Kerzenleuchter, Bronzestatuen, Gobelins, Silberbesteck, Porzellanpuppen, Gemälde, alte Musikinstrumente. Der Spaziergang durch den Markt ist ein Erlebnis. Kunst, Geist und Politik treffen sich auf kleinem Raum. Wer müde wird, kann am »Café de la Marie« verschnaufen oder im marktinternen Ausschank pausieren und diskutieren. Hier findet der Liebhaber vergangener Zeiten alles, was sein Sammlerherz begehrt.

49. GRUND

Weil Käse nicht nur das Pariser Leben würzt

An einem Käseladen vorbeizukommen, kann sich niemand entziehen. Es riecht nach Milch, Butter und Land. Der Schritt ins Geschäft ist wie der Besuch auf einer Farm. Ich staune auch immer wieder über das Fachwissen der Käseverkäufer. Sie könnten ganze Abhandlungen über Herkunft, Zusammenstellung und Geschmack schreiben. Doch auch hier muss man die Spreu vom Weizen trennen. Man denkt wohl: Käse ist Käse! Aber so ist es nicht. Käse ist eben nicht Käse. Es gibt den verpackten im Supermarkt, vor dem der französische Feinschmecker flüchtet wie vor einem Rudel Hyänen. Es gibt den offenen im Supermarkt, der hin und wieder ein Glückstreffer ist, und es gibt den offenen in den unzähligen Käsegeschäften, der dem Normalverbraucher gut schmecken mag. Sollte man ein Käseliebhaber sein, stelle ich die fünf besten *fromageries* von Paris vor, ausgesucht von Kennern.

Kenner sagen: Wie beim Fleisch, so ist es auch beim Käse. Es kommt auf den gesunden und glücklichen Zustand der Milchkuh an. Stammen die Kühe aus der Region Dauphiné, ist das schon mal die halbe Miete, danach entscheidet die Kunst der Zubereitung. Aus dem Grund ist der gleiche Käse nicht in jeder Käsehandlung gleich gut. Unvermeidliche Adresse: Der »Salon du Fromage Hisada« in der Nummer 47, rue de Richelieu. Sanae Hisada ist ein Käsekind, liebt Raffinesse, Feinheit und Eleganz. Das hört sich an, als beschreibe ich eine Modedesignerin oder einen Künstler. So ist es auch. Hisada ist eine wahre Schöpferin. Sie gibt sich nicht mit irgendeinem Käse zufrieden. Deshalb gehört ihr Geschäft zu den Bonbons der Krämerkunst. Es besteht seit 2004 und bietet neben den üblichen ausgesuchten Sorten auch Neuheiten an. Und der Clou: In diesem Geschäft kann man nicht nur fantastischen Käse kaufen, sondern auch Anregungen für Kochkünste finden. In der ersten Etage gibt es Rezepte zu Fondues, Raclettes und dem leckeren Käsekuchen der Region Poitou-Charentes zu entdecken. Und das Sahnehäubchen auf dem Ganzen: Man lernt, wie man so eine richtig schöne Käseplatte zaubert.

Ein sehr ansprechender Stand auf dem Markt von Saint-Germain in der Rue Lobineau ist der von Sanders. Twiggy und Michel Sanders präsentieren ein ausgesuchtes Angebot von Frankreichs bestem Käse. Besonders zu empfehlen: ein reifer, exzellenter Comté und der Saint-Félicien. Michel Sanders beliefert Sternerestaurants, unter anderem das »Relais Christine«, und wird seinerseits von Milchfarmern beliefert, die exklusiv für ihn, den absoluten Käseliebhaber, arbeiten.

Den besten Fontainebleau hat unbestritten »Barthélémy«. Ihn findet man an der Ecke Boulevard Raspail/Rue Grenelle. Es ist ein kleines altmodisches Geschäft, in dem man Tante Emma hinter der Ladentheke vermutet, die unbedeutenden Käse verkauft. Doch der bescheidene Look sollte nicht täuschen. Hier steht die mondäne Elite Schlange: Catherine Deneuve, Charlotte, Gainsbourg und Vincent Lindon decken sich hier mit feinstem Ziegenkäse oder dem berühmten *Brie de la maison* ein. Ganz nebenbei erfreut Nicole Barthélémy seit 1973 den Élysée-Palast mit ihren Spezialitäten.

Es soll aber lieber ein *Rocamadour* sein? Ja, dann geht man am besten zur »Fromagerie Langlet-Hardouin«. Jahrzehntelang waren Monsieur Langlet und sein Käse die Highlights der Markthalle Place d'Aligre im 7. Arrondissement. Herr Langlet, immer tadellos angezogen, mit Krawatte und feinem Hemd, hat sich zurückgezogen. Sein Käsestand wird jedoch weiterhin in aller Munde sein und mit ihm der Name seines Gründers. Besonders lecker schmecken die kleinen Ziegenrondelle, die man verzückt in zwei Bissen vertilgt, so teuflisch gut sind sie.

Falls der Voyageur aber vorzugsweise durch die Gegend um Montmartre streift, empfehle ich, auf einen Sprung in die Rue Damrémont Nummer 54 einzukehren. Dort bedient ihn die immer freundliche Virginie. Ihre Boutique »Chez Virginie« hat schon sämtliche Bewohner des Hügels bezaubert und lässt keinen Besucher gleichgültig. Von allen Seiten strömen sie in die kleine *fromagerie*, die sie in einem Gebäude aus dem 19. Jahrhundert eingerichtet hat. Zu empfehlen: Ziegenkäse aus der Region Augignac und Bleu de Termignon. Besonders zu empfehlen: der *Burrata*. Ein Käsehochgenuss!

50. GRUND

Weil Paris ohne Wein wie eine Suppe ohne Salz wäre

Weinhandlungen gibt es jede Menge und Weinkenner ebenfalls. Um meinem Leser die Qual der Wahl zu erleichtern, möchte ich auch hier jene auflisten, die meines Wissens die besten sind. Unter meinen Bekannten tummeln sich einige Weinkenner, selbst in meiner Familie sind sie diesbezüglich ein wenig bewandert. Der Pariser trinkt nicht einfach nur einen Roten. Nun, der Pariser ist ein komplizierter Geselle. Alexandre Dumas schrieb: »Gott erfand den Pariser, damit dem Fremden der Franzose ein Rätsel bleibt.« Dem würde ich zustimmen und anfügen, dass der Pariser auch ein paar

Qualitäten besitzt. Seine Liebe zum Wein ist eine davon. Beginnen möchte ich meine Liste mit einer kuscheligen, kleinen Weinhandlung in der Rue de l'Abbé Grégoire im 6. Arrondissement. Der Empfang ist herzlich. Sogleich sieht man sich einem Glas gegenüber, in das der Besitzer einen Schluck seines besten Weines gießt. »Setzen Sie sich doch bitte!«, ruft er vergnügt. Dann holt er ein Tablett mit Käse, schneidet vom würzigen Appenzeller eine Scheibe ab und bietet sie an. Nun schnellt es durch den Kopf: »Unmöglich kann ich trinken und essen, ohne etwas zu kaufen.« Aber ich weiß: Jonathan und sein Kollege sind coole Jungs. Sie lieben Geselligkeit und nehmen es niemandem übel, wenn er mit leeren Händen, aber halb vollem Magen wieder geht. Wahrscheinlicher ist es aber, dass es so ausgezeichnet mundet, dass in jedem Fall eine Flasche mitgenommen wird. Sehr gut und leicht ist eine Art Champagner für jeden Tag. Wenig Alkohol, perlend und geschmackvoll.

Nummer 17 der Rue Brea, ebenfalls im 6. Arrondissement, beherbergt ein Weinsortiment der besonderen Art. »La Quincave« – der Ausdruck ist katalanisch und nicht leicht zu übersetzen – taufte Weinspezialist Emmanuel Delmas seine Wein-Bar. Seine Weine wären übernatürlich gut, behauptet er. Nicht weit von der kosmopolitischen Rue de la Gaité und der Rue du Montparnasse mit ihren bretonischen Crêperien sowie dem Boulevard du Montparnasse und seinen gigantischen Kinos führt eine schmale Straße vom Boulevard Raspail hinunter zur Place Vavin. Vorbei an Cafés, Restaurants, Schmuck- und Textilboutiquen sehen wir auf der rechten Seite einen Weinkeller, der sich ausnahmsweise nicht im Keller befindet. Zwei Tische und vier Stühle auf dem Gehweg, eine immer geöffnete kleine Tür, die in eine Stube und auf Regale voller Wein blicken lässt. Natürlich guter Wein. Für jeden Geschmack: ob rassig, vollmundig, trocken, blumig, samtig-fruchtig, herb oder feurig. Darum für alle, die eine schöne Flasche mit nach Hause nehmen möchten.

»Le Baron rouge« (Der Rote Baron) ist ein Muss für alle Weingenießer und Gourmets. (Ganz kleine Info nebenbei: Nicht den *gourmand* mit dem *gourmet* verwechseln. Oft sagt der Franzose: Er ist ein *gourmand,* und will damit nur sagen, dass er gerne isst. Der *gourmet* hingegen ist der echte Genießer von feinen Speisen. Ein *gourmet* kauft zum Beispiel seine Makronen bei Pierre Hermé, während ein *gourmand* sie überall kauft und auch überall mag.)

Zum »Roten Baron« im 12. Arrondissement 1, rue Théophile Roussel zieht es sowohl Feinschmecker als auch *gourmands.* Denn dort gibt es exzellente, aber auch weniger exzellente Weine, die Atmosphäre ist hingegen immer gemütlich und recht burschikos. Sonntags schlürft man dort Austern und trinkt dazu einen Sancerre oder kostet zu einem rauchigen Rotwein eine französische Wurstplatte. Die Wände des »Baron rouge« sind bis unter die Decke mit Weinflaschen und Weinfässern dekoriert. Stammkunden schleppen ihre leeren Flaschen an und lassen sie mit Wein vom Fass auffüllen. Neuankömmlinge finden ein gutes Tröpfchen, ohne tief ins Portemonnaie greifen zu müssen.

Ganz anders präsentiert sich uns »L'Épicérie Musicale« am 55, quai de Valmy, im Quartier Saint-Martin. Musik liegt in der Luft, eine frische Brise weht vom Kanal Saint-Martin herüber und »L'Épicerie Musicale« ist eine Art sizilianische Kantine, die eindeutig mit dem amerikanischen Retro-Stil liebäugelt. Die Wände sind mit Street-Art-Bildern gepflastert und ein Dutzend alter Langspielplatten ziert Regale und Theke. In sommerlich-sizilianischem Ambiente genießt man hier ein paar Happen frischen italienischen Käse, mit einem guten italienischen Wein gewürzt, und lässt sich von Soul, Funk, Latino-Retro oder Jazzmusik wiegen. Sollte man Lust auf ein Mittagessen haben, nur zugreifen: Carpaccio vom Rind in zerlassener Butter gewürzt mit Salbei für zwölf Euro, ein Bunter Teller mit Schinken, Speck, Gorgonzola oder gemischte Salate, Panini mit unterschiedlichen Gemüseeinlagen, Pasta und Broccoli, dazu darf natürlich ein Glas Rotwein für 3,50 Euro nicht fehlen. Zum Schluss einen Café Ristretto und das Minirestaurant wird mit einem Inselgefühl verlassen. War ich nicht eben auf Sizilien?

KAPITEL 6

La Fashion *victime*

»Die Mode ist ein Ballett, ein Wasserspiel, ein Orchester
der intuitiven Eleganz, deren Dirigent Paris ist.«

Christian Dior

Weil die Mode in Paris zu Hause ist

Karl Lagerfeld sagte: »Ich habe die Mode immer respektiert, vor allem die meine.« Trotz des Städtebildes, das uns immer häufiger lässig gekleidete Menschen zeigt und trotz Lagerfelds Bedenken, es sähe diesbezüglich immer trostloser aus, bleibt Paris die Stadt der Mode. Man trifft sich bei Modeschauen, lässt sich die Übertragung des Festivals von Cannes nicht entgehen, bricht beim Anblick des schicken Outfits einer Freundin in Jubelschreie aus, beneidet eine andere Freundin um ihren guten Geschmack beim Schuhkauf, will unbedingt die angesagte Tasche haben und zermartert sich das Hirn, wie es einer jungen Frau mit unterdurchschnittlichem Gesicht, flachem Busen und dünnen Beinen gelingt, durch ihre frappierende Eleganz Blicke auf sich zu ziehen.

Diese Frauen bekamen das Feeling für Mode mit in die Wiege gelegt. Sie verfügen über die intuitive Eleganz, von der Meister Dior spricht. Wer über sie verfügt, schafft es mit wenigen Mitteln, *chic* und *à la mode* zu sein. Dieser hat dann auch das richtige Händchen für Accessoires und Farben. Beim Studium der Modezeitschriften stechen häufig reiche Schauspielerinnen unangenehm ins Auge, die dieses Händchen absolut nicht haben.

Die modebewusste Frau ist irgendwie ein Fashion *victime*. Feine Taschen und Schuhe sind Must-haves. Wer es sich leisten kann, kauft sie bei Louis Vuitton, Chanel, Dior; wem deren Preise nicht behagen, besorgt sich eine Tasche in der »La Bagagerie«, bei »Longchamps« oder »Bolsa« in der Rue de Rennes und die Schuhe bei »André«.

Man erkennt in Paris die elegante Frau auch beim Hutkauf. Sie beäugt sich von allen Seiten, vor allem im Profil.

Natürlich gehören auch ein auserlesener Schirm und ein paar Handschuhe zum Fashion *victime*. Im Winter sieht man keine stilbewusste Lady ohne Handschuhe.

A und O sind Parfum und Haltung. Die französische Frau liebt Parfums über alles. Häufig mehr als den Ehemann. *»Parfum c'est une porte ouverte dans un univers retrouvé«* (Das Parfum öffnet die Tür zum verlorenen Paradies), behauptete Coco Chanel. Und meine Freundinnen haben immer ein Fläschchen in ihrer Tasche.

Junge Frauen bevorzugen leichte Düfte, die älteren Semester eher satte. In meinem Bekanntenkreis gibt es keine junge Frau, die nicht ein Parfum verwendet. Allerdings immer sparsam, denn es ist wiederum sehr unelegant, in einer Duftwolke anzurauschen, die andere umnebelt. Der Parfumkult reicht weit zurück. Viele, die annehmen, am Hofe Ludwigs XIV. habe man gestunken, werden sich über den Ausspruch des Sonnenkönigs – der heute noch Gültigkeit hat – wundern: *»Une femme sans parfum est une femme sans avenir.«*[6] (Eine Frau ohne Parfum ist eine Frau ohne Zukunft.)

Mode ist nicht nur in Paris zu Hause, sie ist auch dort geboren. Sie beginnt 1858, als der Modeschöpfer Charles Frederick Worth seine Modelle an Frauen aus dem Bürgertum vorführen ließ. Zuvor war *la mode* den Höfen vorbehalten und beeinflusste von dort aus die anderen Stände. Nur die, die es sich leisten konnten, trugen modische Kleidung, also die Mode, die am Hof in war. Das Volk lief in der Regel in Lumpen herum. Mit dem aufstrebenden Bürgertum und dem damit verbundenen Wohlstand änderte sich das allmählich. Aber erst im 20. Jahrhundert entwickelte sich die Mode zu einem gesellschaftlichen Phänomen. Es kam die Zeit der genialen Modeschöpfer. Nina Ricci und Coco Chanel sind die ältesten. Die gebürtige Italienerin und Wahlfranzösin Nina Ricci wurde durch ihr 1948 kreiertes Parfum »L'Air du Temps« berühmt, Coco Chanel durch ihre Kreationen. Sie waren revolutionär. Die Mademoiselle befreite die Frau vom Korsett, vom üppigen Kleid mit Rüschen, Kordeln, Fransen und Perlenstickereien. Man kann durchaus behaupten, die Mode sei mit Coco Chanel neugeboren. Von da an ging sie viele Wege.

In der Avenue Montaigne oder der Rue du Faubourg Saint-Honoré sind die großen Couturiers zu Hause. In der Rue du Faubourg Saint-Honoré flaniert man am besten morgens oder am frühen Nachmittag, bevor sich die Straßen mit Autos füllen und die Gehwege jenen in Tokio ähneln. Oft sind die Schaufenster eine Augenweide, manchmal amüsieren sie auch, weil sie fast untragbare Modelle ausstellen. In jedem Fall sind sie sehenswert.

52. GRUND

Weil man natürlich ohne Mode leben kann, es sich in Paris aber nicht lohnt

Darüber mag mancher die Schulter zucken, dennoch stimmt es. Für einen Ausflug ins Theater oder nur ins kleine Restaurant um die Ecke zieht die Pariserin sich schicker an als zum Hundeausführen. Seien es nur eine enge Hose und dazu modische Stiefeletten oder High Heels. Im Frühling und Sommer zeigen die Pariserinnen viel Haut, aber ihre Beine sind enthaart, die Nägel lackiert und die Füße stecken in den Guck-hin-Sandalen. Es ist ein unausgesprochenes Must-do, mit den ersten wärmenden Sonnenstrahlen keine Strümpfe mehr zu tragen. Auch tagsüber – und da möchte ich Karl Lagerfeld ein ganz klein wenig widersprechen – trifft man in der Innenstadt auf modisch gekleidete Frauen aller Altersgruppen. Sie alle haben Spaß an der Mode, nicht nur, weil sie Männern gefallen wollen. »Les femmes chérissent la mode parce que la nouveauté est toujours un reflet de la jeunesse«[7] (Die Frauen pflegen die Mode, weil sich im Neuen immer Jugend widerspiegelt), behauptete Yves Saint-Laurent. Das ist ein Grund, weshalb die Pariserin auf Mode nicht verzichten möchte. Ein anderer ist der, auch noch mit 80 elegant zu wirken. Immer wieder begegnen mir betagte Damen in feiner Aufmachung. Leicht geschminkt, ihrem Alter entsprechend, aber dennoch modisch gekleidet, spazieren sie mit oder ohne Stock durch die Stadt. Eine echte Pariserin erkennt der Voyageur an ihrem Stil. Zwar ändert sich die Mode ständig und der lange Rock, der einem so gut stand, sollte dieses Jahr unter keinen Umständen getragen werden, aber wer einmal begriffen hat, was Stil ist, der wird ihn beibehalten, egal, welche Röcke gerade *en vogue* sind.

Unwillkürlich und ohne sich gleich als gegängeltes Opfer der Modeindustrie zu sehen, richtet sich die Pariserin danach. Mode ist von ihrem *mode de vie* nicht wegzudenken. Nicht das Geld spielt dabei die entscheidende Rolle, sondern der Geschmack, und zwar der sichere Geschmack. Reichtum allein macht keine Eleganz. Ich sehe es an den wohlhabenden Provinzfrauen, die, mit goldenem Schmuck behangen, Taschen, Schuhe und Strümpfe farblich aufeinander abgestimmt, die teuersten Läden unsicher machen, und denke zehnmal hintereinander *Non, non!* und *Arrêtez!* Ich sehe es auch an den betuchten Russinnen, die in voller Kostümierung in die Edelboutiquen rauschen – meine Oma sagt dazu: geschmückt wie Pfingstochsen – und denke: *Largement trop* (Viel zu viel). Es gibt eben ein paar Imperative, um die eine modebewusste Pariserin nicht herumkommt, und wer ihr ähnlich sein will, sollte sie ebenfalls beherzigen. Zum Beispiel:

- *Trage nie weiße Socken in Sandalen!*
- *Zeige deinen Nabel nur an Paris-Plage.*
- *Trage kein tief dekolletiertes Kleid mit Leopardenmuster.*
- *Nimm Abstand von Leggings.*
- *Niemals zu viel Schmuck. Ringe, Armband, Uhr, Ohrringe und Halskette sollte man nicht einmal an Weihnachten gemeinsam anlegen.*
- *Vermeide hautfarbene Tops und kombiniere die taillenkurze Lederjacke in der City höchstens mit einem Abendkleid, aber nie mit Motorradstiefeln. Das ist ein grober Fashion-Fauxpas; Modemissgriff.*

Hat man sich mal danebenbenommen oder etwas Beleidigendes gesagt, spricht man von einem *fauxpas*, einem wörtlich genommen falschen Schritt. In der Mode sind es die Fashion-Fauxpas, die einer selbstbewussten Pariserin nicht unterlaufen sollten.

Und zuletzt noch ein Tipp für alle, die von der Natur nicht mit einer Traumfigur ausgestattet sind. In Paris kann jede Frau das zu ihr passende Outfit finden, wenn sie sich in einer der freundlichen Boutiquen beraten lässt, die ich unter Grund 53 aufgelistet habe. Wer nämlich glaubt, die Pariserin verbringe ihre Zeit in den Boutiquen der Avenue Montaigne, der täuscht sich. Gehören die großen Designer auch zu ihrem Moderepertoire, so hat sie doch ein Faible für die kleinen, pfiffigen Boutiquen.

53. GRUND

**Weil *enfin et surtout* Klamotten
selbst den Schuh an die Wand spielen**

Abgesehen davon, dass sich das Städtebild in puncto Mode Richtung casual verschoben hat, lauern überall pfiffige Boutiquen. Ich bin ja aus dem 6. Arrondissement. Dort stand meine Wiege, dort bin ich zu Haus und kenne mich aus. Besonders gut vertraut sind mir auch das 1. Arrondissement, in dem ich zwei Jahre gewohnt habe, sowie das 14., 16., 17. und 4. Arrondissement. Nun denn: Machen wir uns auf zur Kleiderschau und beginnen in der Rue Bonaparte im 6. Arrondissement.

Ein Laden schmiegt sich an den nächsten. Hier finden sich die größeren Geschäfte der Gegend zum Stelldichein. »Max Mara«, »Oliver Strelli«, »Zapa«. Sie haben relativ geräumige Umkleidekabinen, zuweilen sogar mit Spiegeln versehen, und verfügen über genügend Platz für viele Outfits. Die Auswahl der Boutique »Sœur« in der Nummer 88, rue Bonaparte wird Mädchen und sehr jungen

Frauen gut gefallen: schmale Baumwollblusen oder Baumwollpullis, einfach geschnittene, aber charmante Kleider. Wie definierte es doch Christian Dior? »*Une robe bien coupée est une robe peu coupée.*« [8] (Ein gut geschnittenes Kleid ist ein schlicht geschnittenes Kleid.) Unter den Schals werden alle Altersgruppen fündig. Von sieben bis 77.

Schlendern wir nun auf der Rue Bonaparte weiter, gelangen wir an die Kreuzung Rue du Four. Die gesamte Rue du Four – beginnend an der Place Michel-Debré, wo der *centaure* des berühmten Bildhauers César Baldaccini steht, bis hinunter zum Boulevard Saint-Germain – ist gepflastert mit allem, was ein Shoppingherz höher schlagen lässt. Ob Schuhe, show- und westerninspirierte Klamotten, Mode für die Klassik-Lady, Casual Lifestyle, edle Ausgehoutfits, ausgefallene Trends, Schmuck oder Gürtel. Die jungen Designer Vanessa Bruno und Maje finden Sie in der Rue Saint-Sulpice, ganz in der Nähe der Fontaine Saint-Sulpice.

Auf Isabel Marants Kleiderständern in der Rue Jacob Nummer 1, gleich um die Ecke an der Kirche Saint-Germain-des-Prés, hängen bestickte Tuniken, schlichte Hosen und Röcke, bequeme Kleider. Man fühlt sich wohl in Isabel Marants Mode und sie reflektiert perfekt den Stil der Pariserin: Kleidung von Qualität, bequem und erschwinglich.

Vergessen wir nicht den Kaschmir-Spezialisten *Éric Bompard* in der Nummer 31, rue du Bac ebenfalls um die Ecke. Es gibt zahlreiche dieser Boutiquen, unter anderem die auf den Champs-Élysées. Wer allerdings in Ruhe aussuchen möchte, dem empfehle ich neben der Rue du Bac die beiden Geschäfte in der Rue Vavin Nummer 26 und Nummer 14, rue Sévigné im 5. Arrondissement.

Alle die von mir angegebenen Adressen sind ansprechende Boutiquen, voll von jungen Frauen und einigen Männern, die nach den neuesten Trends Ausschau halten.

Im Marais, in der Nummer 16, rue Turenne – mit einem gemieteten Fahrrad lässt sich bequem dort hinradeln – hat Juliette Swildens ihre Boutique im romantisch-rockigen Stil. Juliette scheint den richtigen Riecher für jeden Trend zu haben und zieht Frauen von 15 bis 65 an. Sie führt auch die unwiderstehliche schmal geschnittene Lederjacke. Viele meiner weiblichen Bekannten haben ihre Lederjacke bei Swildens erstanden.

Verlassen wir nun das 4. Arrondissement und bewegen uns Richtung 1. Arrondissement. Ein witzig aufgemachtes Modegeschäft ist das »Journal Standard de Luxe«. Sollten die weiten Kaschmirpullis, die ausladenden Jacken aus gekochter Wolle und die Pashmina-Tunika nicht zusagen, so flaniert man zumindest durch die animierte »Galerie de Montpensier« am Palais Royale und kann Design und Dekor der aparten Geschäfte auf sich wirken lassen. Viele haben sich nämlich in den uralten Mauern des ehemaligen Palais Royales niedergelassen, und ihre Interieurs erinnern an Kellergewölbe, in die riesige Vitrinen eingelassen wurden. Sehenswert.

Kleiner Tipp am Rande: Hoch geschätzt wird es, wenn der Eintretende grüßt, was in der Tat nicht häufig ist. Warum die amerikanischen, russischen und deutschen Käuferinnen oft so mürrisch schauen und nicht Guten Tag sagen, fragte mich eine meiner Freundinnen, die selbst eine Pariser Boutique besitzt. »Weil sie es nicht gewohnt sind!«, antwortete ich umgehend. Sie sah mich verdutzt an und ich erklärte: »Die meisten Besucherinnen kommen aus Kleinstädten oder ländlichen Gegenden. Modeboutiquen sind selten, außerdem schrecken ihre Preise die Normalverbraucherin eher ab. Zum Einkaufen, egal, ob Klamotten, Schuhe oder Lebensmittel, geht sie ins Kaufhaus. Da spaziert sie in Gedanken hinein und peilt den ersten Wühltisch an. Sagst du Guten Tag, wenn du ein Kaufhaus betrittst?« Meine Freundin verneinte. »Na, siehst du! Jetzt weißt du, warum amerikanische oder deutsche Kundinnen nicht Guten Tag sagen.«

Weil die Edelboutique trotz hoher Preise eine Pariserin nicht erschüttern kann und Voyageure nicht erschüttern darf

Werfen wir noch einen kurzen Blick in die Edelläden. Hier geht es ruhiger zu. Alleine der Spaziergang in der Avenue Montaigne oder in der Rue du Faubourg Saint-Honoré ist ein Vergnügen. Die Avenue Montaigne hat breite Gehwege, ihre Edelboutiquen sind geräumig und klimatisiert. Manche, wie zum Beispiel Dior und Chanel, duften nach dem neuesten Parfum der Hausmarke. Die Umkleidekabinen laden zu gemütlichem Tratsch auf Louis-XV.-Sesseln oder Sofas ein. Solch großer Aufwand schlägt sich natürlich in den Preisen der Klamotten nieder. Für ein Chanel-Kleid blättert man leicht 3.000 Euro hin und selbst die berühmten Ketten im Stil der Coco Chanel kosten über 1.000 Euro. Das kann manch einen erbleichen lassen. Jean-Baptiste Colbert, erfolgreicher Finanzminister unter dem Sonnenkönig, sagte dazu: »Die Mode ist für Frankreich das, was den Spaniern die Goldminen in Peru sind.« Selbst die Pariserin kauft dort nur selten ein. Hin und wieder lässt sie sich inspirieren oder hat einfach nur Freude an den schönen Dingen, die in einem schönen, sehr luxuriösen Rahmen präsentiert werden. *Le chic fabriqué à Paris* ist simpel und nicht teuer. Die Basisklamotten sind: Trenchcoat, Herrenblazer, Lederjäckchen, Jeans, ein paar anliegende Pullis in dunkler und heller Farbe, Tops und natürlich die passenden Schuhe.

Die hohen Preise der eleganten Läden sollte der Voyageur nicht fürchten, sondern in eine First-Class-Boutique gehen und genießen – oder die Nase rümpfen. Ganz wie es ihm beliebt. Teilweise sieht man Unglaubliches und denkt, man sei auf dem Mond, in der Sahara oder in der Zukunft gelandet. Der französische Chansonnier und Komiker Pierre Perret sagte: »Dank Pierre Cardin hab ich begriffen, dass man aus einem Sessel einen Hut machen kann.«

Es ist auch abenteuerlich zu sehen, mit welchem Glitzern in den Augen sich Japanerinnen, Russinnen, Amerikanerinnen und überhaupt alle Modeopfer auf die Taschen bei Louis Vuitton stürzen. Als die amerikanische Freundin meiner Mutter die neuesten Vuitton-Kreationen fotografieren wollte, da sie keine kaufen konnte, rannte fuchtelnd ein Angestellter herbei. »Forbidden, forbidden!«, rief er kreidebleich, wobei seine Höflichkeit einen leichten Knacks bekam.

Betrachten wir die drei bekanntesten Modehäuser etwas näher, dann wird uns klar, warum deren Schöpfer Pioniere waren.

Coco Chanel gab der Frau eine neue Silhouette. Sie verbannte ihre umständliche Toilette zugunsten bequemer und gleichzeitig eleganter Kleidung. Sie schuf den Stil für die wohlhabende Frau der 1920er-Jahre, die flott und beschwingt durch die Stadt eilt und statt in Pferdekutschen in Autos und Straßenbahnen steigt. Chanel-Kostüme und -Kleider sind Klassiker wie die Arien von Mozart. Sie können von Jung und Alt getragen werden, haben schlichte Schnitte und kleiden jede Frau, ob sie nun sehr schlank ist oder einige Rundungen zu viel hat. Ein Chanel-Blazer verliert genauso wenig an Attraktivität wie die Mademoiselle selbst. Klein, unscheinbar und im Alter leicht gebeugt, würde sie noch heute alle mit ihrer unvergänglichen Eleganz aus dem Rennen werfen.

Wer Karl Lagerfeld genauer ansieht, begreift, warum er in Cocos Fußstapfen gestiegen ist und nicht in die eines anderen Couturiers. Abgesehen davon, dass ihm Eleganz angeboren ist, er wie Coco Handschuhe trägt und bis zum Hals zugeschnürt ist, sieht er ihr ähnlich. Er könnte ihr Sohn sein. Obwohl er jedes Jahr fantasievolle, ausgefallene Mode vorstellt, bleibt er dennoch der ursprünglichen Chanel-Idee treu: vornehme Silhouette, geschmackvoller Stil, elegante Linie und komfortabel.

Christian Dior gründete sein Imperium 1946 in einer Stadtvilla der Avenue Montaigne. Sie besteht noch heute, wurde mehrfach restauriert und gehört zu den eindrucksvollsten Gebäuden der Avenue. Sie ist nicht zu übersehen. Diors erste Modenschau 1947 revolutionierte die Modewelt anders, als Chanel es tat. Sie schuf den New Look. Christian Dior kreierte *la nouvelle femme*, die neue Frau. Das Dior-Kostüm ist wadenlang, hat eine hohe runde Brust, eine schmale Taille und leicht gestärkte Schultern. Berühmt machte ihn das taillierte Kostüm, *le tailleur Bar*, mit ausgestelltem wadenlangen Rock und sehr zentriertem Jackett. Dazu trägt man Handschuhe, High Heels und einen Hut, der aussieht wie ein Lampenschirm.

Als Fazit könnte man sagen: Coco Chanels Mode befreite die Frau und machte sie selbstbewusster, Diors Mode verabreichte ihr einen Schuss Sex-Appeal, indem er ihre Formen betonte. Deshalb eignet sich Diors Mode meiner Meinung nach auch mehr für schlanke Frauen.

Enfin et surtout, nicht zu vergessen: Meister Yves Saint Laurent war einige Jahre *directeur artistique* bei Dior, bevor er sein eigenes Modehaus gründete. Er kreierte *le smoking*, den Hosenanzug. Sinngemäß soll er am Anfang seiner Karriere gesagt haben, er wünsche, dass sein Name eines Tages in riesigen Lettern über den Champs-Élysées leuchte.

Anlässlich seiner Modenschau der Herbst-Winter-Kollektion 1966 präsentierte er die Eleganz des Smokings für die Frau und ein Jahr später den Hosenanzug. Was zuvor keiner für möglich gehalten hatte – Frauen trugen bis dahin Hosen nur in der Freizeit oder für Gartenarbeiten –, Yves Saint Laurent machte es möglich: Die Hose wurde salonfähig. Heute hängt der Smoking Saint Laurents im Kleiderschrank jeder modebewussten Pariserin. Die betuchte Pariserin hat den »echten«, die weniger betuchte kauft die Imitation bei »Zara« oder »The Kooples«.

Saint Laurents Modeschlösschen in der Avenue Marceau ist mittlerweile leer, aber YSL-Teile sind noch in diversen Boutiquen zu haben. An der Place Sulpice Nummer 6, in der Rue Faubourg

Saint-Honoré Nummer 32 und 38. Seine Taschen gibt es in der Rue de Grenelle. Wer den Couturier mag, dem empfehle ich den Film *Yves Saint-Laurent* mit dem begnadeten Schauspieler Pierre Niney von der Comédie-Française als Yves Saint Laurent.

55. GRUND

Weil man an einem einzigen Tag auf dem Melrose Place und am Saint-Germain-des-Prés shoppen kann

Ich habe in einem Bistro ein Glas Champagner getrunken und bin topfit, die Rue de Rennes zu überqueren. Ich begegne unzähligen Modegeschäften: zunächst »NAF NAF«, »Zara«, »Guess« und »The Kooples« auf der Rue de Rennes, »Sandro« am Ende der Rue du Four, und in der Rue du Vieux-Colombier der Lederedelmarke »Longchamps«. Der Boulevard Saint-Germain beherbergt eine Liste von Designer-Boutiquen, unter anderem »Sonia Rykiel«, »Zadig&Voltaire«, »Armani«, das dreistöckige Modeschlösschen von Ralph Lauren mit Terrasse für hungrige Weltenbummler und den Shop »BCBG Max Azria«. Er führt auch Cocktail-Kleider und ist sehr beliebt bei Müttern und Töchtern der »guten, alten« französischen Familie. Die Abkürzung »BCBG« (*bon chic, bon genre*, Schick aus guter Kinderstube) drückt es aus.

In der Rue du Dragon wird es billiger und enger. Rauchend stehen die Verkäuferinnen an der Eingangstür ihrer winzigen Läden und angeln mit Grußworten oder einem breiten Lächeln nach Kundschaft. Ich gehe weiter die Gasse hinunter an Yves-Saint-Laurent-Taschen und Tod's-Schuhen vorbei, zur Rue de Sèvres. Sie präsentiert die Marken Tiffany, Tanneur, Hermès sowie einen originellen Buchladen.

Richtung »Le Bon Marché« stoße ich auf die Parfümerie »Guerlain«, auf das Schuhhaus »Jonak«, auf einen Laden mit Sonnenbrillen und Klamottengeschäfte in allen Variationen: Strick, Samt, Seide, Leinen, Lappen, Schreckliches und Schönes unterschiedlichster Marken.

In all den bisher genannten Läden findet die Pariserin alles, was sie benötigt, um *lookée* zu sein: die aktuellen Jeans, die coolen Tops, Pullis, Blusen oder Jacken, die passenden Schuhe und die schicke Sonnenbrille. *Être looké* ist ein Muss für alle, die nach etwas aussehen und auf wohlgefällige Art auffallen wollen. Man erreicht es mit gutem Geschmack und den konvenablen Accessoires. Das *fille lookée* oder die ältere *dame lookée* unterscheidet sich von der *plouc*, der hochgestylten Provinzschönheit, durch Vornehmheit, Eleganz, Klasse. Betuchte oder reiche *ploucs* aus den USA kleiden sich gerne bei »Edward-Edward«, 43, rue de Sévres, ein. Der Laden schießt den Vogel ab. Er ist das i-Tüpfelchen auf dem Wörtchen »unbelievable«, unglaublich.

Um die Innenausstattung des Geschäftes hat sich Edward Achour sorgfältig gekümmert. Weiß und vornehm, graziöses Treppchen in den Modehimmel. Das Konzept des Designers heißt »Pariser Chic meets California Glamour Rock«, worunter Folgendes zu verstehen ist: Audrey Hepburn trifft Marilyn Monroe. Fünfzigerjahre-Stil der Häuser Chanel und Dior locken das lachende Sunshine Girl der Strände Kaliforniens an.

Ein Blick hinein lohnt sich. Aber nicht ohne Kreditkarte. Oder ein pralles Portemonnaie. Von jedem Teil gibt es nur fünf Exemplare. Sind die ausverkauft, werden sie nicht nachgefertigt, dafür durch neue Modelle zum selben Thema ersetzt. Ein fetziges Geschäft und die Verkäufer sind ganz reizend. Als ich mit Hündin und leuchtendem Blick das schöne Angebot näher betrachten wollte, fragte der Verkäufer (vielleicht war es Edward persönlich): »Darf ich so lange Ihren Hund halten?« – »Aber gerne!«, antwortete ich höflich und dachte unhöflich: Nur, wenn du den Mund hältst und mir nichts aufschwätzen willst, denn deine Mode ist zwar witzig, aber überhaupt nicht mein Geschmack.

Für Theaterabende, Abendgesellschaften, It-Partys, schrille Geburtstagsfeste oder einen schicken Nachmittag im *salon de thé* vom Hotel »Ritz« oder »Crillon« findet man hundertprozentig ein Outfit.

Doch nun vom 6. Arrondissement rasch zu den Modemeilen der anderen Viertel: Lederbekleidung zum Einkaufspreis gibt es in den Läden rund um die Metrostation »Sébastapol-Saint Denis«. Die Rue de Rivoli in der Höhe des Pariser Rathauses lockt mit Billigshops und Billigware. Nördlich, parallel zur Rue de Rivoli, und weiter nach Osten verläuft die Rue des Rosiers. Eine ebenso schicke wie sehr animierte Einkaufsstraße. Eilt der Voyageur Richtung Westen in die Rue de Richelieu, trifft er vielleicht mich. Dort wohnte ich bereits zwei Jahre und habe sämtliche Boutiquen inspiziert. Empfehlenswert. Unbedingt empfehlenswert, weil teilweise anachronistisch und schräg, allerdings teuer. Das mag an der Klientel liegen. Die Edelhotels spucken natürlich kaufkräftige Kunden aus, die in der naheliegenden Rue du Faubourg Saint-Honoré Tageskleider für 5.000 Euro kaufen und Herrn Lagerfeld Guten Tag sagen.

Die Geschäfte der Avenue de l'Opéra gleich um die Ecke präsentieren in ihren Auslagen viel Tand. Schlechte Qualität zu erhöhten Preisen. Auch das mag an der Klientel liegen. In den Seitenstraßen haben sich günstige Hotels niedergelassen, in denen wiederum Herr Normalverbraucher absteigt. Deshalb rate ich: Den Blick stur geradeaus auf die Oper lenken, sie bewundern und seitlich an ihr vorbei in die nördliche Sphäre der Stadt vordringen. Dort lauern die »Galeries Lafayette« und Kaufhaus »Printemps«. Beide werfen ihre Spinnennetze über die Passanten und ziehen sie unwillkürlich hinein. Einmal innen angelangt, streben Menschen wie ich sofort zum rückwärtigen Ausgang, wenn sie den Massenbetrieb und die endlosen Schlangen vor den Chanel-, Vuitton- und Dior-Ständen ätzend finden. Andere wiederum dürfen sich stundenlang aufhalten und nebenbei die gigantische Kuppel, ein Kunstwerk des 19. Jahrhunderts, bestaunen.

Weil es Spaß macht, die echte Pariserin im Heer der Casual-Passanten zu erkennen – das Paris-Quiz

Die Pariserin zeichnet sich nicht durch teure Kleidung oder die neueste It-Bag aus. Sie lässt sich einen Stil nicht aufzwängen. Sie hat ihn. Sie fühlt sich nicht als Fashion *victim*, obwohl sie sich für Mode interessiert und auf dem Laufenden ist. In die Fallen der Trends tappt sie nicht, weil sie selbstbewusst ist und sich letzten Endes selbst für die bessere Stylistin hält. Sie hat Spaß an der Mode, spielt mit ihr, amüsiert sich ständig mit ihr, ohne dabei Eleganz und ihren sicheren Geschmack zu verlieren. Man muss nicht in Paris geboren und aufgewachsen sein, um Stil zu erlangen. *»Le style fait tout«*, behauptet Diana Vreeland, *»c'est une manière d'être. Sans style on n'est personne.«*[9] (Stil ist alles ... Er ist eine Lebensweise. Ohne Stil ist man niemand.) *Fabriqué à Paris* ist ein *état d'esprit*, ein Geisteszustand.

Die Pariserin befolgt einerseits die Regeln und verletzt sie andererseits. Sie hält sich für unanfechtbar, für modisch absolut sicher. Das macht unter anderem ihren Charme aus.

Hier einige Geheimnisse der echten Pariserin:

- *Sie vermeidet den Total-Look: Tasche und Schuhe unterscheiden sich in Design und Marke. Bluse, Rock und Hose kauft sie nicht im gleichen Geschäft. Ihr Ziel: Stile und Marken mischen, aber geschmackvoll.*

- *Sie ist anti-bling: Carla Bruni-Sarkozy ist zwar Italienerin, hat aber den sicheren Stil der Pariserin. Diskret, elegant und sehr anti-bling. Sie will nicht protzen, sie will nicht reich wirken. Alles, was kilometerweit glitzert und mit gigantischen Logos der Edelmarken gestempelt ist, meidet sie. Ihr Luxus definiert sich durch Qualität, guten Geschmack und nicht dadurch, eine Rolex, mehrere Brillantringe und eine Hermès-Tasche zu tragen. Selbst wenn sie dies alles besitzt, so zeigt sie es nur in Maßen.*

- *Die Pariserin ignoriert Idole. Sie ist sich selbst Ikone genug. Die Pariserin vermeidet alles, was sie als Fashion victime entlarven könnte. Was alle Welt im Moment trägt, will sie nicht tragen, gleichzeitig bekundet sie durch ein Detail, dass sie durchaus weiß, was trendy ist. Nehmen wir zum Bespiel an, dass Leopardenmuster angesagt ist. Die Pariserin wird sich niemals Blusen, Röcke oder Blazer im Leopardenmuster kaufen, sich es hingegen aber nicht nehmen lassen, ihrem schwarzen Outfit durch Leoparden-gemusterte Ballerinas oder ein Abendtäschchen eine trendige Note zu verleihen.*

- *Sie denkt beim Einkauf nach, achtet auf Qualität und kauft nicht im Zehnerpack ein. Ihr Motto: Besser ein aufgelockerter, übersichtlich geordneter Kleiderschrank als einer, der aus allen Nähten platzt. Lieber fünf edle Kaschmirpullis als 50 von schlechter Qualität.*

- *Eine Pariserin fühlt sich immer wohl in ihrer Haut, ob sie High Heels trägt oder flache Schuhe. Wie ist das möglich? Wo liegt ihr Geheimnis? Die Antwort ist simpel: Es liegt im Stil. Wer seinen Körper kennt, weiß, was ihm steht und was seinem Lebensstil entspricht. Er hat seinen Stil gefunden und fühlt sich damit wohl.*

Vielleicht werden sich einige Leser fragen, warum das, was ich hier auflíste, ein Grund sein soll, Paris zu lieben. Die Antwort ist ebenso simpel wie die vorherige: weil die Pariserin zu Paris gehört wie der Eiffelturm oder der Louvre. Und wer reist schon nach Paris und würdigt den Eiffelturm keines Blickes?

Zum Schluss noch ein paar Modetipps für alle, die Spaß an der Mode haben und sich etwas mehr elegant rockigen Paris-Chic ins Alltagsleben wünschen.

1. *Eine Jeans trägt man mit modischen High Heels oder Glitzersandalen und nicht mit Turnschuhen.*

2. *Ein enges Kleid wirkt mit Ballerinas oder edlen, nicht allzu hohen Schuhen elegant, kann hingegen hochhackig getragen eher vulgär wirken.*

3. *Ein Paillettenpulli passt besser zu Männerhosen als zu einem Rock.*

4. *Ein Diamantencollier zum schwarzen Kleid gehört in die Rubrik »reiche Witwe«. Dafür passt es umwerfend zu einer Jeansbluse.*

5. *Eine Perlenkette verleiht einem T-Shirt Glamour, während sie zu einem schwarzen Kleid tantenhaft wirkt.*

6. *Ein Smoking mit edlen Turnschuhen verrät rockige Eleganz. In hohen Hacken kommt die femme fatale.*

7. *Und ein gemustertes Musselinkleid darf nur zu ausgelatschten Motorradstiefeln getragen werden, aber ja nicht zu nagelneuen Ballerinas.*

Weil die Fashion Week einen nicht zum Fashion *victime* machen muss

Zweimal jährlich lockt die Fashion Week in Paris Promis aus allen Teilen der Welt an. Sie sitzen in den ersten Reihen und bestaunen die Kreationen der bekannten Designer. Neugierig mustern sie die Schöpfungen der Newcomer. Mag ein Model noch so skurril sein, man klatscht, tauscht sich aus und feiert die Fantasie des Modekünstlers. Denn das, was der Haute-Couture-Designer uns vorstellt, sind ja nicht Klamotten von der Stange, es sind Kreationen, Kunstwerke. Die Haut-Couture-Modeschauen sind wie Vernissagen. Sie zeigen Kunst. Deshalb ist es auch lächerlich, beim Betrachten von beispielsweise Jean-Paul-Gaultier-Modellen entsetzt aufzuschreien und zu rufen: »Meine Güte, wer soll denn diesen Schwachsinn anziehen?« Um das Tragen geht es bei Haute Couture letztendlich nicht mehr. Manche Modelle eignen sich für Anlässe wie die Filmfestspiele in Cannes und Deauville oder für ausgefallene Feste. Keiner kommt auf die Idee, in Gaultier oder Christian Lacroix seinen Hund auszuführen. Auch Catherine Deneuve nicht, die mir an einem späten Abend auf der Place Saint-Sulpice mit ihrem Hund begegnete. Madame Deneuve trug ein schlichtes Cape, grüßte freundlich und gestattete es meiner Hündin, ihren Vierbeiner zu beschnüffeln.

Parallel zu den High-Class-Defilees existiert seit den frühen 1960er-Jahren die Prêt-à-Porter, die Ready-to-wear-Modenschau. Damit sind die Kleider von der Stange gemeint – etwas lässig ausgedrückt.

Nicht immer wurde Mode an lebenden Modellen vorgeführt. Charles Frederick Worth ist der Vater der Haute Couture. Er zeigte zum ersten Mal Modelle an lebenden Frauen. Zuvor waren es nur Puppen. Ähnlich den Puppen wirkten die vorführenden Frauen anfangs gestelzt, dramatisch, arrogant. Sie bewegten sich in Maßen und durchschritten geziert die luxuriösen Salons des Modehauses »Worth«. Eingeladen war nur der Geldadel, um die Modelle teuer verkaufen zu können. Mit Lucy Christina Duff-Gordon, einer Londoner Modeschöpferin, fanden die Präsentationen von Modekollektionen erstmals in Theatersälen statt und die Gäste variierten. Allmählich verlor die Gangart der Models an Steifheit und Ernst. Hintergrundmusik lockerte die Atmosphäre auf. Dennoch blieb das Ereignis künstlich, theatralisch und reichen Kundinnen vorbehalten. Bis aus den Modepräsentationen richtige Shows wurden, musste man die 1960er-Jahre abwarten. Die Idee, Mode für alle vorzustellen, hat viel dazu beigetragen. Die Haute Couture alleine konnte sich nämlich kommerziell nicht behaupten. 1958 wurde die erste Prêt-à-Porter-Schau gestartet und im Zeitraum von nur zehn Jahren betraten talentierte junge Couturiers die Bühne der Welt und veranstalteten Modeschauen in New York, Mailand, Paris. Unter ihnen befanden sich André Courrèges, Paco Rabanne, Yves Saint Laurent, Giorgio Armani und Ralph Lauren. Sie zogen einen Schlussstrich unter die braven Vorführungen ihrer Vorgänger. Sie machten aus der schlichten Modepräsentation ein Spektakel. Wie ihre Mode sollte auch die Vorführung ihrer Mode sein: innovativ, provokant, aufrüttelnd. Ihr Ziel war es und ist es noch, so attraktiv wie möglich zu sein, so viele Menschen wie möglich auf sich aufmerksam zu machen, Zeitungen, Zeitschriften, Film und Fernsehen zu aktivieren, Träume und Illusionen zu produzieren. Seinen Durchbruch als Spitzenglamour-Supershow gelang dem Defilee mit Jean-Paul Gaultier in den 1980er-Jahren. Zuvor verwendete man wenig Spezialeffekte, die Musik blieb eher diskret. Doch jetzt führte Jean-Paul Gaultier Regie. Seitdem kennt die Show fast keine Grenzen mehr. Nur hin und wieder kehrt sie zu Schlichtheit zurück.

Modeschauen werden in Paris immer *en vogue* sein, ob ausgeflippt oder brav. Sie gehören zum Pariser Lebensstil. Und wer nicht persönlich dabei sein kann, verfolgt sie unwillkürlich im Internet, Fernsehen oder in Zeitschriften. Sie gehören zu Paris wie die Pariserin und gehören deshalb auch in die Liste der Gründe, Paris zu lieben.

58. GRUND

Weil Paris eine der wenigen Städte ist, in denen das Accessoire noch König ist

Dementsprechend ist es wohl auch verständlich, wieso es in Paris so viele Geschäfte für Taschen, Schuhe und Handschuhe gibt. Leider finden sich immer weniger Schirm- und Stockgeschäfte. Ein Jammer, dass die ausgefallenen Läden zugunsten von Massenartikeln jeglicher Couleur aus dem Ring steigen müssen. Die hinreißende Stock-und-Schirm-Boutique in der Nummer 218, Boulevard Saint-Germain hält sich mit Mühe aufrecht. 1834 gegründet, verkaufte sie fast 180 Jahre lang edle Stöcke und Schirme für die eleganten Pariser und Pariserinnen. Hergestellt wurde das Material in der Auvergne. 2002 übernahm die Designerin Alexandra Sojfer die Führung und verpasste ihrer Ware einen luxuriösen Touch. Haute-Couture-Schirme mit Swarovski-Kristallen, Applikationen und Knäufe aus edlem Holz. Alles wird im Atelier nebenan handgefertigt. Natürlich wird man sich dort nicht mit einem Knirps begnügen können. Die Schirme kann man nicht falten, meistens sind sie groß und deshalb ein wenig umständlich. Dafür sind sie so schön und originell, dass man sich bestimmt verführen lässt. Bei »Madeleine Gély« findet man den Schirm fürs Leben. Und nicht wundern, wenn man auf der Straße angesprochen wird: »Wo haben Sie denn dieses tolle Stück gefunden?«

In der Rue de Rennes 59 im 6. Arrondissement eröffnete vor knapp zwei Jahren der italienische Handschuh-Designer JB Guanti seine Boutique. In seinen beiden Geschäften in Venedig reißt man ihm seine Handschuhe aus den Schubladen. Er gehört zu den Könnern in Sachen Handbekleidung unserer Zeit. Dass er für die Eröffnung einer Filiale im Ausland zuerst Paris gewählt hat, wundert nicht, denn nirgends trägt man so gerne Handschuhe wie in Paris. Selbst im Sommer begegnet man Damen, die ihre Hände mit zarten gewobenen oder gehäkelten Stoffen bekleiden, die wie ein kaum spürbarer Schleier auf ihrer Haut liegen oder Haut durchscheinen lassen, aber gleichzeitig Unebenheiten kaschieren. Der Lederhandschuh ist für den eleganten Pariser unerlässlich und das Wetter ist dabei nur zweitrangig. Ob mit Kaschmir oder Seide gefüttert, ob klassisch zeitlos oder ausgeflippt fantasievoll – er wird getragen. Dabei achtet der Pariser auf Qualität, denn nichts ist unangenehmer als eine schweißgebadete Hand oder ein Stoff, der Juckreiz verursacht.

Was Qualität betrifft, geht man beim Handschuhspezialisten Veber auf Nummer sicher. Ob es sich um Ziegen-, Schafs- oder Hirschleder handelt, Veber bezieht es von gediegenen französischen und italienischen Anbietern. Der Großteil seiner Ware wird im eigenen Atelier handgefertigt. Von jedem Modell existieren nur zehn Ausgaben pro Größe, weshalb sie einzigartig bleiben. Massenproduktion überlässt der Handschuhmacher Veber den Kaufhäusern. Sein erstes Geschäft eröffnete er 1937 in Cannes, aber so weit braucht der Voyageur nicht zu reisen, um ein Paar Handschuhe aus Leder, bunter Wolle oder Baumwolle, bedruckter Seide oder feiner Spitze zu erstehen. Er spaziert einfach durch die Rue Saint-Honoré und macht vor der Nummer 260 halt. Die »Maroquinerie Veber« hat im Oktober 2011 hier eröffnet. Noch werden Kunden mit großer Freundlichkeit empfangen. Zu hoffen ist, dass es so bleibt.

Zum Schluss noch zwei Sätze zur Boutique »Causse« in der Nummer 12, rue de Castiglione. Jackie Kennedy trug Handschuhe von »Causse«. Alles, was dort für die Handbekleidung zu kaufen ist, wird in der französischen Region Millau hergestellt. Das Leder wird in den Ateliers erfahrener Gerber und Lederspezialisten verarbeitet.

Unter den zeitlos eleganten Stil mischt sich hin und wieder ein nietenbeschlagenes Handschuhpaar. Auch vor dem Handschuhmacher »Causse« macht der Trend nicht halt.

59. GRUND

Weil Voyageure in Paris auf jeden Fall gut »behütet« sein können

Vielleicht ist der Oldie *Souvenir, Souvenir!* bekannt. Falls ja, dann darf bei einem Streifzug durch Pariser Boutiquen zu dieser Melodie getrost »Accessoire, Accessoire« gesungen werden. Schals, Ketten, Ohrgehänge, Hüte, Haarreifen, Haarspangen – man findet sie überall und in großen Mengen. Da jede Boutique eine üppige Auswahl von Schmuck und Schals anbietet, widme ich mich hier insbesondere dem Hut-Shop.

In vielen Geschäften kommt der Hut zu kurz – und das ist jammerschade –, deshalb ist es gut, dass es Hutgeschäfte gibt. Der Voyageur ist eingeladen, mit mir an dieser Stelle ein paar Tränen wegen des Verschwindens eines absolut knackigen Stores in der Rue Daguerre zu vergießen. Jahrelang bezog unsere Familie ihre Hüte von dort. Es ist unnötig, den Namen der hinreißenden Boutique zu nennen, da sie ja nicht mehr in Paris existiert. Soweit ich informiert bin, ist die gesamte Hutmacherfamilie nach Nizza oder Cannes gezogen. Ist auch die Erwähnung des Namens unnötig, so möchte ich dennoch ein paar Worte zu den Inhabern verlieren. Der Chef hatte einen Bart wie Rübezahl, und man kann sich heute gut vorstellen, dass er manchmal wütend daran gezogen hat, weil sein Geschäft in den letzten Jahren nicht mehr so gut lief. Familienmitglieder berieten ihre Kunden sehr kompetent. Jeder fand die richtige Kopfbedeckung. Und da die Auswahl gigantisch war – gigantisch ist noch zu milde ausgedrückt –, musste man blind oder böswillig sein, um nichts zu finden. Bis unter die Decke waren die Regale mit allen erdenklichen Sorten von Hüten, Mützen, Panamas und Baretts gefüllt. Schade, dass unsere Familie sich nicht völlig eingedeckt hat, als es den Laden noch gab, denn die aktuellen Stores können – bis auf drei, die ich hier vorstellen möchte – diesem außergewöhnlichen Geschäft nicht das Wasser reichen.

Marie Mercié, 23, rue Saint-Sulpice, führt momentan die feinste *chapellerie*. Die Modistin ist im Trend, ausgesprochen freundlich und sprüht vor Ideen. Ihre reichhaltige Auswahl an ganz ungewöhnlichem Kopfschmuck verrät ihre Fantasie und die schöne, helle Boutique zeugt von ihrem Sinn für Dekoration und Verlockung. Die Welt von Marie Mercié ist farbenfroh, heiter und charmant. Ihr breit gefächertes Angebot bietet etwas für jeden Geschmack. Wer viel Zeit und etwas Geld mit nach Paris bringt, kann sich aber auch einen Hut nach Maß anfertigen lassen und wird nicht enttäuscht sein. Marie hat den Blick. Sie sagt ohne Umschweife, aber diplomatisch, ob ein Hutgesicht existiert. In erster Linie geht es ihr um die Freude und Zufriedenheit des Kunden und nicht um den Verkauf (jedenfalls macht sie diesen Eindruck). Sie wird keinesfalls einen Hut aufschwatzen, der nicht gut kleidet, aber gut gefällt. Lieber berät sie und ermutigt dazu, unterschiedliche Modelle auszuprobieren und sich von allen Seiten zu begutachten. Denn wie sagte so treffend Christian Dior? »*Ce qui compte dans un chapeau, c'est le profil.*« (Was bei einem Hut zählt, ist das Profil.)

Entscheidet man sich am Ende für einen Hut, der billiger ist als der ursprünglich anvisierte, nimmt es Marie Mercié überhaupt nicht übel (es scheint zumindest so). Die Freude und Zufriedenheit des Kunden ist Maries Freude.

Ganz im Norden von Paris, in der Nummer 59, Boulevard Barbès, empfängt Sie die *chapellerie* »Julias« in ganz anderem Ambiente. Man könnte es kunterbunt, ausgelassen und ein wenig chaotisch nennen, denn hier kann man Stunden zubringen und sich dabei amüsieren, ehe man den richtigen Schmuck fürs Köpfchen findet. Es gibt meterweise Regale voller Baretts und Hüte für Damen und Herren, zahlreiche Ständer mit Baskenmützen, Panamahüten, Hauben, Schildmützen, originellen Kreationen und nicht zu vergessen: die Ecke für festliche Anlässe wie Hochzeiten, Beerdigungen und Pferderennen. Die Sonnenhüte machen besonders Laune mit ihren Schleifen, Knoten, großen Krempen, mal aus luftdurchlässigem Bastgeflecht, mal aus duftiger Baumwolle. Es macht Spaß, dort zu stöbern, und am liebsten würde man sich gleich mit zehn verschiedenen Modellen eindecken. Am besten fürs ganze Jahr, denn in jeder Saison kann man chic behütet sein. Gegründet wurde das Putzmachergeschäft 1904 und kann mittlerweile auf drei Generationen Putzmacherinnen zurückblicken. Die Chefin ist sehr charmant, die Verkäufer freundlich und zurückhaltend, die Beratung diskret bis gleichgültig. Wer schnell zu einer originellen Kopfbedeckung kommen will, keine gut gemeinten Ratschläge braucht, dafür lieber einen dazu passenden Schal, ein Paar Handschuhe, einen flotten Regenschirm oder eventuell einen pfiffigen Spazierstock, dem empfehle ich diese Boutique.

»A la Recherche de Jane«: Auch ein wunderbarer Laden in Saint-Germain-des-Prés. Ihre Spezialität sei es, Turbane und Bänder kunstvoll ums Haar zu drapieren, behauptet die Inhaberin Evelyne. Schon Simone de Beauvoir habe bei ihr den richtigen Turban gefunden. Ich war ganz begeistert von Evelynes Fertigkeit und vor allem von ihrer Argumentation: Eine schlechte Frisur, schlappes oder ungewaschenes Haar wird durch einen Turban kunstvoll verdeckt, der auch gleichzeitig den Kopf verschönt. Angefangen mit der Putzmacherkunst habe ihr Großvater, der angeblich schon für Trotzki arbeitete. Ihre Großmutter und ihre Großtanten hatten ein Hutgeschäft und fertigten gleichzeitig Blumengestecke und Federschmuck für das Casino de Paris an. Evelyne ist der Meinung, ein Hut gebe einem Menschen das gewisse Etwas, Selbstsicherheit und Chic. *Die Hüte für Frauen und Männer in Paris, um sich in seiner Haut wohlzufühlen!* (So steht es auf ihrer Website.) Dementsprechend ermutigt sie ihre Kunden ständig zur Hutmode, und das mit ausgezeichnetem Sachverstand. Tatsächlich stellt man sich angesichts des originellen Angebots unwillkürlich die Frage, warum alle Welt stets auf die banale Schildmütze zurückgreift, wobei es so schmucke Kopfbedeckungen gibt. Besonders im Laden »A la Recherche de Jane«, was übersetzt »Auf der Suche nach Jane« bedeutet. Ob hier Tarzans Jane gemeint ist? Ich konnte es nicht in Erfahrung bringen.

Jeder Eintretende wird mit einem »Herzlich willkommen« begrüßt, denn er soll sich in der Boutique so entspannen, als käme er an seinem Urlaubsort an. Die Wahl des Hutes erlaubt ihm, in eine neue Haut zu schlüpfen und ein neues Lebensgefühl zu bekommen. »Life is not about finding yourself – it is about creating yourself.« (Es geht im Leben nicht darum, sich zu finden, sondern sich zu erfinden.) Dieser Satz von George Bernard Shaw ist das Leitmotiv der Boutique in der Nummer 41, rue Dauphine.

 60. GRUND

Weil die It-Bag kein Must-have ist

Die Pariserin braucht keine Tasche von Chanel oder Louis Vuitton, um zu zeigen, wie modebewusst sie ist. Und weil die *voyageuse* sich gerne am Pariser Chic orientiert, ist auch das ein Grund, die Stadt zu lieben. In puncto Mode gilt hier: *Absolument cool* und immer ein wenig Rock.

Jérôme Dreyfuss in der Rue Jacob zum Beispiel kreiert Taschen, die großen Erfolg haben, weil sie erschwinglich, fröhlich und praktisch sind. In ihrem Inneren hat alles Platz, ohne verloren zu gehen. Schlüssel, Taschenlampe, Geldbeutel, Karten, Schminkbeutel:

Jedes Utensil ist gut aufgehoben. Sie heißen »Billy« und tragen statt Louis Vuitton oder Chanel den Aufdruck: »agri-couture«. Abgeleitet vom Wort *agriculture*, pflanzlicher Anbau, bedeutet »agri-couture« pflanzliche Herstellung. Jérôme lässt auf pflanzlicher Basis gerben. Es macht Spaß, zuerst durch das luxuriöse Geschäft von Louis Vuitton in der Rue Bonaparte, gleich neben dem »Les Deux Magots«, zu spazieren und die zweifellos schönen, aber extrem teuren It-Bags zu bewundern, um dann schließlich zehn Meter weiter bei Jérôme einzukaufen.

Obwohl dieses Kapitel vorwiegend der Tasche gewidmet sein soll, möchte ich die Boutique von Meister Roger Vivier unbedingt erwähnen. Dort führen sie neben Taschen im klassischen Stil auch Schuhe im gleichen Stil. Vor allem die schönen zeitlosen Ballerinas. Bei Roger Vivier haben sie Schleifen. Sie passen zu allem, schmücken jeden Fuß auf diskrete Weise, sind bequem und keinem Trend unterworfen. Zwar trägt auch die Queen of England hin und wieder Ballerinas, aber hoffähig hat sie Carla Bruni-Sarkozy gemacht. Bei Roger Vivier finden man garantiert ein edles Paar nach eigenem Geschmack. Ganz nebenbei lässt sich am feinen Stil der Boutique und anderen Accessoires erfreuen. Dort lassen sich auch High Heels mit Schnallen und Schleifen sowie adrette Handtaschen finden. Ebenfalls mit Schnallen und Schleifen.

Sehr beliebt bei der Pariserin ist die Designerin Vanessa Bruno. Ihr mädchenhafter Stil steht jungen Frauen ganz besonders und eignet sich für die grazile Frau über 50, die zu ihren Falten steht, aber auf Rundungen keinen großen Wert legt, denn *attention*: Vanessa Bruno liebt die tiefsitzende Taille. Deshalb widmen wir uns lieber ihrer *maroquinerie*: Vanessas Shopper machen seit einigen Jahren Furore. Sie sind nicht mehr wegzudenken und fast ein alltägliches Städtebild am Arm der Pariserin. Es gibt sie in den Farben Tee, Algengrün, Fuchsia, Anthrazit, Schwarz und Rose. Preislich liegen sie zwischen 150 und 200 Euro. Allerdings sind sie aus Leinen und nicht aus Leder, wohlgemerkt. Wer einen Shopper aus Leder bevorzugt, der sehe sich den marineblauen mit der Blende aus Pailletten genauer an. Aber auch das Angebot von kleineren Lederhandtaschen ist sehenswert, schlägt problemlos eine edle Dior-Tasche aus dem Rennen und ist preislich viel interessanter. »Le Sac Stevie« kann sich durchaus mit dem Design einer Prada-Tasche messen und kostet weniger als die Hälfte.

KAPITEL 7

Auf den Spuren
der verlorenen Zeit

»Paris ist ein herrliches Schiff beladen mit Verstand.«

Honoré de Balzac

Weil die Rue Saint-Honoré, die Place de la Concorde und die Place de la Bastille schon ganz andere Gesichter gesehen haben

In der Rue Saint-Honoré, dort, wo sich heute die Place du Marché-Saint-Honoré befindet, stand einst ein Jakobinerkloster. Es stammte aus dem 13. Jahrhundert und beherbergte bis ins Jahr 1792 Dominikanermönche – man nannte die Dominikaner damals auch Jakobinermönche. Nach der Stürmung der Bastille im Juli 1789 wurden viele Klöster entweiht und zu Fabriken, Lagerhallen oder Waisenhäusern umfunktioniert. Manches Gebäude fiel auch der Zerstörung zum Opfer. Im September 1792 gründeten die Sieger der Französischen Revolution die Erste Republik und schon bald kam es innerhalb des Konvents – der Nationalversammlung – zu einer Spaltung zwischen dem linken und rechten Flügel. Robespierre war der Kopf der Linken. Er traf sich mit seinen Anhängern regelmäßig in einem Raum des Klosters Saint-Jacobin, der sich fortan Jakobinerclub nannte. Hier wurde die Revolution gemäß Robespierres Vorstellungen konkretisiert und weitergeführt, hier entstanden die großen Ideen eines demokratischen Staates, des freien Menschen und seiner Rechte. Gott wurde abgeschafft und das Höchste Wesen eingeführt. Die intellektuelle Elite des Landes hatte die großen Denker der Aufklärung – Voltaire und Rousseau – studiert und setzte nun deren Theorie in die Praxis um. »Glück ist eine neue Idee in Europa!«, proklamierte der Schriftsteller und Revolutionär Saint-Just.

»Um seine Feinde zu besiegen, braucht man Kühnheit, nochmals und immer wieder Kühnheit!«, rief Danton 1792 auf dem

Nationalkonvent. Leider lief das vielversprechende Unternehmen unter Maximilien Robespierre aus dem Ruder. Er war Präsident des Clubs, Drahtzieher und zeitweise Vorsitzender des Wohlfahrtsausschusses. Wer sich seiner Partei zugehörig fühlte, nannte sich Jakobiner. Vom Jakobinerclub eilten die Männer die Rue Saint-Honoré zu jenem Teil des Louvre-Gebäudes hinunter, in dem sich der Konvent einfand. Damals hieß der Sitzungssaal Pavillon de Flore. Danton, Saint-Just und Marat hetzten meist zu Fuß durch die Gegend, durch die auch Louis XVI. und später Marie-Antoinette gekarrt wurden. Anfangs kamen die Adligen mit der Kutsche aus Versailles, nach seiner Verurteilung rumpelte der König am 21. Januar 1793 im Todeskarren durch die Rue Faubourg-Saint-Honoré, in der heute die teuersten Boutiquen der Stadt ihren Sitz haben, zum Richtplatz auf der Place de la Revolution, die sich heute Place de la Concorde nennt. Nur 100 Meter vom derzeitigen Hotel »Crillon« entfernt, fielen die Köpfe. Diese Stelle des Platzes, über den heute Blechlawinen rollen, war mit Blut getränkt. Am Ende der Rue Royal, dort, wo heute die majestätische Kirche La Madeleine in den Himmel ragt, wurden die Rümpfe von Ludwig XVI., Marie-Antoinette und vielen anderen Blaublütigen begraben. Nicht immer fanden die fehlenden Köpfe zu den passenden Rümpfen zurück.

Jedem Paris-Besucher ist die Opéra de Bastille ein Begriff. Dem geschichtskundigen Opernbesucher mag während der Aufführung einer Wagner-Oper der Gedanke an die Jahrhunderte vor der Revolution kommen, als dort statt der Oper ein Annex der Festung La Bastille Saint-Antoine, kurz die Bastille, stand. Sie war Waffenarsenal und Schutzburg: Eine riesige Anlage mit Schießscharten und Kanonen, die die Stadt im Osten an der Porte Saint-Antoine verteidigen sollte. Der Hauptteil des Schlosses erhob sich auf der aktuellen Place de la Bastille. In ihrem Zentrum ragt heute »La Colonne de Juillet« empor. Sie erinnert nicht an die Französische Revolution, sondern an die Julirevolution. Diese Revolte brachte wieder einen Bourbonen, Louis-Philippe I., an die Macht, diesmal nicht als König von Frankreich, sondern als König der Franzosen, auch Bürgerkönig genannt. 18 Jahre dauerte seine Herrschaft, dann wurde er durch eine neue Revolte gestürzt und die Zweite Republik entstand.

Durch die Stürmung der Bastille am 14. Juli 1789 brannte die Festung nieder und wurde schließlich ganz zerstört. Die weite Fläche bot sich zum Bau eines Bahnhofes an – La Gare de la Bastilles. Betrachtet man die Fotos dieses Bahnhofes mit den Droschken, die vornehme Passagiere aufnehmen oder abladen, muss man unwillkürlich an Marcel Proust oder Rainer Maria Rilke denken. Lange ist es her. Mehr als 100 Jahre. Doch trotz des lauten Verkehrs, des modernen Ambientes und der Passanten in Jeans und Turnschuhen werden durch eine alte Eingangspforte, ein schiefes Kopfsteinpflaster oder ein Schild mit dem Aufdruck »Hier lebte Rainer Maria Rilke« Bilder der Vergangenheit heraufbeschworen.

62. GRUND

Weil viele Straßen und Plätze aufgeschlagene Bücher sind

Spazieren wir nun nach Osten zum Hôtel de Ville. Auf dem Rathausplatz, der einstigen Place de Grève, starb im Mai 1610 auf grausige Weise Heinrich IV. Wie wir es von den Tudors oder der Inquisition kennen, ging die Obrigkeit nicht sanft mit Straftätern um. François Ravaillac zum Beispiel wurden die Brustwarzen durchgeschnitten, Arme, Beine und Schenkel aufgeschlitzt und in die Wunden siedendes Öl, flüssiges Blei, Teer und Wachs gegossen. Seine Hand, mit der er sein Opfer erstochen hatte, wurde verbrannt. Nach dieser Prozedur, die seine Seele vermutlich schon der Hölle übergeben hatte, wurde er von vier Pferden zerrissen und seine Körperteile wurden verbrannt. Warum die haarsträubende Zeremonie? Weil er

König Heinrich IV. in der Rue de la Ferronnerie mit drei Messerstichen umbrachte. Der präzise Tatort ist dank einer Gedenktafel und einem Vermerk am Boden leicht zu lokalisieren. Es gibt verschiedene Thesen für den Mord. Die eine ist die eines Komplotts der Médicis, denen die protestantische Neigung des Königs ein Dorn im Auge war. Die Ausbreitung des Protestantismus passte den Katholiken in Frankreich ebenso wenig wie denen in England, und die Monarchen fürchteten um ihren Thron. Durch grausame Strafen und fürchterliche öffentliche Exekutionen versuchten Staat und Kirche, den Hugenotten Angst einzujagen, aber die ließen sich nicht einschüchtern. Jahrzehntelang zog sich das blutige Gezanke hin, unterbrochen von scheinheiligen Friedensbündnissen, die ständig gebrochen wurden. Kurz und bündig: Hugenotten waren unbeliebt, das lässt sich an der Bartholomäusnacht deutlich erkennen. »Das Blut floss über die Straßen, als habe es stark geregnet«, soll ein Augenzeuge berichtet haben (vermutlich war es kein Hugenotte). Obwohl in der Nacht 3.000 und bei Massakern in anderen französischen Städten weitere 15.000 Menschen umkamen, waren sie einfach nicht auszumerzen. Um dem Frieden eine Chance zu geben, garantierte Heinrich VI. im Edikt von Nantes den Hugenotten Rechtssicherheit und teilte ihnen sogar Sonderrechte zu. Da standen den Religionsfanatikern natürlich die Haare zu Berge. Hugenotten waren Ketzer, vom Glauben abgefallene Ungläubige. Schließlich trägt die Rückseite der Gedenkmünze Papst Gregors XIII. nicht umsonst die Inschrift: »*Ugonottorum Strages 1572*« (Niedermetzlung der Hugenotten 1572) und zeigt einen Engel mit Schwert.

Was mich an der Sache sehr wundert, ist, dass die fanatischen Katholiken zwölf Jahre verstreichen ließen, ehe sie sich mit einem Attentat an Heinrich IV. für das Edikt von Nantes rächten. Denn erst 1610 wurde Heinrich IV. von Ravaillac um die Ecke gebracht. War es vielleicht doch kein Komplott?

Was soll es uns kümmern? Seitdem sind 300 Jahre vergangen. Die Religionskämpfe sind geblieben, nur haben sie sich ein wenig verlagert, und auf dem Rathausplatz finden statt der blutrünstigen Hinrichtungen Ausstellungen, Events, Konzerte und erstaunliche Begegnungen statt. Das ist auf jeden Fall besser.

63. GRUND

Weil Paris das Mekka der Kunst ist

35 Jahre lebte Gertrude Stein in der Rue de Fleurus Nummer 27. Als ich noch hier wohnte, kam ich auf meinem Weg zum Bäcker Thevenin fast jeden Tag an dem Gebäude mit der schlichten Gedenktafel vorbei. Hier gingen Picasso, Modigliani, Matisse, Cézanne und andere Künstler ein und aus.

1874 in Pennsylvania geboren, pendelte Gertrude Stein mit ihren Eltern und fünf Geschwistern zwischen Pennsylvania, Wien und Kalifornien. Ihr Medizinstudium am Radcliffe College in Cambridge U.S. blieb unabgeschlossen. Stattdessen folgte sie Anfang des 20. Jahrhunderts ihrem Bruder Leo nach Paris und widmete sich der Kunst. Sie begeisterte sich vor allem für das Künstlerviertel am Montparnasse – ebenjenes, dem auch der Maler Renaud entstammt, von dem meine Mutter einige Gemälde erstand. Im Gegensatz zu Mutter hatte Gertrude Stein eine Nase für Genialität und ein Händchen dafür, Genialität zu fördern. Sie wurde zu einer der ersten großen Kunstsammlerinnen. Durch ihre Hände wanderten die schönsten Gemälde der »École de Paris« und gelangten zu namhaften Kunsthändlern. Ihr Salon wurde Treffpunkt der Avantgarde. Künstler der ganzen Welt kamen dort zusammen. Schriftsteller Jean Cocteau, Ernest Hemingway, Francis Scott Fitzgerald und andere. Ein schönes Bild davon pinselt Woody Allen in seinem Film *Midnight in Paris*. Den kann ich als Vorgeschmack auf eine Parisreise nur empfehlen.

In entgegengesetzter Richtung, ziemlich im Norden, in einer Stadt-villa der Rue du Mont-Blanc, hatte Juliette Récamier ihren literari-schen Salon. Bei ihr trafen sich in den Jahren 1797 jene Adeligen, die dem Schafott entkommen oder aus dem Exil zurückgekehrt waren. Die Récamier war für ihren erlesenen Geschmack und ihre Schönheit bekannt, sodass sich die mondäne Welt zuflüsterte: »Bei der musste unbedingt gewesen sein, sonst biste nichts.« Wie eine Griechin ge-kleidet, empfing Juliette Récamier in ihrer mit etruskischer Kunst geschmückten Stadtvilla Staatsoberhäupter, Philosophen, Künstler. Salons wie der ihre oder der von Gertrude Stein sind die Vorgänger der geschwätzigen Pariser *dîners* und *soirées* von heute. Pariser Abendgesellschaften werden nicht einfach zusammengewürfelt. Es wird überlegt, welche Gäste zusammenpassen, ob sie Interessantes zu verkünden haben, ob sie den Abend bereichern. Jene, deren Wort-schatz sich auf die Ausdrücke *formidable, merveilleux, phantastique, incroyable* – »ahhh bon«, also großartig, wunderbar, fantastisch, un-glaublich und »ahh, tatsächlich« beschränkt, werden nur geduldet, wenn sie diese Wörter mit viel theatralischem Geschick hinausposau-nen. Aber verlassen wir doch die vier Wände literarischer Salons und machen einen Spaziergang durch den Jardin du Luxembourg.

Vor Jahren arbeitete bei den antiken Schiffschaukeln noch eine alte Dame, die schon die Kinder von Jean-Paul Belmondo an-geschubst hatte. Das hat sie uns erzählt, als ich noch im Schiff-schaukelalter war. Sie stammt aus einer Schiffschaukelfamilie. Ihre Mutter und schon ihre Großmutter hatten die Schaukeln der Kinder angeschubst. In einer von ihnen saß der kleine Marcel Proust. Wie niedlich und herausgeputzt der kleine Marcel doch gewesen sei, hatte die Großmutter erzählt. Man hätte sofort erraten, aus welch feiner Familie er stamme. »Ist die Welt nicht klein«, sagte da meine Mutter versonnen und wollte wissen, in welcher Schaukel der kleine Marcel denn gesessen hätte. Leider konnte die alte Dame darauf nicht antworten. Dafür hätte sie noch den weißen Elefanten ge-sehen, von dem Rilke in seinem Gedicht erzählt.

Der Dichter war Anfang des 20. Jahrhunderts nach Paris gekommen, um mit Auguste Rodin zu sprechen. Er arbeitete als Journalist und sollte etwas über Rodin schreiben. Es war Ende August, als er ankam. Die Tage wurden kürzer, die schlecht geheizte Dachwohnung war an den Abenden kühl. Er war froh, von Rodin zum Essen eingeladen zu werden, aber er ging auch viel spazieren. Im Jardin du Luxembourg war er vom Karussell ganz hingerissen. Es ist noch immer da, nicht weit von den Schiffschaukeln entfernt, gleich beim Marionettentheater. Nur leider gibt es den weißen Elefanten nicht mehr.

64. GRUND

Weil man im »Café de Flore« neben Simone de Beauvoir sitzen kann

Verlassen wir den Garten und gehen hinunter zum Boulevard Saint-Germain. Saint-Germain-des-Prés war vor 1.000 Jahren noch grünes Weideland, in dessen Mitte eine Abtei stand. Den Namen Saint-Germain verdankte die Abtei ihrem Gründer Germain d'Autun. Um 555 war der heilige Mann Bischof der Stadt, die zuvor Lutecia geheißen hatte und noch nicht lange umgetauft worden war. Ihr aktueller Name ist auf keltische Siedler (lat. Parisii) zurückzuführen. Städtisch war damals nur das rechte Seine-Ufer: die Insel L'Île-de-la-Cité. Man schrieb das finstere Zeitalter der Merowinger, die sich ständig mit anderen Völker herumstritten, und das, obwohl sich ihre Vorfahren schon Jahrzehnte zuvor gegen die Römer behauptet hatten, wobei Häuser und Brücken abbrannten. Aber zerstörtes Land, Hunger und Tod haben noch kein Staatsoberhaupt davon abgehalten, weiterzuzündeln. Chlodwig I. und bis ins Jahr 1100 alle, die nach ihm kamen, residierten damals in einem Teil des Palais de la Cité. Das ist jenes verschachtelte Monstrum, in dem sich heute die Conciergerie und der Justizpalast befinden. Gleich neben der Saint-Chapelle (unbedingt besichtigen)!

Nun, so weit wollte ich nicht ausholen, aber fängt man erst einmal an, in der Geschichte der Stadt zu wühlen, fallen einem 1.000 Dinge ein. Jahrhundertelang blieb die Abtei von Wiesen und Weiden umringt. Das rege Leben fand auf der Insel statt, und da die meisten Könige kriegslustig waren, wurde zum Schutz gegen Eindringlinge ein dicker Mauerring um die *cité* gebaut, den nach Westen eine vorgelagerte Festung – der Louvre – verstärkte. Einige der Stadttore sind noch erhalten und eine Zierde der Stadt. Zum Beispiel befindet sich eines am Ende der Rue Saint-Denis, wo sie in den Boulevard Saint-Martin mündet.

Kehren wir zum »Café de Flore« zurück. Die einstigen Wiesen wurden im Laufe der Jahrhunderte zugepflastert. Boutiquen, Restaurants, Cafés schossen aus dem Boden und statt Kühe und Schmetterlinge kann man nun – vor allem zur Abendstunde – *tout Paris* beobachten. Natürlich kann man auch diskutieren. Zum Beispiel im »Café de Flore«. »Le Flore« gehört zu Paris. Es ist das Herz von Saint-Germain-des-Prés und sein intellektuelles Zentrum. Es erinnert an Rebellion, Provokation, Antikonformismus. In den 1970er-Jahren fanden sich hier regelmäßig Jean-Paul Sartre und Simone de Beauvoir zu aufrüttelnden Debatten ein. Ihre Namensschilder hängen an der Stelle, wo sie meistens gesessen und ihre Gesellschaftsentwürfe diskutiert haben. Heute schnacken die Besucher über Ralph Laurens aufregenden Modepalast fünf Häuser weiter unten linker Hand oder regen sich darüber auf, dass ein Buchladen nach dem anderen seine Regale ausräumt, um Klamotten, Taschen oder High Jewellery Platz zu machen. So geschehen mit einem Plattenladen, der noch den seligen Serge Gainsbourg bedient hatte (heute Cartier), einem verstaubten Buchladen in der Rue Bonaparte (bis vor sechs Monaten Dior-Taschen, mittlerweile wieder Bücher) oder dem Drugstore auf der Ecke Rue de Rennes/Boulevard Saint-Germain (heute Armani).

Am Platz gegenüber der Abtei befindet sich das Bistro »Les Deux Magots«. Stets beliebt und häufig frequentiert von der intellektuellen Elite der Stadt. In seiner Vitrine am Eingang stehen die jüngsten Buchpreise und irgendwo sitzt immer wieder inkognito ein Schauspieler, Künstler, Philosoph. Einmal begegnete mir hier der Gesellschaftsphilosoph Raphaël Enthoven mit Zeitung unterm Arm. Aber auch Modezaren verirren sich hin und wieder ins Café. An einem grauen Herbsttag schwang Marc Jacobs durch die Drehtür, gefolgt von einem männlichen Model, das aussah wie Ken, das männliche Pendant der Barbiepuppe. Guter Rat: Wer dort dinieren, Mittag essen oder nur einen Kaffee trinken und nicht gleich als Reisender erkannt werden will, der richte sich nach dem Dresscode. Eine gewisse Eleganz ist angesagt, easy chic, Rive-gauche-Stil zum Beispiel: Männerjackett, Ballerinas, Herrenhütchen, schmale Hosen, schmal geschnittene Jeans.

65. GRUND

Weil Montmartre von Toulouse-Lautrec und der Tänzerin La Goulue erzählt

Noch zu Zeiten Heinrich Heines war Montmartre eine ländliche Gegend, wo Wein angebaut wurde und sich Windmühlen drehten. Die Windmühle an der Place Pigalle, zu Füßen des Hügels, stammt aus dem Jahre 1640 und hat sich trotz ihres hohen Alters gut gehalten. Es geht das Gerücht, der Maler Toulouse-Lautrec habe seinen Glühwein hier aus Salatschüsseln getrunken. Und von Napoleon erzählt man, er sei zu Pferde zur Butte geritten und habe dort sein Ross an einen Baum gebunden, um von einer besonders reizvollen Stelle Land und Stadt mit dem Blick des Eroberers zu betrachten. Muss der sich gefühlt haben!

Zu Zeiten Bonapartes gehörte der Hügel Montmartre noch nicht zu Paris. Einverleibt wurde er der Stadt erst 1860. Zehn Jahre später gründete man auf der Butte die Pariser Kommune. Was jedoch Montmartre besonders anziehend macht, ist sein Bohème-Charakter. Allen Unkenrufen zum Trotz hat er ihn nicht ganz verloren. Obwohl es in den Souvenirläden unzählige, aus China importierte, Regenschirme, Teller, Bilder und Kalkimitation der Basilika Sacré-Cœur gibt, finden sich noch immer lauschige Winkel, die an die Zeiten erinnern, als van Gogh, Cézanne, Manet, Degas, Toulouse-Lautrec hier wohnten. Sie trafen sich im »Café de la Nouvelle Athènes«, diskutierten über ihre Werke, Frauen und Politik. Manche von ihnen malten an der Place du Tertre, manche zogen sich in ruhige Winkel mit gigantischer Aussicht zurück, wie Utrillo zum Beispiel, manche arbeiteten in den Cafés, Restaurants und Bistros, wie Toulouse-Lautrec. Es ist leider so, dass die heutigen Künstler des Montmartre sich auf karikaturistische Porträtmalerei und eilig fabrizierte Paris-Abbildungen spezialisiert haben. Kunst sucht man mit der Lupe. Könnte es an dem Idealismus liegen, den die Montmartre-Maler des 19. Jahrhunderts im Gegensatz zu den heutigen noch hatten? Einige der damaligen Künstler waren besessen von ihrer Arbeit und richteten sich dabei zugrunde. Kunstwerke, für die heute Millionen hingeblättert werden, entstanden unter tragischen Bedingungen. Utrillos Freundin sprang aus dem Fenster, um der Misere zu entkommen, er ertränkte seinen Kummer im Alkohol und starb verarmt und unbekannt. Auch Toulouse-Lautrec war für seinen Alkoholkonsum bekannt, allerdings verdiente er mit seinen Plakaten nicht schlecht. .

In vielen von ihnen hat er die Tänzerin La Goulue verewigt. Ein quirliges, lebensfrohes Mädchen, das sich von der Wäscherin zum Model hocharbeitete. Aber auch ein sonderbares Wesen. Ihren Namen La Goulue verdankte sie der Unsitte, nach jeder Tanzvorstellung die Reste aus den Gläsern der Gäste zu süffeln. Nachdem sie sich genug Geld ertanzt hatte und ihre Glieder nicht mehr so geschmeidig waren, verließ sie das »Moulin Rouge«, brachte ein Kind zur Welt und lernte, Löwen zu dressieren. Vermutlich beherrschte sie diese Kunst nicht sonderlich gut, denn bei einer Vorstellung wurden sie und ihr Mann von den Raubtieren angegriffen. Die Dompteur-Karriere war damit beendet. Danach rann ihr das letzte Geld durch die Finger. Unförmig und vom Alkohol gezeichnet, dämmerte sie im Krankenhaus Lariboisière ihrem Tod entgegen.

Der Hügel Montmartre hat viele traurige Schicksale gesehen, kann aber auch von Glücksmomenten erzählen. Charles Aznavour zeichnet im Chanson *La Bohème* von der Butte ein romantisches Bild der 1950er- und 1960er-Jahre. »*La bohème, la bohème, ça voulait dire on a vingt ans, la bohème, la bohème et nous vivions du l'air du temps*« (Die Bohème, die Bohème, wir waren zwanzig Jahr', die Bohème, die Bohème, wir lebten den Geist der Zeit).

Gewiss hat der Montmartre viel von diesem Charme eingebüßt, dennoch gibt es noch die schmalen, gepflasterten Gassen, die die Zeit vergessen lassen und Regisseuren als Kulisse für historische Filme dienen.

66. GRUND

Weil das Quartier Chaillot-Passy einst ganz anders ausgesehen hat

Im 7. Jahrhundert dehnte sich der Wald von Rouvray vom heutigen Trocadero bis hin zu jenem Wald aus, den wir heute den Bois de Boulogne nennen. Er beherbergte ein Dorf und Weinberge. Eigentümer des Landes war der Erzbischof von Mans, der es in seinem Testament der Diözese von Paris vermachte. Daraufhin wurde ein Teil des Waldes abgeholzt und es entstanden die Dörfer Chaillot und Auteuil. Der Name Chaillot leitet sich von »Chal« oder »Chai« ab, was auch »Baumfällen« bedeutet, und »Auteuil« weist auf die ursprüngliche Bezeichnung »Haut-lieu« – »Hochlage« hin.

Im Laufe der kommenden Jahrhunderte dehnte sich Paris aus. Diese Tatsache sowie Louis XIII. Initiative, die königliche Teppichherstellung vom Louvre auf den Hügel von Chaillot zu transferieren, belebten und vergrößerten den Ort. 1702, also 75 Jahre später, zählte er 2.000 Anwohner, und Ludwig XIV. beschloss, ihn offiziell zur »Faubourg de la Conférence« zu erheben. Nur noch eine drei Meter hohe Mauer mit einem Wachposten für Zollgebühren trennte den Vorort von der Stadt Paris. Indessen hatte sich neben dem auf der Anhöhe liegenden Auteuil eine neue Gemeinde gebildet, die noch höher lag. Ihr pittoresker Ortskern um die 1662 errichtete Kirche Notre-Dame-de-Grâce und das ländliche Ambiente in unmittelbarer Nähe der Stadt lockten Pariser an. Zum Dorf Passy gehörte das Schloss Boulainvilliers, dessen Ländereien sich vom aktuellen Maison de Radio France bis hinauf zur Avenue Mozart ausdehnten. Dort, wo die heutige Avenue Mozart in die Rue de Passy mündet und die Rue de la Pompe abgeht, begannen die weiten Felder der Hochebene Passy. Zahlreiche Mühlen drehten sich im Wind, auf den saftigen Wiesen weideten Kühe, die Luft roch nach Heu, Gras und Milch. Als man schließlich im Jahr 1650 eine Quelle klaren Wassers entdeckte, entfaltete sich Passy zu einem beliebten Ausflugsort der Pariser. Es entstanden die Thermalbäder von Passy. Hier verbrachte Heinrich Heine den Sommer 1848, um den Turbulenzen der Stadt Paris zu entfliehen. Hier fand er ländliche Ruhe und mehr Muße für seine Arbeit. Vielleicht war er inmitten der Wiesen endlich mit seiner Dichtung zufrieden. Seine Frau – eine Französin, die des Deutschen nicht mächtig war und deshalb seine Gedichte nicht verstand – behauptete: »Mein Mann schrieb unentwegt Gedichte, aber ich glaube nicht, dass sie von Wert waren, denn er war nie damit zufrieden.«

Auch das Dorf Auteuil verfügte über eine Quelle und später über Thermalbäder. Ähnlich seinem Nachbarn Passy war es ein ruhiger, erholsamer Ort, den die Pariser Intellektuellen dem lärmenden Paris vorzogen. Moliere gehörte zu den ersten berühmten Stadtflüchtigen. Ihm folgten Racine, La Fontaine, später Diderot. Wichtig war auch der Weinanbau auf den Hängen von Auteuil. Vom 11. Jahrhundert bis zur Französischen Revolution kultivierten Mönche die Erde und spendeten dem Erzbischof von Paris regelmäßig ein paar Fässer Wein.

Als Honoré de Balzac sein bescheidenes Haus unterhalb der Rue Raynouard bezog, stapfte er einen erdigen Hang hinunter. Die aktuelle Treppe gab es noch nicht. Ihr ging ein unregelmäßiger steinerner Aufgang voraus. Von seiner Wohnung im zweiten Stock hatte er einen Ausblick auf die Stadt und absolute Ruhe für seine Arbeit.

Spazieren wir die Rue Ranelagh hinauf, überqueren die Rue de Passy und flanieren die Rue Benjamin Franklin hinunter, erreichen wir den Jardin oder die Place du Trocadéro. Seinen aktuellen Namen verdankt der Platz dem Sieg eines französischen Expeditionskorps über spanische Freiheitskämpfer, die im August 1823 die Festung Trocadéro – sie verteidigte den Hafen von Cadiz – besetzten und den spanischen König Ferdinand VII. gefangen hielten. Um die Revolte in die Knie zu zwingen, entsandte Louis XVIII. das Korps, das die alte Ordnung wiederherstellte. Napoleon III. gestaltete 1869 den Platz, und ließ an seiner Stirnseite das Palais de Trocadéro bauen, das anlässlich der Weltausstellung von 1937 dem Palais de Chaillot Platz machte. Seit 1978 wird er Place du Trocadéro-et-du-11-Novembre genannt, womit des Endes des Ersten Weltkrieges am 11. November 1918 gedacht werden soll.

67. GRUND

Weil man auf den Spuren von Honoré de Balzac, Eugène Delacroix, George Sand und Marcel Proust wandelt

Wenn man von der Rue de Passy im 16. Arrondissement kommt, das Einkaufszentrum durchquert, landet man unweit der Rue Lekain. Es ist ein nettes Viertel mit vielen kleinen Geschäften. Da es einen aber ins Haus von Balzac zieht, lässt man die Einkaufsstraße mit ihren Gemüse- und Fischgeschäften rechts liegen und strebt die Rue Lekain hinauf, biegt links in die Rue Singer ein, marschiert bis zu ihrem Ende, wo sie in die Rue Raynouard mündet, und überquert dort die Straße. Vom Gehweg aus kann man Balzacs Haus links unten sehen.

Eine Treppe führt zu dem kleinen Gebäude, das einem Pavillon der Stadtverwaltung, einem Kartenhäuschen oder einer Touristen- auskunft ähnelt. Jedenfalls wohnte und schrieb hier einst der gran- diose Honoré de Balzac. Er lebte unter Pseudonym, weil er auf der Flucht vor seinen Gläubigern war. Sicherheitshalber ließ er sich einen Hinterausgang einbauen, um im Falle unangenehmer Besu- cher das Haus unbemerkt verlassen zu können. Ja, dem begabten

Mann ging es einige Zeit wie manchem Schriftsteller heute: Kein Verleger wollte seine Werke herausbringen, deshalb verdiente er sich sein Geld mit Groschenromanen, die in Zeitschriften abgedruckt wurden. Der unförmige Mann ließ sich davon nicht unterkriegen. Im Gegenteil: Er glaubte an sein Talent, wusste aber, dass es ohne Fleiß keinen Preis gibt. Man brauche 20 Prozent Inspiration und 80 Prozent Transpiration, um ein gutes Werk zu schaffen, soll er gesagt haben, und arbeitete dementsprechend: Tag und Nacht. Dabei brachte er seinen Druckergehilfen – ja, Balzac hatte eine kleine Druckerei – fast zur Verzweiflung.

Halt! Bevor ich mich hier in Details verliere, die vom Thema abweichen, möchte ich auf die Balzac-Biografie von Stefan Zweig hinweisen. Vielleicht ist sie für manchen Geschmack zu blumig geschrieben, aber Balzacs Charakter und Genie hat sie so gut getroffen.

Nach vielen Abenteuer- und Liebesromanen, oft unter Pseudonym, hatte der besessene Schriftsteller endlich Erfolg. Sogleich stürzte er sich ins Geldausgeben. Er kaufte sofort ein Haus, schöne Möbel, schöne Gegenstände und errichtete eine Druckerei, ohne zu kalkulieren. Anscheinend war Rechnen nie seine Stärke. Er nahm Kredite auf, konnte sie aber nicht zurückzahlen, weil seine Romane nicht genug einbrachten. Unermüdlich schuftete er weiter, las, lernte, schrieb, trank viel Kaffee, um mit vier Stunden Schlaf auszukommen, verliebte sich, wollte heiraten, wurde abgewiesen und verlobte sich schließlich mit der ruhmsüchtigen Russin Ewelina Hańska, die ihm nicht einmal eine gute Reise ins Jenseits wünschte, als er auf dem Sterbebett lag. Ja, Balzac war ein Titan. Er liebte das Leben mit seinen Höhen und Tiefen. Auf seinem Schreibtisch im Maison de Balzac stehen die Worte: *Mon cher secretaire, qui a vu tant de l'armes* (»Mein geliebter Schreibtisch, der du schon so viele Tränen gesehen hast«). Ein wunderbares Bild des Giganten zeichnet der Film *Balzac* mit Gérard Depardieu – wem sonst? – als Balzac.

An der Place de Furstemberg befindet sich das Maison Delacroix. Hier ließ sich der Maler Eugène Delacroix im Dezember 1857 nieder.

Sein Wohnzimmer im ersten Stock mit einigen Möbeln, die ehemalige Bibliothek sowie sein Schlafzimmer, in dem er im August 1863 starb, sind zu besichtigen. Durch Garten und Hof gelangt man zu seinem hohen und lichten Atelier. Wer dann noch Lust hat, gleich einen enormen echten Delacroix zu bewundern, braucht nur zum Saint-Germain-des-Prés zu schlendern, den Boulevard zu überqueren und durch die Rue Bonaparte geradewegs zur Place Saint-Sulpice zu marschieren. Dann steht er plötzlich vor der Fontaine Saint-Sulpice, hinter der die Kirche besonders bei schönem Wetter wie eine Kathedrale in den Himmel ragt. Dort spaziert er hinein, hält sich rechts und sieht das gigantische Gemälde *Jakob und der Engel*.

Unweit der lauten Place Pigalle, in der angenehm ruhigen Rue Chaptal, hat nach zweijährigen Renovierungsarbeiten das »Musée de la vie romantique« wieder seine Türen geöffnet. Mittlerweile funktioniert auch der *salon de thé* im romantischen Garten. Es ist ein Genuss, den verwunschenen Winkel mitten in Paris zu besuchen. Ein Spaziergang durch das Haus, das einst dem holländischen Maler Ary Scheffer gehörte, ähnelt einer kleinen Zeitreise. Im Erdgeschoss finden sich Erinnerungen an George Sand. Die Schriftstellerin kam häufig nach Paris und wohnte manchmal bei Ary. Statt Blumen oder Rotwein brachte sie Skulpturen, Bilder, Kunstobjekte oder Schmuck mit. Mit den Jahren sammelte sich einiges an. Anfangs konnte sich Ary noch an den Objekten und an Georges Sands Anwesenheit erfreuen. Nachdem allerdings der Musiker Frédérique Chopin in das Leben der Schriftstellerin getreten war, hatte diese nur noch Augen für den Pianisten, trennte sich von ihrem damaligen Freund, dem Schriftsteller George Musset, und deutete Ary an, er solle doch mit ihren Gegenständen zufrieden sein. Sie werde sie für immer in seinem Hause lassen. Zu unserer Freude, denn, wie gesagt, beim Gang durch die Zimmer hat man das Gefühl, im 19. Jahrhundert zu leben.

Weil zwischen der lärmenden Geräuschkulisse
unserer Zeit die Harmonien alter Meister erklingen

Ungar Franz Liszt, von dem es heißt, er habe mit seinem leidenschaftlichen Spiel jedes Klavier demoliert, kam in jungen Jahren nach Paris, haute in adeligen Kreisen in die Tasten, verliebte sich mehrfach und blieb schließlich in den Armen von Marie d'Agoult hängen. Geld verdiente er durch Konzerte am italienischen Theater.

Der Pole Frédéric Chopin zog 1831 definitiv nach Paris und spielte auf Bällen, feinen Soirées und bei Empfängen des Großbürgertums, um sich über Wasser zu halten.

Niccolò Paganini verzückte in der Opéra Le Peletier die Damenwelt mit seinem teuflischen Geigenspiel – unter anderen auch die Schriftstellerin und Journalistin George Sand. Sie widmete ihm einen begeisterten Artikel im *Figaro*.

Felix Mendelssohn eroberte 1831 das Conservatoire de Paris, das Pariser Konservatorium, mit seiner *Sommernachtstraum*-Ouvertüre und blieb daraufhin vier Monate in der Hauptstadt.

Vincenzo Bellini, der Schöpfer der romantischen Oper wie zum Beispiel *Norma*, komponierte für das Théâtre-Italien *I Puritani*, die dort im Januar, acht Monate vor seinem Tod, uraufgeführt wurde.

Bisher erwähnte ich nur die nichtfranzösischen Komponisten, die mit ihrer Musik die Pariser Gesellschaften bezauberten. Besonders beliebt bei den Frauen und verehrt von den Männern war Franz Liszt, und das, obwohl Chopin von ihm behauptete, er sei »eine pianistische Null«[10]. Doch auch die französischen Musiker verblüfften und erfreuten. Hector Berlioz zum Beispiel, der für Niccolò Paganini fast die Reinkarnation von Beethoven darstellte. Dann Claude Debussy, Maurice Ravel, Jules Massenet oder Georges Bizet, dessen *Carmen* heute zu den meistgespielten Opern der Welt gehört, was sich bei den ersten Vorstellungen keineswegs abzeichnete. *Carmen* wurde als unmoralisch und schockierend abgelehnt. Man stelle sich das vor: So etwas passierte in einer Stadt wie Paris, die von allen Teilen Europas Dichter und Maler magisch anzog, weil ihr der Ruf von Freiheit und Offenheit vorauseilte.

Das wiederum zeigte deutlich der French Cancan, erfunden vom englischen Produzenten Charles Morton und dargeboten zum ersten Mal 1850 von Céleste Mogador, einer Startänzerin der Epoche. Der Tanz verlangt nicht nur tänzerische, sondern auch akrobatische Fähigkeiten. Berühmt wurde das *galop infernal* zur Musik von Jacques Offenbach.

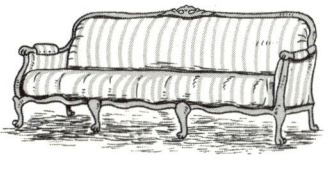

Bis heute wird der French Cancan im Théâtre national de l'Opéra-Comique, im Casino de Paris oder in den Folies Bergère mit einer Vehemenz aufgeführt, die einen leicht in das damalige verrückte Paris zurückversetzt. Ebenso ergeht es einem mit den Konzerten großer Meister von damals. Können wir sie auch persönlich nicht mehr erleben, so können wir sie dennoch hören, wann immer wir wollen. Das soll keineswegs ein Loblied auf die CD sein. Ich denke an die unzähligen Konzerte, die Paris anbietet.

Falls der Voyageur also Brahms, Mozart, Beethoven oder Vivaldi liebt, dann findet er garantiert ein Konzert von einem der erwähnten Komponisten irgendwo in der Stadt. Dazu ist es nicht nötig, rechtzeitig ein Ticket für den Salle Pleyel zu reservieren, in dem abwechselnd Benjamin Britten, Simon Rattle oder Daniel Barenboim große Orchester dirigieren und namhafte Pianisten wie Krystian Zimerman und Martha Argerich auftreten. Er braucht auch nicht unbedingt ins Théâtre des Champs-Élysées zu eilen, um Anne-Sophie Mutters Interpretation von Beethovens Violinkonzert oder Hilary Hahns Version von Paganinis *Capriccios* zu hören. Es genügt ein Blick auf die vielen kleinen Anzeigen überall in der Stadt, die auf Konzerte in kleinem, aber schönem Rahmen hinweisen. In der Kirche Saint-Julien-Le-Pauvre, am linken Seine-Ufer, gegenüber der Notre-Dame, werden regelmäßig *Die vier Jahreszeiten* von Vivaldi oder Jules Massenets wehmütige *Thais-Meditation* gespielt, die auch David Garrett im Repertoire hat. Meistens sind die Musiker unbekannt, aber fast immer sind sie ausgezeichnet.

Man wundert sich, warum die begabten Menschen nicht auf großen Bühnen stehen. In dem Salle Cortot spielen weniger bekannte Pianisten und Cellisten, in Cathédral arménienne Saint-Jean-Baptiste im 3. Arrondissement singt hin und wieder »Le chœur Sacré de Paris«. In La Saint-chapelle werden ab Ende November grandiose Weihnachtskonzerte dargeboten. Der Glanz der elektrischen Kerzen spiegelt sich vielfach in den Buntglasfenstern der Rosetten wider, und man ist im 600 Jahre alten Kirchenschiff vom Strahlen so geblendet, dass es nicht wundert, wenn man für wenige Augenblicke Händel, Bach oder Monteverdi unter den Musikern zu erkennen glaubt. Wie Sie nun erkennen, kann man in Paris auch akustisch auf den Spuren der verlorenen Zeit wandeln.

69. GRUND

Weil es noch Mauerreste und Gemäuer gibt, die über 1.000 Jahre alt sind

Vermutlich wird der Voyageur verwundert an einem Stück uralter Mauer aus Quadersteinen stehen bleiben und sich fragen, woher sie stammt. Ganz plötzlich erhebt sie sich inmitten jüngerer Gebäude, bildet einen Bogen zwischen zwei Häusern oder begrenzt einen Innenhof. Wer diese Steine auf sich wirken lässt, reist nicht nur ins 19. Jahrhundert. Er reist bis ins frühe Mittelalter.

Es ist fast unvorstellbar, wie Paris um 800 n.Chr. ausgesehen hat. Eine Festung auf der Seine, das war Paris. Zwar schützte der Fluss, aber er konnte auch gefährlich werden. Schließlich dehnte sich die Stadt über die Flussgrenzen hinaus aus. Deshalb beschloss im 12. Jahrhundert König Philippe Auguste, Paris durch eine Mauer zu schützen, die er rings um die Stadt errichten ließ. Ihren Verlauf können wir anhand der Mauerreste verfolgen. Beginnend beim aktuellen Pont des Arts durchkreuzte die einstige Mauer einen Teil des heutigen Louvre, führte über die Rue du Louvre – in der Nummer 11 ist das Fundament eines Turmes zu erkennen – hinauf zur Rue Étienne-Marcel, wo sie einen Bogen zur Francs-Bourgeois schlug und am Lycée Charlemagne in der Rue des Jardins-Saint-Paul endete. Dort sind uns das längste Stück – 60 Meter lang – und der Turm Montgomery aus jener Zeit erhalten geblieben. Am linken Seine-Ufer begann sie am Quai de la Tournelle, führte über den Boulevard Saint-Germain weiter zur Rue des Écoles, in der wir unterhalb des Postgebäudes einen Teil der Mauer in Form eines Gewölbes erkennen, das damals in die Mauer gehauen wurde, um als Wasserableitungskanal zu dienen. Im Garten der Nummer 9–11 in der Rue d'Arras, im Hof der Nummer 68 sowie in Höhe der Nummern 60–64 und vor allem in der Rue Clovis Nummer 1 und 7 finden sich sehenswerte Reste. Fast überall sind sie durch Plaketten gekennzeichnet, die Entstehungsjahr und Erbauer verraten.

Immer wieder stößt man auf mittelalterliche Architektur. Die Rue François Miron zum Beispiel zählt mehrere Gebäude, die ganz stark an das 13. und 14. Jahrhundert erinnern. Im Maison d'Ourscamp, der Nummer 44 dieser Straße, ist noch ein grandioser gotischer Keller erhalten. Da sich der Voyageur gerade in der Rue François Miron befindet, gehe er bitte bis zur Rue des Archives und spaziere dort ein wenig unter freiem Himmel. Auf der Höhe der Nummer 26 steht das einzige erhaltene Kloster aus dem Mittelalter. War es einst ein Karmeliter- oder Bilettes-Kloster, im 15. Jahrhundert eine wohltätige Bruderschaft, so dient es seit 1812 der evangelischen Kirche.

Und zum Schluss möchte ich noch auf La Tour du Vertbois und La Fontaine du Vertbois hinweisen. Anlässlich meiner Spaziergänge mit Hündin komme ich oft daran vorbei und bewundere das historische Monument. Im Klostergarten haben sich mittlerweile Chlochards ihre Wohnstatt errichtet. 1712 veranlasste Ludwig XIX. den Bau des Brunnens, der die Anwohner mit Wasser versorgte. Zum ersten Mal bedroht war er aufgrund des Baueifers des Pariser Präfekten Baron Haussmann, aber die Rebellion der Anwohner vereitelte seine Pläne. Im Jahr 1878 wollte die Stadt der Fontaine und dem Turm erneut zu Leibe rücken, da protestierten Künstler und Intellektuelle. Victor Hugo meldete sich zu Wort: »*Démolir la tour? Non! Démolir l'architecte? Oui!*« (Den Turm zerstören? Nein! Den Architekten zerstören? Ja!) Auch ich bin deshalb der Meinung, dass auf der Plakette Victor Hugos Name stehen müsste. Ihm verdanken wir schließlich den Erhalt des historischen Bauwerkes.

 70. GRUND

Weil es in keiner Weltstadt so viele Straßen mit berühmten Namen gibt wie in Paris

Der Voyageur begegnet auf seiner Paris-Visite Generälen, Präsidenten, Herrschern, Königen, Prinzessinnen. Und natürlich trifft er auf Dramatiker, Dichter, Schriftsteller, Musiker, Heilige. Nebenbei stößt er auf Namen, die an siegreiche Schlachten erinnern sollen. In Kapitel vier habe ich schon am Beispiel einiger Gassen erwähnt, wie reichhaltig an Geschichte das Pflaster der Stadt ist. Hier möchte ich auf die großen Achsen eingehen. An ihnen kommt man nicht vorbei, ob zu Fuß, mit dem Bus, dem Taxi oder Fahrrad unterwegs. Ihre Namen sind leicht zu merken, die Herkunft der Namen ebenfalls, deshalb schafft man es problemlos, ganz nebenbei ein Ass in französischer Geschichte zu werden. Nehmen wir als Ausgangspunkt die Avenue du Générale Leclerc. Sie führt von Süden her in die Stadt, so wie einst Général Philippe de Hauteclocque am 25. August 1944 in das befreite Paris einzog. Rechts und links standen die Pariser und jubelten ihm zu. Ihm zu Ehren taufte die Stadt diese Straße auf seinen Namen.

An der Place Denfert-Rochereau gehen Avenuen und Boulevards sternförmig ab. Der imposante steinerne Löwe symbolisiert die unerschütterliche Standhaftigkeit des Colonels Denfert-Rochereau am strategisch wichtigen Stützpunkt Belfort – an der Grenze zum Elsass – während des Preußisch-Französischen Krieges von 1870. Man nannte den Colonel den »Löwen von Belfort«.

Wenden wir uns wieder den Straßen zu. Einer der sternförmig abgehenden Boulevards ist der Boulevard Raspail. Er führt fast kerzengerade hinunter in die Stadt und endet am Boulevard Saint-Germain. Monsieur François-Vincent Raspail war ausnahmsweise mal kein General oder Feldherr, sondern ein Mediziner, der sich stark politisch engagierte. Während der Revolution von 1848, die zum Sturz des Bürgerkönigs Louis-Philippe d'Orléans führte, sei er der Erste gewesen, der die Auferstehung der Republik verlangte, schrieb Karl Marx.

Kehren wir zum Löwen von Belfort zurück und folgen einer anderen sternförmig abgehenden Straße – der Avenue Denfert Rochereau zum Beispiel –, so gelangen wir über den Platz Port Royale in den Boulevard Saint-Michel, benannt nach dem Erzengel Michael. Der heilige Michael stürzte den Engel Luzifer, der sich Gott ebenbürtig fühlte. Die imposante Statue über dem Brunnen symbolisiert die göttliche Macht der Stadt. Sie beherrscht den Drachen zu ihren Füßen, das Böse, das Zerstörende. An diesem Ort, im Quartier Latin, haben sich große Denker aufgehalten, wurden philosophische und theologische Gedanken gewälzt, entwickelte sich aus der im 13. Jahrhundert gegründeten Theologischen Hochschule des Kaplans Robert de Sorbon die große Universität René Descartes. Und da der lange Boulevard sowie der Platz an seinem

Anfang und auch die Brücke auf den Namen Saint-Michel getauft wurden, darf man annehmen, dass der Erzengel an der unglaublichen Entwicklung nicht ganz unschuldig war.

Überschreiten wir die Brücke Saint-Michel und danach die Brücke Île de la Cité, gelangen wir zum Boulevard de Sébastopol. Diese lange vierspurige Straße hat Baron Haussmann im Zuge seines aufwendigen Umbauplanes der Stadt Paris ebnen lassen. Sie sollte eine wichtige Nord-Süd-Achse bilden, die Außenbezirke mit dem Ost- und Nordbahnhof verbinden und das Zentrum leichter zugänglich machen. Zunächst hieß der breite Weg Boulevard de Centre. Allerdings sträubten sich der Stadtverwaltung fortwährend die Haare, sobald sie den einfallslosen Namen aussprachen. Er passte nicht zu einer Metropole, in der Eloquenz, Kultur, Intelligenz und Savoir-vivre sich die Hand reichten. Schließlich galt Frankreich als der Inbegriff der Bildung. Nirgends auf der Welt waren die Menschen so gebildet wie in Frankreich, und das sollte sich unbedingt überall niederschlagen. Der Sieg Napoleons 1855 über die Russen im Hafen von Sébastopol kam wie gerufen (Zur Info: Die Stadt Sébastopol wurde von Katharina II. aus strategischen Zwecken gegründet, nachdem Russland die Halbinsel Krim annektiert hatte). Die Idee, den Boulevard de Centre auf Boulevard de Sébastopol umzutaufen, war eine weitsichtige, denn viele Siege hat Napoleon III. nicht errungen. Im Krieg gegen die Preußen soll er sogar auf allen vieren geflüchtet sein.

KAPITEL 8

Manche mögen's grün

»Ein Garten ist sichtbar gemachte Philosophie.«
Erik Orsenna

... aber auch:

»Der Tod ist eine unangenehme Formalität,
die alle (Kandidaten) erfolgreich abschließen.«
Paul Claudel

Weil jeder Park seine Geschichte hat

In Paris haben die Parks nicht nur eine Entstehungsgeschichte. Einige von ihnen haben auch eine Liebesgeschichte. Schließlich befinden sich diese Gärten in der Stadt der Liebe. Aber beginnen wir am besten mit ihrer Entstehung, denn die funktioniert manchmal nicht ganz ohne ein bisschen Verliebtheit. Obwohl es in diesem Falle unwahrscheinlich ist, dass sich Baron Haussmann in die stillgelegten Steinbrüche verliebt hatte, auf denen er den Park errichten ließ. Zumal während der Bauarbeiten 813 Kisten mit menschlichen Überresten ans Tageslicht drangen. Sie entstammten dem einst im Quartier der Hallen befindlichen »Friedhof der Unschuldigen«, der 1785 aus hygienischen Gründen geschlossen wurde, sodass die darin befindlichen Leichen und Knochen verbrannt oder umverteilt werden mussten (Info: Anlass zur endgültigen Schließung des »Friedhofs der Unschuldigen« war die Beschwerde eines Bürgers, durch dessen Kellerdecke eines Tages Knochenberge einbrachen).

Wie gesagt: Verliebt hatte sich Haussmann nicht wirklich in die Gegend, aber er war besessen von der Idee, alle vier Himmelsrichtungen der Stadt mit schönen Parks zu begrenzen. Vielleicht könnte man das als eine *amour obsessionnel* bezeichnen.

Für viele und auch für mich sind der Park Montsouris im Süden und der Park Buttes Chaumont im Norden die schönsten der vier. Parc Montsouris: ein romantisch angelegter See, schattige Alleen, flankiert von imposanten, zum großen Teil hundertjährigen Bäumen. Vor der Esplanade Pavillon Bardo beispielsweise wächst ein Phönixbaum, dessen Blätter den Ahornblättern ähneln, und am nördlichen Eingang ein fast zehn Meter hoher Kakibaum. Unzählige Vögel spazieren über die Rasenflächen, sitzen in den buschigen Zweigen oder schwimmen auf dem See. Ob Schwan, die prachtvolle Mandarin-Ente, das Wasserhuhn, der Wellensittich, die Haubenmeise oder andere Federtiere, das Kunterbunt von Vogelarten wirkt paradiesisch. Da sie Besucher gewohnt sind, haben viele Tiere ihre Scheu abgelegt. Manche holen sich Brotkrumen aus der Hand, Schwäne steigen sogar aus dem See und begrüßen Bekannte mit einem sanften Schlag ihrer Flügel.

Im Parc Montsouris befindet sich auch eine Meteorologische Station, die Wettervorhersagen für die Stadt Paris und Umgebung realisiert. Der Verlauf des Meridians von Paris führt vom Observatorium durch den Park Montsouris. Der Meridian wird durch mehrere historische Säulen gekennzeichnet. Im Park Montsouris ist es La Mire du Sud. Diese Säule stand ursprünglich im Jardin de l'Observatoire von Paris, weshalb ihre Inschrift auf »*Mire de l'Observatoire*« lautet. Im Park Montsouris wurden etliche Filme gedreht: Unter anderem *Paris, je t'aime* aus dem Jahre 2006, Lieder und Gedichte ranken sich um ihn und Berühmtheiten dinierten im Restaurant am östlichen Ausgang des Parks. 1889 eingeweiht und 1930 verglast und neu dekoriert, hat der Pavillon Montsouris illustre Gäste wie Lenin, Trotzky, Sarte und Simone de Beauvoir empfangen.

Der Park Les Buttes Chaumont zählt mit dem Bois de Boulogne, dem Bois de Vincennes, dem Jardin des Tuileries und dem Parc de la Villette zu den fünf größten Grünanlagen der Stadt. Er erstreckt sich über eine knapp 25 Hektar große Fläche, auf der Baron Haussmann im 19. Jahrhundert Grotten, einen See, Brücken und verwunschene Lauben hatte anlegen lassen. Damals standen hier nur wenige mittelalterliche Hütten. Sie wurden niedergewalzt und die Anwohner in andere Gebiete verwiesen. Es ist anzunehmen, dass die Ansässigen über den Ortswechsel froh waren, denn angeblich soll das Seufzen und Jammern vom nahen Galgenberg zu hören gewesen sein. Bis ins 18. Jahrhundert befand sich dort nämlich ein schauerliches Gemäuer, das von Weitem einem vierstöckigen Hochhaus mit langen schmalen Fenstern ähnelte. Über dem Gebäude flatterte ständig ein Schwarm schwarzer Vögel. Sie kreischten wild, da sie es kaum erwarten konnten, auf die schmalen Fenster niederzustürzen, die sich bei näherem Hinsehen als grausame Öffnungen entpuppten, in denen Gehängte baumelten. Zur Abschreckung ließ man sie sich einige Tage im Wind wiegen. Dabei ächzten die Galgen, und es roch nach Blut und Erbrochenem. Dann stürzten die Vögel vom Himmel und vollbrachten ihr grausames Werk: pickten Augen aus, zerfetzten Ohren, Mund und Wangen, hackten die Schädel ein. Davon ist nichts mehr zu spüren. Der Galgenberg wich Wohnanlagen und im märchenhaften Park hört man an stillen Tagen nur die Vögel und die Geräuschkulisse der Stadt Paris.

»Der Park der Butte Chaumont hat von oben gesehen die Form einer Nachtmütze …«, schreibt Louis Aragon in seinen Betrachtungen über das *Pariser Landleben*. Um das anzusehen, müsste man sich einen Helikopter mieten. Aber spazieren wir lieber durch den Park, statt ihn zu überfliegen. Wäre dieser schöne Ort an Sonnentagen nicht von unzähligen Ausflüglern, Touristen, Kindern, Clochards und Wachhabenden mit Trillerpfeifen übersät, hätte er sehr viel mehr Paradiesisches. So ist es besser, man nimmt seinen Schirm und spaziert bei Regen die charmante Allee entlang, setzt sich gegenüber dem See auf eine nasse Bank und betrachtet die hochgebaute, vergitterte Brücke, die zu einer kleinen Insel führt. Dabei kann man träumen, kuscheln, wenn man zu zweit ist, und sich unterm Schirm küssen. Nur lebensmüden Zeitgenossen fallen dabei die Worte des Schriftstellers Louis Aragon ein, der schrieb (ebenfalls im *Pariser Landleben*): »… diesen Brückenbogen, der sich zu einer Insel hinüberschwingt und wo man einst sehnsüchtig den Tod suchte. Hier ist das wahre Mekka der Selbstmörder.«

Wer allein bei Regen umherwandert, kann vor der steinernen Büste eines Baudelaires oder Guy de Maupassants stehen bleiben und mit den Verblichenen diskutieren, ohne verlacht zu werden. Umgeben von Häusern, Straßen, Autolärm, flaniert man unter Bäumen wie in einem Wald durch eine ruhige, verlassene Oase der Kultur, die der Wildheit nicht alle Flügel gestutzt hat. Vor einigen Jahren gab es im Park noch einen eindrucksvollen Wasserfall. Allerdings musste er abgestellt werden, da Wasser in den dortigen Metroschacht tropfte. Es beeindruckt mich immer wieder, dass die Städteplaner, die für manche steinerne Scheußlichkeit verantwortlich sind, hin und wieder Geschmack und Fantasie beweisen.

72. GRUND

Weil der größte Pariser Park ein Friedhof ist

Le Cimetière Père-Lachaise ist nicht nur der größte Friedhof der Stadt Paris und der berühmteste der Welt, man darf ihn auch getrost als den größten Park der Metropole bezeichnen. Auf fast 44 Hektar Land wachsen über 5.000 Bäume und Büsche, blüht im Frühjahr und Sommer eine Vielfalt von Blumen, wächst in der 26. Division ein kleiner Weinstock, sind cirka 70.000 Menschen begraben – Katholiken, Protestanten, Juden, Muslime – und leben 60 Katzen.

Als der Hügel – es ist einer der sieben Hügel von Paris – 1804 zum Friedhof geweiht wurde, hatte er schon eine ereignisreiche Vergangenheit hinter sich. Im Mittelalter gehörte er zu den Besitztümern des Bischofs von Paris, ging dann auf einen reichen Kaufmann über, der eine pompöse Villa für schöne Feste bauen ließ, und wurde im 16. Jahrhundert von den Jesuiten erworben, die ihn zu einem Erholungsort machten. Ludwig XIV. und sein Beichtvater François d'Aix de La Chaise waren häufig zu Gast. Der Sonnenkönig nutzte den Stand der Villa, um mit dem Fernrohr die Schlachten an den Fronten der Stadt zu beobachten, sein Beichtvater indessen beeinflusste ihn im Kampf gegen die Jansenisten.

In all der Zeit feierte der Bruder des Beichtvaters auf dem Anwesen Feste, zu deren Zwecke er es vergrößerte und verschönerte.
Nach einigen Jahrzehnten ging den Besitzern das Geld aus und
sie verkauften das Gebiet dem Stadtpräfekten. Dieser plagte sich
gerade mit Epidemien und Seuchen herum, verursacht durch die
nachlässig gepflegten Friedhöfe der Innenstadt. Neue Friedhöfe
sollten künftig außerhalb der Stadt angelegt, existierende – wie der
»Friedhof der Unschuldigen« – stillgelegt und umgebettet werden.
Napoleon Bonaparte erließ ein Gesetz, das jedem Bürger, egal
welcher Religion oder Rasse er angehörte, Recht auf ein Begräbnis
in geweihter Erde sicherte. Auf diese Weise wollte er das Problem
der Armen, Ungläubigen, der Schauspieler und Exkommunizierten
lösen, und dazu kam ihm das enorme Terrain im Norden von Paris
wie gerufen. Jahrelang bestattete man dort tatsächlich Arme und
Bedürftige, aber nicht allein aus sozial-humanistischen Gründen,
sondern weil es die wohlhabenden Bürger von Paris ablehnten, auf
einem Hügel eingebuddelt zu werden, der vor der Stadt lag und von
armseligen Hütten und Landstreichern umgeben war. Das sollte
sich schnell ändern, nachdem Molière als eine der ersten Berühmtheiten dort ewige Ruhe fand.

Die Liste der VIP ist den meisten bekannt. Erwähnen möchte ich
nur, dass Tim Morrisons Grab hin und wieder in tristem Zustand ist,
von manchen Gräbern kleine Statuen entwendet werden und ab und
zu Cornflakes oder Papierschnitzel die schönen Wege verunstalten.
Es lohnt sich dennoch, die Gräber der vielen Berühmtheiten auf sich
wirken zu lassen. Manche allerdings sind besonders beeindruckend.

Sehenswert sind die Büste von Balzac, in die Pierre Jean David
d'Angers viel Anmut gemeißelt hat, und die schöne Grabstätte von
Frédéric Chopin. Imposant ist die von Molière und von schwarzer
Schlichtheit die von Edith Piaf. Ungewöhnlich ist die Ruhestätte des
Humoristen und Journalisten Pierre Desproges, die weder einen
Grabstein noch ein Kreuz aufweist. Auf seinen Wunsch wurde seine
Asche mit der Erde vermischt.

Tatsächlich eignet sich der Friedhof auch für einsame Spaziergänge an Regentagen. Das Blätterdach der üppigen Bäume schützt und oft begegnet man nur einer Katze. Sie sind die wahren Herren des Ortes. Wenn der Tag zur Neige geht, die Besucher dem Ausgang zustreben, tauchen sie aus ihren Verstecken auf. Wenn sich keine Menschenseele mehr in den Alleen aufhält und der Park seine Friedhofsruhe wiederfindet, beginnt das aufregende Leben der Katzen des Père Lachaise. Um ihre Ernährung und Pflege kümmern sich die *dames chats*, die Katzendamen, die täglich Katzenfutter und Milch vorbeibringen. Wer beim Spaziergang aufmerksam um sich blickt, sieht da oder dort Futterreserven und Futternäpfe. Ich glaube, die Tiere leben zufrieden und sind glücklich hier. Der Père-Lachaise beschützt sie besser als irgendjemand in der Stadt, wo Fahrzeuge, Hunde, ja auch Menschen gefährlich für sie werden können.

Märchenhaft schön, aber leider nur den Katzen vorbehalten, muss der Friedhof sein, wenn es viel geschneit hat. Unberührt, leise und romantisch, nur einige Katzenpfoten auf Gräbern und Alleen, denn bedauerlicherweise werden die Parks in Paris bei Schnee wegen Unfallgefahr geschlossen. Eine sehr lästige und unfreundliche Regelung, die der Reisende schlucken muss. Es bleibt uns nichts anderes übrig, als vom verschneiten Märchenfriedhof zu träumen.

73. GRUND

Weil in manchen Parks Gedichte, Romane und Gemälde entstehen

Rainer Maria Rilke war in den Jardin du Luxembourg verliebt. Als er in den 1920er-Jahren nach Paris zurückkehrte, kam er als Flaneur, Spaziergänger, als Träumer und wohnte im Hotel »Foyet«, das dem Garten gegenüberlag. Er kannte die Gegend von früher, da er in Paris als Rodins Sekretär gearbeitet hatte. Sie war mit Erinnerungen gefüllt, mit Bildern von Frauen und Geliebten wie der Psychoanalytikerin Lou Andreas Salomé, Clara Westhoff oder der Malerin Paula Modersohn-Becker. Der Jardin du Luxembourg inspirierte ihn zu Gedichten, und wer sie liest, muss sich unwillkürlich fragen, warum er bei seiner Ankunft in Paris in sein Notizbuch schrieb: »Hier beginnt das Unsagbare.« Gerade Rilke beweist, nach meinem Empfinden, in seinen Gedichten eine ungeheure Kraft, das Unsagbare auszudrücken. Denken wir zum Beispiel an all die Gedichte, die er in Paris geschrieben hat. »Traum ist Brokat, der von dir niederfließt ...«

Oder: »Mit einem Dach und seinem Schatten dreht sich eine Weile der Bestand von bunten Pferden, alle aus dem Land, das lange zögert, eh es untergeht ... und dann und wann ein weißer Elefant« *(Das Karussell)*. Auf den Pferden des Karussells habe ich auch gesessen, manchmal auch im Wagen, der von diesen Pferden gezogen wurde. Den Elefanten allerdings hat mein Vater in den 1970er-Jahren noch gesehen. In meiner Kindheit gab es ihn nicht mehr.

Der »Jardin des Plantes« hat Rilke zu einem Gedicht *Der Panther* inspiriert, das so schön und ergreifend ist, dass ich es hier unbedingt zitieren muss. Mit diesem Gedicht beweist er am besten, wie stark seine Fähigkeit ist, das Unsagbare auszudrücken.

> *Sein Blick, vom Vorübergehen der Stäbe*
> *so müd geworden, dass er nichts mehr hält.*
> *Ihm ist, als ob es tausend Stäbe gäbe*
> *und hinter tausend Stäben keine Welt.*
> *Der weiche Gang geschmeidig starker Schritte,*
> *der sich im allerkleinsten Kreise dreht,*
> *ist wie ein Tanz von Kraft um eine Mitte,*
> *in der betäubt ein großer Wille steht.*
> *Nur manchmal schiebt der Vorhang der Pupille*
> *sich lautlos auf – dann geht ein Bild hinein,*
> *geht durch der Glieder angespannte Stille –*
> *und hört im Herzen auf zu sein.*

Vielleicht ist dieses Gedicht vielen Lesern bekannt. Es wurde von Woody Allen im Film *Eine andere Frau* als Metapher für das Seelenleben der Hauptfigur verwendet, es spielt in dem Film *Zeit des Erwachens* mit Robert de Niro eine Rolle und wurde von Udo Lindenberg im gleichnamigen Lied vertont.

Der Parc Monceau verdankt seinen Namen dem Dorf, in dem er 1769 entstand. Zu dieser Zeit kaufte der damalige Herzog von Chartres und spätere Herzog von Orléans 13 Hektar Land im Tiefland von Monceau, um sich eine Villa zu bauen und einen Garten im anglo-chinesischen Stil anzulegen. Er ließ ein Minarett, eine Pyramide, eine Windmühle, ein gotisches Schloss, Burgruinen bauen und Flüsse legen. Seitdem war der Park vielen Veränderungen unterzogen. An den ursprünglichen Garten erinnern nur noch die korinthischen Kolonnen und eine Arkade im Renaissance-Stil. Heute ist er reich an Blumen, Skulpturen (Chopin, Maupassant, Gounod), hundertjährigen Bäumen und sehr lebendig durch die bunten Vögel und die schillernden Wasserbecken mit ihren Goldfischen und Karpfen. Claude Monet hat ihn in seinem Gemälde *Le Parc Monceau* verewigt und Marcel Proust in *Auf der Suche nach der verlorenen Zeit*. In diesem Roman ist die Atmosphäre des Parks eingefangen. Eine Atmosphäre, die Proust schon als Wiegenkind eingeatmet hat, als seine Mutter ihn dort im Kinderwagen ausführte. Von 1873 bis 1900 wohnte die Familie Proust 9, Boulevard Malesherbes, von wo es nur ein Katzensprung zum Park ist.

Weil in den Parks Feen, Kobolde und Drachen wohnen

Manche Parks eignen sich sehr gut für Kinder. Die Rasenflächen laden zum Fußball und Picknick ein, ohne dass man die warnende Trillerpfeife des Wachmannes fürchten muss.

Le Jardin d'acclimatation ist ein angenehmer Freizeitpark, der sich noch einen Hauch Romantik bewahrt hat. Es gibt lauschige Spazierwege, einen zoologischen Garten mit Ziegen, Eisbären und einem Braunbären, einen botanischen Garten, Rasenflächen zum Spielen und Ausruhen, Kirmesbuden, mehrere Karussells, eine Boxauto-Anlage, Schießstände, einen Abenteuerspielplatz, ein superlustiges Puppentheater, einige Imbissbuden und Restaurants.

Ich erinnere mich an eine kleine Farm mit Schweinen und Enten, die ich als Kind sehr gerne besucht habe. Am liebsten fuhr ich auf der »Raupe«, während mein Bruder die »Drachenbahn« bevorzugte, die ein wenig Achterbahnprickeln vermittelte. Darunter befindet sich ein Tümpel mit Schildkröten. Schön und ein bisschen aufregend ist auch die Bootsfahrt auf dem künstlich angelegten Fluss, der sich kurvenreich durch Gebüsch und Blätterbaldachine schlängelt. Wer Lust hat, kann seine Kinder bei einem geruhsamen Ritt auf Ponys begleiten. Der Park hat sehr viele Vorzüge, aber einen unangenehmen Nachteil: Jede Unternehmung kostet Geld. Wer es für ausreichend hält, nur den Eintrittspreis zu zahlen, dem rate ich zu dem Abenteuerspielplatz und diversen Besichtigungen wie der Farm, der Schildkröten, Bären und Ziegen, des Spiegel- und Vogelhauses. Sie alle sind im Eintrittspreis mit inbegriffen.

Le Parc floral könnte keinen passenderen Namen haben. Die Blumenpracht dort ist einzigartig. 15 Monate Arbeit gingen der

reichhaltigen Bepflanzung voraus, die 650 Sorten Iris, 250 Tulpen-
arten, eine Kollektion von Dahlien, Geranien, Kamelien und roten
Farnen verwirklichte. Jedes Jahr im Herbst organisiert der Park
einen Wettbewerb um die schönsten Dahlien. Doch nicht nur die
bunte Blumenvielfalt ist eine Freude. Kinder können sich auf einem
riesigen topausgerüsteten Spielplatz amüsieren, das Marionetten-
oder Freilufttheater besuchen oder auf den verschlungenen Pfaden
manch ungewöhnliche Vegetation erkunden. Zwei Restaurants
bieten relativ gute Kost an und immer wieder stehen Konzerte auf
dem Plan. Wochentags (bis auf Mittwoch) ist der Eintritt frei. Am
Wochenende hingegen muss man die Geldbörse zücken.

Mitte des 19. Jahrhunderts nutzte Napoleon III. das gesamte
Gebiet des Bois de Vincennes zu militärischen Zwecken. Dazu ge-
hörte auch das aktuelle Théâtre de la Cartoucherie, das einst eine
Munitionsfabrik war. 1860 überließ der Kaiser das Gebiet der Stadt,
mit der Auflage, daraus einen Park zu gestalten, der im Osten das
Pendant zum westlich gelegenen Bois de Boulogne bilden sollte.
Zum Parc floral entwickelte er sich erst in den Sechzigerjahren
des 20. Jahrhunderts, als die Stadt Paris einen Ort für seine Inter-
nationale Blumenshow suchte und dafür den Park beim Bois de
Vincennes auserkor. Unter Anleitung des kreativen Gartenarchi-
tekten Daniel Collin änderte sich das Gesicht des Parks vollständig
und verzaubert mittlerweile dank seiner Farbenpracht und Vielfalt
Besucher aus der ganzen Welt. Wer an ruhigen Tagen den schmalen
Pfaden durch den Pinienwald folgt, kann sich gut vorstellen, dass in
den buschigen roten Farnen die Elfen schlafen und sich unter der
farbigen Vegetation mancher Kobold verbirgt.

Ebenfalls im Bois de Vincennes, auf der Route de Passage, be-
findet sich die Ferme pédagogique de Paris. Besonders geeignet für
Voyageure, die mit ihren Jüngsten reisen. Die Farm erstreckt sich
auf fünf Hektar und beherbergt Kühe, Ziegen, Schafe, Schweine,
Hühner, Gänse und Hasen in dafür ausgestatteten Gebäuden. Ein
Teil des Terrains ist für den landwirtschaftlichen Anbau von Weizen,

Gerste, Hafer, Mais, Sonnenblumen und Roter Beete vorgesehen. Am Wochenende öffnet die Farm ihre Türen allen Besuchern, während sie unter der Woche nur Schulklassen empfängt, die beim Melken, der Schafschur oder Ernte zuschauen können und dabei vieles lernen, denn nicht umsonst heißt der Ort: die Pädagogische Farm von Paris.

75. GRUND

Weil es Parks und Friedhöfe gibt, die auch an kalten und nassen Tagen geöffnet sind

Das ist ein sehr wichtiger Grund, denn es regnet häufig in Paris, und nicht immer hat man Lust, an nassen Tagen ins Museum zu gehen. Oft verbringen nicht nur Reisende, sondern auch Pariser regnerische Tage im Museum und es bilden sich am Eingang lange Warteschlangen. Deshalb empfehle ich: Gute Schuhe, einen Regenmantel, einen Regenschirm und auf geht's. Wohin? Na, zum Beispiel zum Champ de Mars im 7. Arrondissement. Ein Vorteil dieses Parks ist, dass er auch bei Schneefall und starkem Regen geöffnet hat.

Am frühen Morgen durch den winterlich unberührten Garten zu spazieren und dabei nicht nur die verschneiten Bäume, sondern auch die dahinter verborgenen eleganten Haussmann-Gebäude zu betrachten, lässt einen träumen. Man stellt sich vor, wie es wäre, in einem der meist 300 Quadratmeter großen Appartements zu wohnen. Mitten in der Stadt, gleichzeitig von Bäumen umgeben. Im Winter beobachtet man den fallenden Schnee, der die Äste bedeckt und aus den Rasenflächen einen weißen Teppich zaubert. An Regentagen hört man das Trippeln der Tropfen auf den Blättern und dem Kies, man hört ihr Klopfen an die Scheiben und sieht beim Blick aus dem Fenster den Eiffelturm hinter einem Vorhang aus Wasserperlen verschwinden.

Doch das bleibt nicht nur den Anwohnern vorbehalten! Unter den Bäumen der Allee entlang in westlicher Richtung hat man das Wahrzeichen der Stadt im Blick, den Klang des Regens im Ohr, den Geruch nach Erde und Gras in der Nase (ignoriere man den Bleigestank). Falls der Voyageur allein spazieren geht, kann er in Gedanken die historischen Ereignisse in diesem Park Revue passieren lassen. Ist er zu zweit, kann er darüber diskutieren, während der Regen die Hintergrundmusik spielt. Lange vor der Revolution hieß das Feld »La Plaine de Grenelle« und diente zunächst dem Gemüseanbau, danach für kurze Zeit der gegenüberliegenden Militärschule als Übungsgelände. Im gleichen Atemzug erhielt es einen kriegerischen Namen: Champ de Mars, das Feld des Kriegsgottes Mars. Feste und Kämpfe fanden auf seinem Boden statt. Zum einen: das Fest der Fédération am 14. Juli 1790, anlässlich dessen Louis XVI. auf die Verfassung Frankreichs seinen Eid leistete. Zum anderen: das Massaker am 17. Juli 1791, ein von Danton und dem Club des Cordeliers organisierter Aufstand, der von der Schweizer Garde des Königs niedergeschlagen wurde. Und schließlich: das Fest des Höchsten Wesens, vom Kunstmaler und Mitglied des Konvents Louis David ausgerichtet und von Maximilien de Robespierre präsidiert. Es gibt also genügend Gesprächsstoff, während der Voyageur die nassen Pfade Richtung Eiffelturm entlangschlendert. Und es gibt viel mehr zu sehen als den grauen Himmel. Sollte es doch zu kühl und unangenehm werden, lassen sich gemütliche Bistros in der Rue des Bourdonnais oder Avenue de Suffren finden.

Ist der Voyageur an einem trüben Regentag allerdings mit seinen Kindern unterwegs, dann empfehle ich statt dem Champ de Mars lieber den Zoo von Vincennes. Ich habe viele Stunden meiner Kindheit dort zugebracht. Denn neben Spazierwegen, Imbissständen und einem kleinen Spielplatz gibt es viele Tiere. Zu sehen sind sie entweder im Freien wie die Riesenschildkröten, Lamas, Elefanten, Tiger und Gorillas oder bei Regentagen im Inneren, in unterschiedlichen Gebäuden und Unterständen. Unheimlich ist das

Reptilienhaus mit Krokodilen, Eidechsen und Schlangen. Obwohl ich eigentlich Zoos nicht besonders mag, habe ich mich mit diesem ein wenig anfreunden können.

2008 schloss er wegen Umbauarbeiten seine Tore. Seit fünf Jahren wird dort gebuddelt und gebastelt. Ich fragte mich oft, warum die Renovierung so lange dauert. Mittlerweile habe ich mir Phantombilder und Videos angeschaut und bin erstaunt. Der Zoo wird von gigantischer Attraktivität sein. War früher seine Hauptattraktion der frei lebende, nur durch eine Schlucht von den Besuchern getrennte Tiger, der inmitten von künstlich erschaffenen Felsen umherschlich und dort auch seine Höhle hatte, so wird einem in Zukunft das Gefühl vermittelt, beim Spaziergang durch die halbe Welt zu flanieren. Unter dem gläsernen Dach des tropischen Treibhauses blühen exotische Bäume, wachsen rote Farne, spazieren Flamingos, Pelikane.

Ziel des Zoos ist es, eine Flora zu schaffen, die bedrohten Tierarten eine neue Lebensbasis schafft. Durch die »Sahel-Soudan« spazieren Giraffen, Antilopen, der Vogel Strauß. Glaubt man den Fotos und Videos, wird das eine spannende Sache. Ein Großteil der Tiere, die in anderen Zoos ganz Europas untergekommen sind, kehren zurück. Wie ich von der Direktorin des Zoos erfahren konnte, sind die Giraffen im Land geblieben. Sie sind eine vergnügte Bande von Freunden, unzertrennlich und schwierig zu verschicken. Da Zoogiraffen, wenn sie gut behandelt werden, ein Alter von 35 Jahren erreichen, ist es gut möglich, dass es die eine oder andere Giraffe aus meiner Kindheit noch gibt. Ich werde versuchen, es herauszufinden und mich im April bei der Neueröffnung sofort einfinden. Vielleicht treffe ich den ein oder anderen Voyageur.

Weil manche Friedhöfe auch in »Stein« bezaubern

Nun ist das vielleicht kein Grund für jeden, Paris zu lieben. Da ich jedoch bei meinen Recherchen Menschen getroffen habe, die Frankreichs steinerne Friedhöfe ziemlich aufregend finden, weil sie ganz anders sind als die vorwiegend grünen in Deutschland, habe ich mich in das Phänomen Grabstätten im Allgemeinen vertieft. Ich bin dabei auf die gigantischen Ruhestätten der Welt gestoßen. Man kann durchaus sagen: Je berühmter und auffälliger die Person, umso aufwendiger ihr Grab. Als ob sie ihr großartiges Leben über den Tod hinaus verlängern müsste. Meist bestimmen es ja die Hinterbliebenen, aber manche *very important person* legt zu Lebzeiten fest, wie ihr Begräbnis und ihr Grab später einmal aussehen sollen. In vielen Fällen jedenfalls steinern. Denn nur auf diese Weise lassen sich monumentale Grabmäler errichten, die als imposante Mausoleen das schlichte Kreuz in den Schatten stellen. Auf diese Weise kann eine mächtige Familie ihre Aura verlängern. Émile Zolas Grab zum Beispiel auf dem Friedhof Montmartre ist ein enormes Gebilde aus rotem Marmor, das sich bogenförmig über den Kopf der Grabstätte schwingt. Im Kopfteil ist sein Konterfei zu erkennen. Es ist vom Eingang aus gleich zu sehen, weil es mächtig wirkt und sich durch den roten Marmor von den steinernen Gräbern ringsum abhebt. Dabei liegen seine sterblichen Überreste längst nicht mehr hier. Sie wurden schon 1908, sechs Jahre nach seinem Tod, ins Pantheon überführt. Die pompöse Ruhestätte auf dem Friedhof wird dennoch bleiben. In ihrer Wuchtigkeit erinnert sie unwillkürlich an die starke Persönlichkeit des Mannes, der in Politik und Gesellschaft kein Blatt vor den Mund nahm. Er war kein so sanfter

Mensch wie etwa Heinrich Heine. Dessen Büste eines verträumten, nachdenklichen Poeten stimmt einen eher wehmütig, wenn man sie eine Weile betrachtet. Heinrich Heines Gedichte wurden 1933 verbrannt. Er, Visionär wie viele echte Poeten, schrieb 1820 in seinem Schauspiel *Almansor*, Bezug nehmend auf die Bücherverbrennung der Bibliothek von Cordoba: »Das war ein Vorspiel nur, dort wo man Bücher verbrennt, verbrennt man auch Menschen.«

Auf diesem Friedhof – ebenso eindrucksvoll wie der Père-Lachaise – finden sich die ungewöhnlichen Grabstätten sehr unterschiedlicher Menschen. Heinrich Heine, der sanfte Dichter, und die Familie Sanson liegen in der gleichen geweihten Erde. Es mag wohl auf viele Friedhöfe zutreffen, dass Kriminelle nicht weit von braven Bürgern bestattet werden, denn im Tod sind sich alle Menschen gleich. Die Sansons jedoch waren Henker. Vom Urgroßvater des Henkers der Revolution bis zu dessen Sohn Henri. Die beiden ersten der Dynastie gebrauchten noch das Beil, das manchmal danebenschlug, die beiden anderen handhaben die Guillotine. Ich könnte mir vorstellen, dass sich Heine in seinem Grab umdrehen würde, könnte er es noch. Die Gedenkstätte der Familie Sanson fällt trotz ihrer Schlichtheit auf und scheint besucht zu werden. Dreimal, in unregelmäßigen Abständen, ging ich dort spazieren und immer standen frische Blumen auf der steinernen Platte. Es ist allerdings noch immer nicht erwiesen, ob tatsächlich die Überreste des berühmten Henkers Charles-Henri Sanson, der Ludwig XVI. geköpft hat, dort liegen.

Als wahres Kunstwerk fällt die Ruhestätte Theophile Gautiers auf. Erhaben über alle anderen Gräber thront in Marmor Kalliope, eine Tochter des Zeus und Muse der Poesie und der Wissenschaften. Angeblich soll der Schriftsteller schon Jahre vor seinem Tod ein lebender Leichnam gewesen sein. Krank, unfähig, sich zu bewegen, und sehr abgemagert.

Gehen wir zur Gedenkstätte der Sängerin Dalida. Als stände sie auf der Bühne, im Glanz ihrer besten Jahre, so erwartet sie uns in Lebensgröße inmitten ihres Grabes, umringt von einem Kranz Sonnenstrahlen. Ein wenig kitschig, auf jeden Fall sehenswert.

Aber flaniert der Voyageur doch weiter, so betrachtet er die Gräber weniger berühmter Menschen. Viele haben sich eine unvergessliche steinerne Erinnerungsstätte bauen lassen. Ob sie selbst etwas davon haben, können wir nicht wissen, da wir unter den Lebenden weilen. Solange aber der Platz für diese kolossalen Gräber reicht, haben zumindest die Spaziergänger, Hinterbliebenen und natürlich die Katzen und Eichhörnchen etwas davon.

77. GRUND

**Weil es nirgends so haarsträubende
Denkmäler gibt wie auf Friedhöfen**

Im vorigen Kapitel habe ich manche Skulpturen der Friedhöfe anerkennend bewundert, es gibt jedoch auch welche, die eher ein schauerliches Betrachten hervorrufen. Wer *la belle pierre* mag und es liebt, ganz in die steinerne Welt einzutauchen, den lade ich zu einem Friedhofsspaziergang außerirdischer Art ein.

Doch bevor man flaniert, besorge man sich bitte einen Plan des Friedhofes, damit die Gräber und die jeweiligen Statuen gefunden werden können. Das ist klüger, als meiner Wegbeschreibung zu folgen, die ein wenig verwirren könnte. Der Voyageur folge daher nur meinen Gedanken und es werden unglaubliche Skulpturen seinen Weg kreuzen.

Begeben wir uns zunächst auf den Cimetière de Montmartre zum Grab des russischen Tänzers und Choreografen Vaslav Nijinsky. Er ruht nicht weit von Berlioz, Stendhal und dem Dramatiker Sacha Guitry. Die faszinierende Statue eines traurigen Clowns ziert sein Grab, das dadurch schon von Weitem zu erkennen ist. Die

Skulptur ist so ergreifend, weil man in ihrem Gesicht und ihrer Haltung das aufwühlende, exotische Leben dieses Jahrhunderttalents ablesen kann. Nijinsky war ein genialer Tänzer, ein Virtuose, ein Pionier. Er war provozierend, schön, homosexuell und ein bisschen schizophren. Ob man will oder nicht, bleibt man länger stehen und würde den Clown am liebsten trösten.

Aus den Augenwinkeln können wir das Grab von Hector Berlioz erspähen. Der schwarz glänzende Marmor wirkt düster. Nur das in die Kopftafel eingemeißelte Profil des Komponisten und die rote Farbe seines Namens treten etwas freundlicher hervor. An ganz anderer Stelle, in der 5. Division, befindet sich die Gruft eines polnischen Colonels, der im Kampf bei Magenta 1859 für Frankreich gestorben ist. Das Monument aus Bronze eines sterbenden, sich halb aufrichtenden Soldaten, das an den Tod des Colonels erinnern soll, hat der Bildhauer Jules Franceschi geschaffen, von dessen Hand auch die Allegorie vor der Orangerie des Jardin du Luxembourg stammt.

Ebenfalls dringend in Augenschein zu nehmen wäre die unglaubliche Skulptur des Bildhauers Paul Albert Bartholomé, die das Grab des Librettisten Henri Meilhac schmückt. Meilhac wird nicht sehr vielen Menschen bekannt sein, da er im enormen Schatten der großen Komponisten Offenbach, Bizet oder Jules Massenet die Textbücher für ihre Opern geschrieben hat. Übrigens liegt Jacques Offenbach in der 9. Division.

Ach, es gibt nahezu wahnsinnig viele Werke, die aussehen, als wären sie tatsächlich in außerirdischen Ateliers entstanden. Die Grabstätte von Simone de Beauvoir und Jean-Paul Sartre auf dem Friedhof Montparnasse zum Beispiel ist schlicht, klassisch hingegen ist die des eher unbekannten Ricardo Menon, Freund und Assistent der Künstlerin Niki de Saint Phalle, auffällig ungewöhnlich. Das kubistische, 1,50 Meter hohe Mosaikwerk hat die Form einer Katze und sticht in der 6. Division des Friedhofes schon allein durch seine Buntheit heraus.

Unter allen Umständen besucht werden sollte das Grab des französischen Bildhauers César Baldaccini, kurz César genannt und berühmt geworden durch die fast zwei Meter hohe Bronzeskulptur seines eigenen Daumens, die in Koblenz steht. Seine letzte Stätte ziert das von ihm geschaffene surrealistische Abbild eines Zentaurens.

Bei schönem Wetter (und bei schlechtem sowieso) sollte man die Gruft des Dekorateurs Robert Thibier nicht vergessen. Einfach frappierend finde ich die beiden Riesenhände aus Bronze, die ein Kreuz halten.

Abgesehen von den hier vorgestellten Gräbern gibt es unzählige mehr, die ich gar nicht aufzählen kann, die aber eine Besichtigung wert sind. Bevor man geht, statte man doch bitte Serge Gainsbourg einen kurzen Besuch ab. Außer der karikaturistischen Maske seines Gesichtes gibt es vor allem Blumen, Zigaretten, Metrokarten, Fotos von ihm, einen Teddybären, eine leere Flasche und eine Tasse Kaffee. Bis auf die Widmungen in Marmor- oder Steinfliesen, die Fotos und Zigaretten ändert sich ständig etwas. Entweder es fehlt eine Statue oder es kommt eine dazu. Fast hat man den Eindruck, als ob Serge selbst dorthin käme und wieder Ordnung schaffe. Er hatte ja eine ganz persönliche Beziehung zu Gott. Jedenfalls schien er zu wissen, was Gott raucht. *Dieu fumeur de havanes* (Gott raucht Havannas) heißt einer seiner Songs.

Letzte Bemerkung: Das Grab von Jim Morrison habe ich hier unerwähnt gelassen, obwohl es unbedingt einen Besuch wert ist. Da es jedoch seit 40 Jahren unaufhörlich angestrebt wird, wird der Voyageur vom Besucherstrom mitgetrieben und ganz automatisch daran vorbeikommen.

Weil es Friedhöfe gibt, die gibt es eigentlich gar nicht

Das könnte man von dem kleinen Cimetière du Calvaire behaupten. Er ist einer der beiden letzten Friedhöfe der Metropole, die direkt an eine Kirche angegliedert sind. Hier handelt es sich um die Kirche Saint-Pierre auf dem Hügel Montmartre nahe der Sacré-Cœur, erbaut im Jahre 1688. Das kleine Gotteshaus gehörte einst der Königlichen Abtei Montmartre an. Im Laufe des kommenden Jahrhunderts baute man die Abtei mit Ausnahme der Kirche Saint-Pierre völlig ab. Schon bald danach fiel die Kirche den zornigen Revolutionären von 1789 in die Hände, von denen sie geplündert und teilweise zerstört wurde. In der Folge verwahrloste auch der Friedhof. 1801 eröffnete ihn die Gemeinde neu, um die verstorbenen Anwohner zu empfangen. Auf 600 Quadratmetern liegen 87 Verblichene, und die sind längst zu Erde und Staub geworden, denn im Jahr 1831 schloss der Friedhof definitiv seine Pforten für die Toten. Auch für die Hinterbliebenen und alle Interessierten ist er nur zwei Tage im Jahr geöffnet. Falls der Voyageur an Allerheiligen in Paris sein sollte – und das kann durchaus sein –, besuche er doch das Überbleibsel einer vergangenen Zeit. Romantisch im Herbst, wenn die Blätter auf den uralten Grabesplatten liegen und man nur undeutlich die eingravierten Buchstaben entziffern kann. Wenige Namen werden ihm bekannt vorkommen. Manche sind fast verschwunden. Vermutlich kennt er das »Hôtel de Crillon« an der Place de la Concorde. Wahrscheinlich aber ist ihm der Herzog von Crillon weniger bekannt. Er gab dem illustren Hôtel seinen Namen, sein Sohn, ebenfalls Herzog von Crillon, wurde 1806 hier bestattet.

Ebenso wird es ihm mit Jean-Baptiste Pigalle ergehen. Wer kennt schon den Sohn eines Tischlers aus dem frühen 18. Jahrhundert, der Bildhauer wurde? Wenige, oder? Der nach ihm benannte Platz aber ist in der ganzen Welt ein Begriff: Pigalle, Pigalle!!! Sein Atelier befand sich am Ende jener Straße, die in den Platz mündet und die sich seit 1993 Jean-Baptiste Pigalle nennt. Im Louvre stehen einige Werke des Künstlers. Zum Beispiel stammen von ihm die Statue des nackten Voltaires, eine schöne Bronzebüste des Romanciers Diderot und die eindrucksvolle Marmorskulptur der Madame de Pompadour. Über diese Dame wird vorzugsweise gelästert, sie sei verschwenderisch gewesen und habe Louis XV. in politischen Dingen schlecht beeinflusst. Der große Voltaire jedoch sagte von ihr: »Im Grunde ihres Herzens war sie eine der Unsrigen. Sie schützte und förderte Literatur und Kunst.«[11]

Diesem Satz hier möchte ich mich anschließen, nur anstelle Pompadour Paris setzen: Trotz Glitter, Lärm, Schmutz und Bling-bling ist Paris im Grunde seines Herzens ein Beschützer und Förderer der Künste und der Literatur. Dieser Gedanke kam mir erneut, als ich an Allerheiligen durch die kunstvolle Pforte des kleinen Friedhofs wieder hinaus in den Trubel der Place du Tertre geriet. Ein wirklich ungewöhnliches Werk der Schmiedekunst ist diese Eisentür.

79. GRUND

Weil es Orte gibt, die komplette steinerne Friedhöfe sind

»Wenn du liebst, musst du gehen!«, schreibt Blaise Cendrars in einem Gedicht.[12] Wer also Paris liebt, wie wir, der muss hin und wieder über seine Grenzen hinausgehen, ein bisschen flüchten sozusagen. Nicht unbedingt weit. Nur bis zur nächsten Stadtpforte. Zum Beispiel nach Seine Saint-Denis, dem Vorort im Norden. Zwar hat der Ort keinen guten Ruf – ich erwähnte es im Kapitel 3 unter

Grund 29 –, dafür aber besitzt er eine ganz ungewöhnliche Basilika. Mit ihr lockt er Pariser und Reisende aus aller Welt an. Wer heilige Hallen liebt, die einem das Gefühl geben, vom Geist der längst Verstorbenen erfüllt zu sein, und wer es gleichzeitig besonnen und ruhig mag, der ist hier goldrichtig, wenn er in den Morgenstunden kommt (*attention*: auf die Öffnungszeiten achten).

Die Kathedrale beherbergt unter ihrem gotischen Gewölbe und in ihrer Krypta die Überreste vieler französischer Könige. So wollte es Pippin der Jüngere (in Frankreich heißt er *Pepin le Bref*, Pippin, der Kurze), der 754 hier gekrönt wurde. Ihm schwebte eine Nekropole seiner Dynastie vor, und das sollte die Basilika Saint-Denis werden. In der Tat bestattete man König Pippin in einem bescheidenen Bereich des Gotteshauses, richtig los ging die Sache allerdings erst mit König Saint-Louis. Unter ihm entwickelte sich die Kathedrale zum Friedhof der Könige Frankreichs.

Bis zur Revolution fanden dort sämtliche verstorbenen Oberhäupter in der Krypta Eingang. Im Jahr 1793 dann verfügte der Nationalkonvent darüber, die Gräber zu öffnen. Man brauchte die Bleisärge der Monarchen, um sie in Kanonen und andere Waffen umzuschmelzen. Respektlos wurden die Gebeine teilweise gestohlen, teilweise in ein Massengrab geworfen, in dem sie so lange moderten, bis sie Louis XVIII. im 19. Jahrhundert ausbuddeln ließ. Da es jedoch schwierig war, die Gebeine zu identifizieren, sammelte man sie gemeinsam in zwei gemauerten Ossarien eines Seitenraumes der Krypta. Aus diesem Grund sind die meisten Sarkophage, die Sie im Kirchenraum so herrlich aufgestellt sehen, bis auf fünf Ausnahmen leer. Drei von ihnen sind mit Namen weltweit bekannt: Ludwig XVIII. sowie Ludwig XVI. und Marie-Antoinette. Die beiden Letzten wurden vom einstigen Friedhof de la Madeleine hierher überführt. Sind vom Königtum auch nur diese drei übrig geblieben, so erinnern die anderen kunstvoll gearbeiteten Mausoleen über Jahrhunderte hinweg auf feierliche Weise an die Macht und Pracht der Monarchie des Absolutismus.

Weil es Parks gibt, in denen es herrlich grünt und gleichzeitig schön steinig ist

Klar, lädt der Jardin du Luxembourg vor allem zum Entspannen im Grünen ein. Nicht umsonst stehen vor den Blumenanlagen zahlreich Stühle und Bänke für müde Spaziergänger. Es ist schade, dass man angesichts der Blumenpracht im Sommer und Frühling die große Anzahl der Skulpturen übersieht. Im Winter mag einem wohl die eine oder andere auffallen, aber da es kalt ist oder regnerisch, hat man keine Lust, lange davorzustehen, um herauszufinden, um welche erlauchte Persönlichkeit es sich hier eigentlich handelt. Man eilt weiter, atmet tief durch und betrachtet die anmutigen Anlagen oder das Palais der Marie de Médicis. Ich kenne das von mir selbst. Tausendmal habe ich den Park schon durchhastet, aber erst seit ich an diesem Buch arbeite, gehe ich besonnen und mit iPad, um zu notieren und zu konsultieren. Ein Grund mehr, sich mir anzuschließen und den Statuen Guten Tag zu sagen.

Leicht ist das nicht, denn achtete man einmal auf die Persönlichkeiten in Marmor oder Stein, fällt einem unwillkürlich das Sprichwort ein: Ich sehe den Wald vor lauter Bäumen nicht mehr! Zu viele Statuen, als dass alle hier erwähnt werden können. Ich pickte daher diejenigen heraus, die bei einem Besuch vielleicht entgehen. Jene an verborgenen Stellen wie die Skulptur eines Menschen, der einem Baum oder Felsen zu entspringen scheint. Zunächst lässt das Werk an den Mythos um die Geburt Adonis' denken. Seine schwangere Mutter soll den Zorn der Götter erweckt haben und von ihnen in einen Myrrhenbaum verwandelt worden sein. Nach zehn Monaten sprang der Baum auf und Adonis kam hervor. Allerdings war Adonis ein Säugling, und was wir hier sehen, ist ein kräftiger Mann. Meine Recherchen zu der seltsamen Plastik ergaben deshalb etwas anderes. Der Künstler Pierre Roche hatte sich von den zwölf Aufgaben des Herkules inspirieren lassen. Eine Aufgabe hieß, den Fluss Alphée umzuleiten, damit die Stallungen des Königs Augias gereinigt werden konnten.

Ergreifend ist das Bildwerk *Familienfreude* von Bildhauer Horace Daillion. Der Voyageur findet es am leichtesten, indem er den Eingang gegenüber der Rue Vavin benutzt und direkt zur Bienenzucht strebt. Das Monument zweier glücklicher Eltern mit Kind ist leicht verborgen, und wer es entdeckt, ist ehrlich berührt. Es ist mein liebstes Gruppenbild in Stein.

Kommt man hingegen durch den Eingang Rue Guynemer, begrüßt in der ersten ovalen Parkanlange rechts eine kleine Ausgabe der Amerikanischen Freiheitstatue. Eine kurze geschichtliche Exkursion im Text unter dem Denkmal erklärt, wieso die Franzosen sogar auf Liberty stolz sind. Da wir unter uns sind, kann ich es schon hier verraten: Liberty ist ein Kind Frankreichs. Nicht nur im bildlichen Sinne, auch in Stein. Aber gehen wir weiter. Zur *Bocca della Verità*. Der ursprüngliche »Mund der Wahrheit« ist ein scheibenförmiges Relief, das an der Wandseite der Säulenvorhalle der römischen Kirche Sante Maria in Cosmedin angebracht ist. Wissenschaftler kennen diese Maske seit dem späten 15. Jahrhundert. Die Welt kennt die Maske seit dem Film *Ein Herz und eine Krone* mit Audrey Hepburn und Gregory Peck.

Nun dürfte man nicht weit vom östlichen Ausgang des Jardin du Luxembourg, parallel zum Boulevard Saint-Michel, unter einem prächtigen Ahorn die zarte Statue eines Mädchens entdecken, das seine Hand in den »Mund der Wahrheit« steckt. Jules Blanchard hat 1871 das Werk vollbracht. Was es wohl mit der Hand im Mund auf sich hat? Darüber lässt sich nachdenken, während man weitergeht.

Man kontempliere andere Statuen, wie zum Beispiel das Denkmal von George Sand oder jenes, das den Maler Antoine Watteau mit einer jungen Verehrerin darstellt. Beide wurden Mitte des 19. Jahrhunderts in Marmor gehauen. Letzteres vom französischen Bildhauer Henri Désiré Gauquié.

Und keinesfalls die Veleda-Statue von Étienne Hippolyte Maindron aus dem Jahre 1844 übersehen. Immerhin ist sie eine Nationalheldin. Als junge Frau war sie Priesterin und geistiges sowie politisches Oberhaupt des freien Germaniens. Sie soll in den Jahren 63 bis 77 nach Christus auch Anführerin im Kampf gegen die römische Besatzungsmacht am Rhein gewesen sein. Um ihre Gestalt und ihre historische Authentizität ranken sich Legenden. Leider wurde ihr Name leicht abgewandelt mit dem Nationalsozialismus in Verbindung gebracht und somit in den Dreck gezogen.

Es wird deutlich: Ein Spaziergang durch den Luxembourg-Garten ist immer ein Ereignis.

KAPITEL 9

Die Kunst, an sich hochzuschauen

»Ja, das französische Volk ist das intelligenteste Volk der Welt. Vermutlich ist das der Grund, weshalb es nicht nachdenkt.«

Edgar Faure

Weil mancher Franzose noch immer
Frankreich für »La Grande Nation« hält

Hin und wieder spricht man in Deutschland von La Grande Nation und meint damit das »überhebliche, arrogante« Frankreich. Im Französischen wird dieser Ausdruck vor allem geschichtlich verwendet und meint die Napoleonische Zeit, in der sich Frankreich unter Napoleon ausdehnte. Bonaparte wollte ganz Europa beherrschen, hat aber außer Krieg auch Fortschritt in rückständige Länder wie zum Beispiel Italien gebracht. So klein er auch war, sein Selbstbewusstsein war groß und fast größenwahnsinnig sein Streben nach Erfolg und Ruhm. Es lag ihm daran, La Grande Nation zu gründen.

Der gebürtige Korse aus einfachen Verhältnissen sah sich als die Reinkarnation des Franzosen und arbeitete an der Auferstehung Frankreichs. Deshalb wird er noch von vielen Franzosen hoch angesehen und verehrt.

Im Jahr 2005 eilten sie nach Austerlitz zur 200-Jahr-Feier des dortigen Sieges von 1805. Damals fand am Pratzeberg zwischen Brünn und Austerlitz in Mähren die Dreikaiserschlacht statt, aus der Napoleon als Sieger über die russischen und österreichischen Truppen hervorging. Frankreich hatte damit die Souveränität über Venedig, Dalmatien und Istrien und verwendete die 180 erbeuteten Kanonen zum Guss der Säule an der Place Vendôme. Zu Ehren Napoleons, für dessen Größenwahn unzählige Soldaten mit dem Leben zahlen mussten, der dennoch als *grand homme* gehandelt wird. Kleine Anmerkung nebenbei: Seinetwegen gilt in ganz Europa der Rechtsverkehr. Zuvor fuhr oder ritt man links. Verständlicherweise, denn das Schwert hing rechts und mit dem rechten Arm schlug man zu. Bonaparte verwendete eine neue Angriffsstrategie:

Um den Gegner zu überrumpeln, kam er von rechts, womit dieser nicht rechnete. Tatsächlich gelang es dem Korsen, sich sämtliche europäischen Staaten zu unterwerfen. Er krönte sich selbst zum Kaiser Napoleon I. und veranlasste den Rechtsverkehr.

Trotz seiner Menschenverachtung (junge Männer sollten dem Sieg dienen und sonst nichts) wurde der Kaiser sehr verehrt. Die aufgebrachten Frauen und Mütter, deren Männer und Söhne auf den Schlachtfeldern verbluteten, beruhigte er mit den Worten: »*Voilà un brav!*« (Siehe da, ein tapferer Mann!)

Seine Anhänger begründen ihre Verehrung auch folgendermaßen: Vor ihm herrschten die Bourbonenkönige, die seiner strategischen Kenntnis und seinem politischen Wissen nicht das Wasser reichen konnten. Abhängig von gerissenen Kardinälen und Ministern und gierig nach Weltmacht führten sie kostspielige Kriege und lebten dabei in Saus und Braus. Frankreichs Schulden wuchsen, Missernten, Umweltkatastrophen taten das Übrige: Die Menschen hungerten, der Boden für die Revolution war geschaffen. Aber auch sie brachte nicht die ersehnte Freiheit und den Fortschritt. Die zerstrittenen Parteien der ersten Republik bekamen die wirtschaftlichen Missstände nicht in den Griff, es folgten das Schreckensjahr und der Sturz Robespierres. Der Nationalkonvent wurde durch das Direktorium ersetzt, das allerdings unter der korrupten Führung von Barras nichts zustande brachte und verwahrloste.

In der Zwischenzeit war der mittlerweile zum Divisionsgeneral und Oberbefehlshaber aufgestiegene Napoleon von seiner Ägypten Expedition zurückgekehrt. Angesichts der verheerenden politischen Führung ließ er Paris von seinen Soldaten besetzen, jagte das Regime um Paul de Barras am 9. November 1799 (18. Brumaire nach dem Revolutionskalender) zum Teufel und nahm sich dessen Geliebte Joséphine de Beauharnais zur Frau. Der Militärputsch vom 9. November 1799 setzte das Direktorium außer Kraft und beendete die Revolution. Napoleon erschien wie ein Retter, denn zunächst ging es mit dem Land wieder aufwärts. Er wurde Erster

Konsul und war damit Alleinherrscher, konnte Minister ernennen, Gesetze erlassen. Damals hatte also der Begriff »La Grande Nation« eventuell seine Berechtigung, da sich Frankreich wieder groß, stark und bedeutend fühlte. Sicherlich ist vom Stolz der »Grande Nation« noch einiges übrig. Das beweisen vor allem die älteren Semester, die noch immer Napoleons Siege feiern.

La Grande Nation: Das war gestern, und doch hat es sich scheinbar unwiderruflich in unser Denken eingenistet. Die Zeit ist reif, davon abzukommen. Auch für den Franzosen selbst. Die jüngsten politischen Ereignisse im eigenen Land geben keinen Anlass zu übermäßigem Stolz. Im Inland sowie im Ausland schaut man kritisch auf die Regierung. Frankreichs Ansehen ist gesunken, seine Wirtschaft leidet, die Staatsschulden sind astronomisch, und ihnen soll nun mit ständiger Steuererhöhung und der Schaffung neuer Steuern zu Leibe gerückt werden. Viele sind damit nicht einverstanden. Wohlhabende Franzosen schimpfen auf ihr geliebtes Land und verlassen es. Allen voran der Leinwandgigant Gérard Depardieu. Die Schlagzeile einer Zeitschrift lautete damals: »*Il quitte un pay tant aimé!*« (Er verlässt das so sehr geliebte Land!) Später hat er dann ungefähr sinngemäß gesagt, dass er im Herzen immer Franzose bleibe und Paris sehr vermissen werde. Mit dieser Bekenntnis spricht der Schauspieler aus, was viele Franzosen empfinden und worin sich ihre Liebe zur Nation zeigt und ihr Stolz ausdrückt, Franzose zu sein. Was auch immer geschieht: Niemand auf der Welt versteht die Kunst, an sich hochzuschauen besser, als der Franzose.

82. GRUND

Weil Frankreich ein bezauberndes Land ist

Obwohl der Amerika-Kult ständig zunimmt und viel mehr gereist wird als vor 40 Jahren, ist die Meinung des Franzosen, er lebe im schönsten Land der Welt, nicht totzukriegen. Alles, was er anderswo findet, findet er hier genauso und noch mehr. Wer das Land kennt, gibt ihm vorbehaltlos recht. In welche Richtung man sich auch bewegt, überall ist es schön. Die Küsten der Normandie und der Nordbretagne haben die herrliche Côte Fleurie, alte Manoirs säumen die Strandpromenaden, schöne Orte wie zum Beispiel der Mont Saint-Michel locken Reisende aus der ganzen Welt.

Der westlichste Punkt des Kontinents liegt natürlich in Frankreich an der Pointe du Raz in der Bretagne. Von dort aus zieht sich eine felsige Küste – la Côte d'Émeraude – mit kleinen und größeren Buchten, grobkörnigen Sandstränden, über den die Wellen eines blassgrünen Meeres schäumen, hinunter zu der endlosen Mimizan Plage mit ihrem feinen Strand, den Ferienhäusern unter Pinien.

Weiter geht es bis nach Biarritz, wo die hohen Wellen Surfer anziehen und das legendäre »Hôtel du Palais« Berühmtheiten. Der einstige Sommersitz von Kaiserin Eugénie sorgte dafür, dass schon die Könige von Belgien, Portugal und Württemberg, englische Lords, spanischer Adel und auch Kaiserin Sissi zur Erholung anreisten.

Ein bisschen ist die mondäne Patina abgesplittert, aber den Franzosen bleibt der Stolz auf seine extravaganten Badeorte und diversen Strände mit ihren poetischen, der Region angepassten Namen wie zum Beispiel Côte d'Opale, Côte Fleurie, Côte d'Émeraude, Côte d'Azur.

Aber auch das Land im Innern ist vielfältig, voller Kirchen, Kapellen und Kathedralen aus alten Zeiten, uriger Steinhäuser, romantischer Orte, idyllischer Seenlandschaften. Man denke an die verträumte Stadt Annecy mit ihrem schönen Lac d'Annecy. Auf das alles und besonders auf seine Hauptstadt ist der Franzose sehr stolz. Mag er sagen, was er will. Mag er über den Lärm, den Gestank und die Hektik seiner Hauptstadt in missbilligenden Tönen herziehen, letztendlich ist er überzeugt, dass es keine schönere Stadt auf der Welt gibt als Paris. Natürlich will der Landfranzose da nicht wohnen, aber ab und zu einen Abstecher machen, das will er auf jeden Fall. Falls er zu jenen gehört, die ein kleines Appartement in der Stadt besitzen, trägt er die Nase gleich etwas höher, denn – ob er will oder nicht – es wird ihm bewusst, dass er in eine Weltstadt investiert hat, die nie aus der Mode kommt. Hört er dann den Satz: »Was, Sie haben ein Appartement in Paris und wohnen auf dem Land!«, kann er siegessicher antworten: »Aber um Gottes willen, wer will denn in dieser Hektik leben?« und dabei denken: Wie gut, dass ich in Paris investiert habe und nicht sonst wo auf der Welt!

Nun mag sich mancher fragen, warum dieser Grund für den Reisenden ein Grund sein soll, Paris zu lieben. Ich möchte ihm Folgendes antworten: Das ganze Kapitel könnte man diesbezüglich infrage stellen. Das braucht man jedoch nicht, denn jeder hier aufgelistete Grund wird nur helfen, den Franzosen, den Pariser besser zu verstehen, und deshalb trägt jeder Grund dazu bei, Paris zu lieben und seine oft nervtötenden Einwohner sympathischer zu finden.

83. GRUND

Weil der Franzose seine Sprache für die schönste Sprache und die Wiege der Literatur hält

Der Franzose glaubt, die Literatur sei in Frankreich geboren. Er ist auch der Meinung, außerhalb seiner Grenzen habe lange Zeit nur ein unverständliches Gebrabbel geherrscht. Darin täuscht sich der Franzose nicht. Schon immer galt Französisch als elegant und fein. Es war Sprache der Höfe und Könige in ganz Europa. Katharina die Große sprach bei Tisch nur französisch, Ludwig II. von Bayern hat seine seltenen Unterhaltungen und auch seine Selbstgespräche gerne mit französischen Wörtern geschmückt und in den feinen Bürgerhäusern des späten 19. Jahrhunderts wurden die Kinder mit *Assez, les enfants!* oder *Ça suffit!* zur Ordnung gerufen.

Meine Tante aus Florida, die augenblicklich zu Besuch in Paris ist, parliert ständig in Französisch mit mir, obwohl ich sehr gerne amerikanisch mit ihr reden würde. »*N'oublions pas, ma chère Catharina, que la langue française est la langue des salons* (Vergessen wir nicht, liebe Catharina, dass Französisch die Salonsprache ist)«, rechtfertigt sie sich und weist damit auf die Eleganz hin, die das Französische anderen Sprachen voraus hat.

»Wozu eine andere Sprache lernen, da doch die unsrige eine Weltsprache ist«, sagten sich die Franzosen jahrhundertelang und sagen es teilweise noch heute. »Uns können alle verstehen! Das genügt!« In dieser Hochnäsigkeit liegt die Tatsache begründet, gar nicht oder nur holprig eine Fremdsprache zu beherrschen. Selbst mit Spanisch oder Italienisch tat sich der Franzose lange Zeit schwer. Mittlerweile hat sich diesbezüglich einiges geändert.

Als meine Mutter in den 1980er-Jahren nach Paris zog, machten sich wenige die Mühe, sie zu verstehen oder ihr mit Englisch entgegenzukommen. Auch darin verbirgt sich das unglaubliche Talent des Franzosen, an sich hochzuschauen. »Nein!«, sagt der Franzose. »Du bist in meinem Land, also streng du dich an! Es tut dir gut, meine Sprache zu lernen. Sie ist viel schöner als deine!« Dieser Hochmut zeigt sich besonders deutlich bei den Kellnern. Man ist geneigt zu sagen, sie seien die Stars unter den An-sich-hoch-Guckern!

Es gibt allerdings immer mehr einsichtige Franzosen. Waren sie wohl seit Urzeiten der Meinung, Poesie und Prosa erfunden zu haben, so kommen ihnen allmählich Zweifel. Zwar leitet sich das Wort »Belletristik« von *la belle lettre*, der schöne Buchstabe, ab, aber erfunden hat sie Frankreich nicht. Erzählende Prosa gab es schon in der römisch-griechischen Antike und ab dem 11. Jahrhundert verbreiteten sich isländische Sagen und Prosa aus Japan und China in Europa. Allerdings entstand im Frankreich des 12. Jahrhunderts der Versroman, begründet von Chrétien de Troyes. Monsieur de Troyes setzte die Überlieferung von britannischen Sagen, Mythen und Legenden in Versromane um, womit zunächst nur gebildete Leser aus adligen und großbürgerlichen Kreisen unterhalten werden konnten.

Zu Zeiten, während derer sich die Menschen im restlichen Europa eher auf einfache Weise ausdrückten, weder schreiben noch lesen konnten und Bildung nur den Wohlhabenden vorbehalten war, breitete sich in Frankreich die Versprosa aus und entwickelte sich Schritt für Schritt zur Prosa, die allen lesenden Menschen zugänglich und auch verständlich war. Chrétien de Troyes schrieb *Lancelot* sowie *Perceval oder die Erzählung vom Gral* (nicht vollendet). Diese Form der Erzählkunst gelangte auch nach Deutschland, wo der bekannteste Poet des Hochmittelalters, Wolfram von Eschenbach, den französischen *Perceval* vollendete und dann übersetzte. Aus »Perceval« wurde »Parzival«, der im 19. Jahrhundert Richard Wagner zu seiner Oper *Parsifal* inspirierte. In seiner Oper *Tannhäuser* lässt Wagner den wohl bekanntesten deutschen Poeten des Mittelalters Wolfram von Eschenbach auftreten.

Aber kehren wir zu den Franzosen und ihrem unerschütterlichen Glauben, die schönste Sprache der Welt ihr Eigen zu nennen, zurück.

Sie rühmen auch deren Reichhaltigkeit und Eloquenz. Sie habe das größte und differenzierteste Vokabular, behaupten sie. Wer die Werke von Proust kennt – und fast jeder Franzose kennt wenigstens *Eine Liebe von Swann* –, der ist geneigt, das zu glauben. Was allerdings das reichhaltige Vokabular angeht, steht England an erster Stelle; was die Eloquenz anbelangt, könnte der Franzose recht haben. Er hat ein beneidenswertes Geschick, auch Unangenehmes in kunstreiche Sätze zu verpacken. Da ist er unschlagbar und daran sollte man sich, meiner Meinung nach, ein Beispiel nehmen. Ist einem zum Beispiel etwas Dummes herausgerutscht, sagt man im Deutschen: Da hättest du besser den Mund gehalten. Der elegante Franzose hingegen sagt: *Tu as râté l'occassion de te taire* (Du hast leider die Gelegenheit verpasst, zu schweigen). Klingt das nicht charmant?

Weil Frankreich, im Besonderen Paris, die schönsten Frauen beherbergt

Während seiner Spaziergänge durch die Metropole sagte mein Großvater oft: »Meine Güte, das muss man den Franzosen lassen: Ihre Frauen sind schön, obwohl sie viel zu große Nasen haben.« Mit dieser Aussage trifft er den Kern. Die Französin – respektive die Pariserin – hat nicht immer Traummaße und auch kein Puppengesicht. Sie ähnelt nicht dem makellosen braun gebrannten Beachgirl Kaliforniens oder dem von Saint-Tropez. Diese Kategorie umfasst ohnehin nur die jungen Frauen. Sobald das Beachgirl älter wird, zwei oder drei Kinder hat, leiden Gesicht und Figur. Dem wirkt die Pariserin entgegen. Und selbst die Französin vom Land versucht, es zu verhindern.

Pariserinnen achten auf Figur und Haltung. Ihre herben Züge tragen sie mit Würde. Schönheit ist Disziplin, Geisteshaltung, Intelligenz, lautet ihr Geheimrezept. Einige Falten, Augenränder, Tränensäcke sind kein Grund zum Verzweifeln, wenn der Gesamteindruck positiv ist. Immer gilt die These: Lass dich nicht gehen.

Charles Aznavour hat das recht unterhaltsam in seinem Chanson *Du lässt dich geh'n* beschrieben. Das Lied stammt aus den 1960er-Jahren und war damals ein Renner. Hier ein paar Auszüge:

> *Du bildest dir doch wohl nicht ein*
> *du könntest reizvoll für mich sein …*
> *Dein Haar, da baumeln kreuz und quer,*
> *die Lockenwickler hin und her.*
> *Und schiefe Hacken obendrein –*
> *wie fiel ich nur auf so was rein?*

Heute achten die französischen Frauen nicht nur auf schicke Kleidung, sie machen auch regelmäßig Sport, essen ausgewogen, trinken statt Bier lieber Champagner und enthaaren sich perfekt. Auch im Winter. Denn nichts ist erschreckender als ein Pelz unter der Feinstrumpfhose.

Dennoch fragt man sich, wie die Pariserin es hinkriegt, immer attraktiv auszusehen. Im Beruf ist sie manchmal den ganzen Tag auf den Beinen – oft sogar auf High Heels –, verzichtet bei Tisch nur manchmal aufs Dessert, zündet sich hin und wieder eine Zigarette an, feiert Partys und hetzt abends nach Hause, um noch ein perfektes Abendessen zu servieren. Anstrengung und Sünden sieht man ihr nicht an. Sie scheint ein von der Natur gesegnetes Kind zu sein, das sich alles erlauben darf, ohne dafür mit Speckrollen, Falten, Müdigkeit und Schwerfälligkeit zahlen zu müssen. Der Alterungsprozess geht milde mit ihr um. Bohrt man nach dem Geheimnis ihrer Schönheit, antwortet sie gelassen: »Täglich frisch gepressten Zitronensaft und hin und wieder genügend Schlaf.«

Für die Franzosen und für viele scheint sie im Besitz der ewigen Jugend und Schönheit zu sein. So ist es natürlich nicht. Gott hat vielleicht Paris erschaffen (das jedenfalls behauptet Ulrich Wickert), aber er hat nicht die Französin als schönste Frau erschaffen. Pfunde, Falten, Unebenheiten oder Haarausfall machen auch vor der Französin nicht halt. Im Gegensatz zu vielen anderen Frauen auf der Welt jedoch ist die Pariserin eine Kämpferin und zieht gegen jeden Schönheitsmakel in den Krieg. Allerdings relativ unbemerkt. Niemand soll wissen, dass sie sich ihr Aussehen erarbeitet hat oder im Friseur- und Kosmetiksalon aufmöbeln lässt. Offiziell verdankt sie ihr gutes Aussehen den Genen und die Farbe ihres Haares ihrer Mutter. Dennoch besitzt die Pariserin etwas, was andere Frauen der Welt tatsächlich nicht besitzen. Einige Schriftsteller haben sich dieses Phänomens angenommen, um den restlichen Frauen der Welt Hilfe in puncto Schönheit, Chic und Haushaltskunst zu leisten. Debra Ollivier und Anne Barone beschäftigen sich in ihren

Büchern *What French Women Know* und *Chic & Slim toujours* mit Schönheits- und Ernährungstipps, während *Bringing Up Bébé* von Pamela Druckerman und *Fatale, How French Women Do It* von Edith Kunz die Erziehungs- und Haushaltskunst der Französin über den grünen Klee loben.

Hat nun die Französin, insbesondere die Pariserin, den anderen Frauen an Chic, Haltung und Savoir-vivre so vieles voraus, dass man an ihr hochschauen sollte, so wie sie selbst an sich hochschaut? Warum sind ihre Kinder meistens gut erzogen, können Bitte und Danke sagen, fragen, ob sie vom Mittagstisch aufstehen dürfen, halten anderen die Tür auf? Was steckt dahinter?

Ich beantworte zuerst die zweite Frage: weil die französische Mama von früh an mit kleinen Erpressungen arbeitet. Beispiel: »Wenn du schön Bitte sagst, bekommst du die Makrone. Wenn du die Tante freundlich begrüßt, gibt sie dir das Geschenk, das sie für dich mitgebracht hat. Bedankst du dich allerdings nicht freundlich, nimmt sie es wieder mit.« Und was die erste Frage angeht: Die Pariserin hat Stil mit der Muttermilch eingesogen, sofern ihre Mutter eine echte Pariserin ist. »Less is more« heißt eine ihrer Devisen, *faussement* heißt eine andere. *Faussement* bedeutet »fäschlicherweise« oder »scheinbar«: Die Pariserin ist demnach nur »scheinbar« gut frisiert, »scheinbar« chic angezogen, trägt eine »scheinbar« sympathische Miene zur Schau, stolziert »scheinbar« selbstsicher durch die Straßen. Alles ist Schein, aber dieser Schein hat eine geniale Wirkung. Er verleiht der Pariserin und Französin diesen rätselhaften Touch, dieses Geheimnisvolle, Undurchschaubare, das immer und immer wieder von Neuem fasziniert. Und zwar jeden. Welcher Nationalität auch immer er angehört. Aus diesem Grund sind die Pariser besonders stolz auf ihre Frauen.

85. GRUND

Weil sich der Franzose für intelligenter hält als den Rest der Welt

Sich das einzubilden ist nicht schwer. Frankenkönig Charlemagne – Carolus Magnus oder Karl der Große – hat die Schule zwar nicht erfunden, aber sehr gefördert. Anfangs wurden die Kinder aus privilegierten Familien in den Abteien von Mönchen unterrichtet, doch Karl der Große wollte es auch armen Kindern ermöglichen, lesen und schreiben zu lernen, deshalb ließ er in jeder Domstadt Grundschulen gründen, die allen Kindern zugänglich waren. Im Paris des Hochmittelalters, vorzugsweise zwischen der Place Maubert und dem Hügel Sainte-Geneviève, schossen Bildungsstätten regelrecht aus dem Boden. Sie wurden von fortschrittlich denkenden Aristokraten sowie Klerikern eröffnet, die sogar bei Platzmangel auf der Straße unterrichteten. (Siehe dazu die Gravur von Albert Robida: *Les Escholiers du temps jadis.*)

Auf diesem historischen Hintergrund muss man die Bildungswut des Franzosen verstehen. Wissen wurde lange Zeit höher angesehen als Vergnügen, Spiel, Sport. Mittlerweile haben zwar Sport und Unterhaltung einen viel höheren Stellenwert als früher, dennoch wird Bildung noch stets mehr geschätzt als Bizeps. Deshalb spielen die französischen Kinder im letzten Kindergartenjahr auch nicht mehr viel. Sie lernen. Im Übrigen beginnt die CP – *Cour*

Préparatoire, sozusagen die erste Grundschulklasse – für den knapp Sechsjährigen nicht mit ein paar freundlichen Stunden, die ihn allmählich an den Schulrhythmus heranführen wie in Deutschland üblich, sondern sogleich mit einem Ganztagsprogramm, das durch kleine Pausen und die große Mittagspause unterbrochen wird.

Schon sehr früh merkt der kleine Franzose (respektive der Pariser), wie wichtig Bildung ist und dass ohne sie der Aufstieg dornig sein kann. Spätestens ab seinem 16. Lebensjahr drehen sich die Konversationen nicht mehr nur um Liebe, Aussehen, Klamotten oder Hobbys. Da wird auch gern über einen Schriftsteller, einen Künstler oder über Politik diskutiert. Wem dazu nichts einfällt, der fällt negativ auf. Manche Zusammenkünfte sind so sehr von Intellekt geprägt, dass es peinlich wirkt, nur belangloses Geschwätz zum Besten zu geben.

Ich habe *diners* erlebt, da war Getratsche geradezu verpönt. Wird nach dem ersten lockeren Begrüßungsgeplauder nicht eilig auf aktuelle Politik oder Themen aus Philosophie, Literatur und Wissenschaft umgeschaltet, beschleicht jeden das Gefühl, der Abend sei zu oberflächlich.

Natürlich gibt es gemütliche Beisammensein, bei denen nur die neuesten Eroberungen und Outfits durchgehechelt werden, aber die sind in Paris eher selten. Sie finden in ländlichen Gebieten statt. Paris ist das Mekka der Intellektuellen. Anspruchsvolle Unterhaltungen sind ein Muss. Damit unterscheidet sich diese Stadt selbst von bedeutenden Universitätsstädten, da dieser Fakt nicht unbedingt mit den Studenten zu tun hat. Wo es viele Studenten gibt, wird zwangsläufig studiert. In Paris hingegen wird in jedem Fall geistig gearbeitet und diskutiert. Und so öde die Arbeit einer Postbotin auch sein mag, sie hat mit großer Wahrscheinlichkeit ihr Abitur in der Tasche und von René Descartes, Molière oder Voltaire schon einiges mitbekommen.

Vergleiche ich meine französischen Freunde mit meinen amerikanischen oder deutschen, fällt mir auf, dass ihr Bildungssystem weniger Stress macht, sie in den letzten zwei Jahren vor dem Abitur nicht bis über beide Ohren mit Pflichtlektüre vollgestopft werden – die Liste der zu lesenden Bücher scheint unendlich – und dass ihre Prüfungsfragen nicht Universitätsniveau haben.

Was der Franzose gelernt hat, will er auch zeigen. Da er meist viel gelernt hat, redet er auch viel und hört sich gerne reden. Das ist bei Fernsehdiskussionen zu beobachten und natürlich beim geselligen Zusammentreffen.

Und jetzt kommt der Punkt, an dem ich an das Thema des Buches erinnern möchte. Wem die schnelle Schnauze, das Wissen und vor allem das Besserwissen und die Unfehlbarkeit des Franzosen auf die Nerven gehen, dem sei gesagt: Auch das trägt zum Charme der Stadt bei und kann ein Grund sein, Paris zu lieben. So ist einfach der Pariser. *Et voilà!*

86. GRUND

**Weil die Franzosen essen, trinken, rauchen
und trotzdem besser aussehen als alle anderen**

Dank meiner ehemaligen Tätigkeit als Model sowie meiner Reiselust bin ich ein wenig herumgekommen. Ich muss zugeben: Ein bisschen Wahrheit steckt in dieser überheblichen Meinung. Nicht nur der Franzose denkt so von sich, sondern halb Europa und ganz Amerika. Reisende sehen den Franzosen beim Mittag- und Abendessen mit einer Flasche Wein und Zigaretten. Sie hören von den Parisern, dass sie auf allen Hochzeiten tanzen, ohne müde zu werden, alles essen können, ohne ein Gramm zuzunehmen, und literweise Alkohol in sich hineingießen, ohne dabei abhängig zu werden. Die französischen Frauen sehen fast immer gut aus, bleiben trotz Festen und Alkoholkonsum schlank und fit. Der französische Mann ist zierlich bis ins hohe Alter, hat statt dicker Backen interessante Falten und statt rotunterlaufener Augen einen Hundeblick (besonders bei älteren Ehemännern festzustellen).

Vieles ist im *savoir-vivre* begründet. Das kann ich als Französisch-Deutsche wirklich gut beurteilen. Meine Besuche in Deutschland oder den USA bezeugen es. Da ich an das französische Essen gewöhnt bin, vertrage ich ausländische Kost nur in geringen Mengen. Ich muss im Ausland immer einen Kinderteller bestellen, da ich die landesüblichen Portionen nicht bewältigen kann. Irrtümlicherweise glauben viele Nichtfranzosen, das Drei-Gänge-Menü der französischen Küche mache dick und sei ohnehin unbezwingbar. Da bleiben sie lieber bei ihrem deftigen Teller Spaghetti und trinken einen Liter Bier dazu. Das vertilgen sie dann in 14 Minuten. *Oh, mon Dieu, quelle catastrophe!* Es mag wohl nach Schlemmen aussehen, wenn der Franzose zwei Stunden zu Tisch ist und in aller Ruhe speist, aber letztendlich nimmt er weniger Kalorien zu sich und verdaut, weil er genügsamer isst als derjenige, der ein Pfund Spaghetti und ein Bier eilig hinunterschlingt.

Die Vorspeise – zum Beispiel ein gemischter Salat – sollte separat gegessen werden, der Hauptgang – ein Schnitzel oder Fisch mit Kartoffeln, Nudeln oder Gemüsebeilage – in Ruhe verspeist, und es sollte wenn möglich nicht auf Käse verzichtet werden, um den Magen zu schließen, wie es so schön heißt. Wer sich zum Schluss ein kleines Dessert und einen Kaffee erlauben will, braucht keine Angst vor zusätzlichen Pfunden zu haben. Was den Alkohol angeht, so wirkt sich in der Tat eine halbe Flasche Wein zum Essen anders aus als ein Liter Bier. Von einem wird man anfangs eventuell ein wenig beschwipst und mit der Zeit eher müde, das andere hingegen schwemmt auf die Dauer auf.

Dazu eine Anekdote, die meiner Mutter widerfuhr: Sie lebte erst kurze Zeit in der Metropole und ging zum ersten Mal während ihrer Schwangerschaft zu einem französischen Frauenarzt. Arglos fragte sie ihn, ob es denn was ausmache, wenn sie regelmäßig ein Bier zum Essen trinke. Natürlich wollte sie wissen, ob der regelmäßige Genuss von Bier dem Kind schade. Der Arzt – ein typischer Franzose – hatte sie offensichtlich nicht richtig verstanden, denn er antwortete spontan: »Bier zum Essen? Madame, was für eine schreckliche Vorstellung! Damit schaden Sie vielleicht nicht so sehr dem Kind, aber mit Sicherheit Ihrer Figur.«

Es ist kein Geheimnis, dass Wein eher zehrt als nährt. Wer also rank und schlank bleiben und dennoch gut essen und trinken will, der achte darauf, was und wie er isst und trinkt. Es geht mir nicht darum, den einen Alkohol gegen den anderen Alkohol auszuspielen. Ich möchte hier auf die Nebenwirkungen im Aussehen hinweisen, um dem oben angegebenen Grund gerecht zu werden. Die hässlichen Nebenwirkungen des Rotweins schlagen sich nicht in der Figur nieder, sondern höchstens auf den Zähnen. Allerdings bei unmäßigem Konsum in der rotblauen Gesichtsfarbe. Weniger schön! Und Figur sowie gepflegte Erscheinung stehen in Paris neben Intellekt und Haltung an erster Stelle. Wenn es auch den Anschein hat, dass sich immer weniger Menschen in Frankreich danach richten, so bleibt gutes Aussehen ein verinnerlichter Maßstab, von dem man sich nicht so leicht abnabeln kann. Und gut aussehen bedeutet: schlank, fit und gepflegt.

In vielen anderen Ländern scheinen rundliche Frauen mehr akzeptiert zu sein. Ja, sie werden sogar als attraktiv bezeichnet, was sich in Paris wohl kaum durchsetzen wird. Anlässlich eines Besuches in Deutschland stieß ich auf eine Fernsehsendung, deren Ziel es war, den Begriff »Schönsein« neu zu definieren.

Eine dicke junge Frau mit hübschem Gesicht erklärte leidenschaftlich, man müsse sich wieder auf die inneren Werte und die Ausstrahlung besinnen. Auch dicke Frauen seien schön, wenn sie es verstehen, auf ihre inneren Qualitäten aufmerksam zu machen und ihre Rundungen mit dementsprechenden Klamotten ins rechte Licht zu rücken. Nun, diese Einstellung würde in Paris niemals Schule machen, und wäre es so, stünden Karl Lagerfeld vermutlich die grauen Haare zu Berge.

Jedenfalls sind die Leidenschaft für Mode und die damit zusammenhängende Kontrolle über die idealen Körpermaße sowie die Liebe zu Parfüm, Kosmetik und Pflege im Pariser tief verwurzelt und deshalb entscheidende Gründe für die oben genannte Behauptung.

Ich selbst bin davon nicht ganz überzeugt. Es mag stimmen, dass die meisten Franzosen mehr auf ihr Aussehen achten, aber ihnen deshalb gleich den Mister- und Miss-World-Titel zu verleihen, halte ich für stark übertrieben.

87. GRUND

Weil es hier das beste Essen gibt

Dem muss ich unbestritten zustimmen. Oh, doch: Es gibt köstliche Torten und Apfelstrudel in Österreich, herrliche Apfel- und Zwetschgenkuchen in Süddeutschland, fantastische Bratkartoffeln, Kohlrouladen, traumhaft sahniges Kartoffelpüree in München, herzhafte Maultaschen, Oberländer und Kartoffelsalat in Schwaben und weitaus mehr herrliche Spezialitäten im Süden Europas, im Libanon oder in osteuropäischen Ländern. Aber nirgends sind die Speisen so fein, so bekömmlich und ausgewogen wie in Frankreich. Nirgends sind sie so fantasievoll zubereitet. Jedenfalls schmecke ich das so, und wer anders schmeckt, darf das ruhig tun.

Dank meiner Familie und meiner Freunde hatte ich Gelegenheit, in den besten Restaurants von New York, London, Amsterdam, Madrid, Wien, Mailand und anderen Städten und Dörfern der westlichen Hemisphäre zu schlemmen, während meine Brüder in Los Angeles, Peking, Hongkong und Moskau gegessen haben und auf den gleichen Nenner wie ich gekommen sind. *»Nous avons la meilleur gastronomie du monde«*, behauptete auch Nicolas Sarkozy anlässlich des Omnivore Food Festivals in New York 2010 (»Wir haben die beste Gastronomie der Welt!«).

Natürlich haben sich indische, osteuropäische, japanische Küchenkünste großartig entwickelt und sicherlich gibt es in diesen Ländern ausgezeichnet zubereitete Speisen, die es mit den hiesigen aufnehmen können. Dennoch hegten die Franzosen schon zu allen Zeiten eine besondere Liebe zur Kochkunst und zum Gastgewerbe. Das Wort »Gastronomie« – ursprünglich aus dem Griechischen: »gastro«, Magen – wurde in Frankreich sozusagen geschmiedet. Dort entwickelte es sich zu dem, was wir heute darunter verstehen: gute Küche, Genuss am Tafeln, Freude am Essen und dem schön gedeckten Tisch. Von Frankreich aus breitete sich der Begriff in andere Länder aus und sollte eigentlich nicht nur das »pure Ernähren, weil man Hunger hat« bedeuten. Kulinarischer Genuss ist das, was gleich nach der Liebe kommt, sagen die Franzosen. Man kommt also zu dem Schluss, dass Mode, Liebe und Essen in Frankreich besonders gepflegt werden. Ein wichtiger Aspekt der guten französischen Küche sind natürlich die exzellenten Erzeugnisse wie zum Beispiel die Varietät der Käsesorten, der Weinanbau in unterschiedlichen Regionen wie Bourgogne, Bordeaux, Côte de Rhone sowie das Brot und die Gänseleberpastete. Frankreich hat im Vergleich zu Italien und Spanien, deren Küchen sich vor allem auf die sonnige würzige Frische der Mittelmeerprodukte konzentrieren, eine größere und oft qualitativ bessere Auswahl an Produkten.

Der Punkt auf dem i von *la cuisine* aber ist, dass sie Frankreich zu einer Kunst erhoben hat, zu einem Luxus. Die gute Küche gehört zur französischen Kultur wie ihre Musik, ihre Malerei und ihre Schriftsteller. Sie ist ein Symbol für die französische Lebenskunst. Lange Zeit galt Frankreichs Küche als Modell für alle feinen Restaurants der Welt. Daran hat sich bis heute nicht viel geändert. Besonders *l'art de la table*, die Kunst des Tafelns, wird weltweit nachgeahmt. Sie zu kennen und zu beherrschen, darauf ist der Franzose, allen voran der Pariser, stolz.

Wo auch immer er hinkommt, er hat – sollte es sich um einen normalen, gut erzogenen Durchschnittsfranzosen handeln – gute

Tischmanieren, kann das Besteck richtig handhaben, benutzt die Serviette und steht nicht einfach vom Tisch auf, wenn sein Teller leer ist. Oft kennt er sich mit Käse und Wein aus, sagt zum Mittag- oder Abendessen nicht einfach: *»Je mange«* (Ich esse), sondern: *»Je déjeune«* oder: *»Je dîne«* – ich esse zu Mittag oder ich esse zu Abend.

Auf der ganzen Welt bin ich noch nicht gewesen, also kann es durchaus sein, dass ich meine Meinung eines Tages ändere. Augenblicklich jedoch bleibe ich dabei: Frankreich hat für mich die beste Küche und daran ändert auch die Aufstellung von 2011 der Toprestaurants nichts. An erster Stelle figuriert dort nämlich das dänische Restaurant »Noma«. An zweiter und dritter Stelle rangieren die spanischen Lokale »El Celler De Can Roca« und »Mugaritz«. Frankreich steht nicht einmal unter den ersten zehn. Ist das nicht unglaublich? Nun ja, der Franzose wird das gelassen hinnehmen.

Wie auch immer. Ob erster oder zwölfter Platz: Die französische Küche gehört zur besten der Welt, alles weitere obliegt dem persönlichen Geschmack.

88. GRUND

**Weil Frankreich die schönsten Schlösser
und Paris die schönsten Bauwerke hat**

Fast jede Hauptstadt kann ein schönes Bauwerk vorweisen. In Moskau ist es der Kreml, in London Buckingham Palace, Westminster Abbey und das Parlament, in Rom der Petersdom, das Monumento Vittorio Emmanuele II. oder die Villa Borghese. Auch in China, Japan und Bali gibt es ungewöhnliche Bauwerke. Dennoch ist keine Stadt mit Paris oder New York zu vergleichen. Denn diese beiden Metropolen haben zwei Dinge gemeinsam: das sprudelnde Leben und die ungewöhnliche Architektur.

Die New Yorker Architektur ist jung. Sie ist modern, dekorativ und kaum 200 Jahre alt. Den Erbauern sind schillernde Kombinationen aus Glas, Holz und Stein gelungen. Man denke nur an die Königin von New York: das Chrysler Building, an den wie ein Diamant strahlenden Hearst Tower, an Grace Church, das Ansonia-Gebäude oder an die Brooklyn Bridge, nicht zu vergessen die hübschen Brownstone-Häuser in Harlem.

Im Vergleich zu New York ist Paris steinalt und seine schönsten Bauwerke sind es ebenso. Auf der ganzen Welt gibt es kein Monument, das mit Notre-Dame konkurrieren könnte. Die Kathedrale wurde zwischen 1163 und 1345 errichtet und ist das älteste gotische Gotteshaus Frankreichs. Während der langen Schaffenszeit unterlag der Bau den Einflüssen unterschiedlicher Stilrichtungen. Papst Alexander III. legte den Grundstein zur Gestaltung von Kirchenschiff und Chor, die sich an der romanischen Baukunst orientieren: massive Fassade, Steingewölbe, wenig Öffnungen und viereckige, mittelalterliche Türme. Als man während der zweiten Schaffensperiode (zwischen 1250 und 1363) die enorme Vorderfassade im gotischen Stil hochzog, mit ihren reichen Ornamenten, Strebebögen, unzähligen Öffnungen und Gewölberippen, erkannte man, dass Romanisch und Gotisch nicht miteinander harmonieren, und rekonstruierte den älteren Teil. Schließlich gaben die Künstler der Frührenaissance ihren Senf dazu. In ihren Augen war Gotik das Werk von Barbaren. Sie zögerten nicht, manche Strebebögen zu verhüllen und Wände sowie Arkaden mit Gobelins zu behängen. Dem ohnehin schon mit Altären und Kenotaphen überfüllten Kirchenschiff wurden noch barocke Statuen sämtlicher himmlischer Heerscharen hinzugefügt.

Was man an Notre-Dame de Paris sieht, findet man überall in Paris wieder. Viele Monumente der Metropole laden zum Geschichtsunterricht ein. Wer sich mit ihnen beschäftigt, taucht nicht nur in die Geschichte der Stadt ein, sondern ist auch gleichzeitig mit Kunststilen, mit Glasschneidern, Glasmalern, längst vergessenen

Bildhauern und Baumeistern konfrontiert. Und kann es manchmal nicht fassen, was für große, heute namenlose Künstler dort am Werk waren. Natürlich arbeiteten an Frankreichs Schlössern, Manoirs und den prachtvollen Monumenten und Wohngebäuden der Hauptstadt nicht nur französische Handwerker, dennoch verdanken wir ihnen den Löwenanteil. Oft schufteten sie unter grausamen Bedingungen, hatten wenig Ruhepausen und keine Ferien.

Innerhalb von Jahrhunderten haben Könige, Aristokraten und im 19. Jahrhundert schließlich reiche Bürger mit Hilfe begabter Architekten Paris zur schönsten Stadt der Welt gemacht. Zwar wütete in den 1950er- und 1960er-Jahren der Zweck- und funktionsorientierte Stil von Le Corbusier, dessen Anhänger behaupten: Uns interessiert das Motorische unserer Zeit und nicht die Philosophie ihres Stils. Aber auch das hat der Schönheit der Stadt – glücklicherweise – keinen Abbruch getan. Auch hier fühlt sich der Franzose bestätigt und kann sagen: Paris lässt sich nicht besiegen!

89. GRUND

Weil Paris die besten Schulen hat

Die besten Schulen Frankreichs wohlgemerkt und nicht, wie es der Franzose gerne hätte, der ganzen Welt. Es gab einmal eine Zeit, da standen die Pariser Schulen ganz oben in den Charts der renommierten Unterrichtsstätten (Universitäten inbegriffen). Deshalb sollten sämtliche Kinder des Landes auch in Paris studieren und, falls möglich, auch dort zumindest die Gymnasialzeit absolvieren. Die meisten Lehrer des Hexagons zog und zieht es noch immer an Schulen der Metropole. Und da das Auswahlverfahren von hohem Niveau ist, landen in der Hauptstadt meistens die Lehrer mit den besten Abschlusszeugnissen. Ebenso steht es mit Professoren, Ärzten und Juristen. Allerdings gibt es viele Ausnahmen, die diese Regel bestätigen. Meine Nachhilfelehrerin zum Beispiel hatte einen brillanten Hochschulabschluss in Literaturwissenschaften, durfte für *Le Monde* Buchkritiken schreiben, die sehr gut ankamen, und wurde dennoch als Lehrerin in einen berüchtigten Vorort versetzt.

Nebenbei sollte ich erwähnen, dass man in Frankreich diejenigen, die an Grund- und Hauptschule unterrichten, als *enseignant*, also schlicht Lehrer, bezeichnet, während der Lehrer der Mittel- und Oberstufe als *professeur* betitelt wird. Wobei dieser »Professor« zwar nicht habilitiert, seinen Titel allerdings an der Universität errungen hat, genau wie der deutsche Gymnasiallehrer. Die Pädagogische Hochschule allein bildet nur den *enseignant* aus.

Mittlerweile haben sich die Kriterien für eine gute Schule verlagert. Noch in den Sechziger- und Siebzigerjahren des letzten Jahrhunderts errang sich eine Schule ihren Ruf als beste Schule durch intelligente Schüler aus gutem Hause, durch das Einhalten von Regeln, durch sehr gebildete Lehrer. Ob diese nun pädagogisch sehr kompetent waren, stand auf einem anderen Blatt. Heute gilt das nicht mehr. Eine gute Schule zeichnet sich durch ein engagiertes Lehrerteam aus, das die Lernfortschritte der Kinder ernst nimmt, individuelle Schwächen berücksichtigt und außerordentliche Begabungen fördert. Darin ist Finnland Spitzenreiter … Frankreich nicht gerade. Was auch daran liegt, dass sich Frankreich die Qualität einzelner Topschulen mit der minderen Qualität vieler Landschulen sowie anderer Pariser Schulen erkauft hat. Das beste Bildungssystem der Welt hatte Frankreich vermutlich nur in grauer Vorzeit, alles andere ist Klischee. Und der Franzose weiß das auch, gibt es aber ungern zu. Jedoch hat er in den letzten Jahren gelernt, die Nase nicht mehr ganz so hoch zu tragen.

Weil die Pariser das Glück und die Freiheit erfunden haben

Jedenfalls sind noch viele der älteren und jüngeren Semester dieser Meinung. *»Le bonheur est une idée neuve en Europe!«,* rief Louis Antoine Léon de Saint-Just in den Sitzungssaal des Nationalkonvents anlässlich seiner Rede am 3. März 1794. Nun ist Saint-Just, der den König aufs Schafott brachte und mitverantwortlich für die Schreckensherrschaft war, kein blühendes Beispiel für Glück. Dennoch hegten er und sein Lehrer Robespierre anfangs nicht nur den Traum, die Menschheit vom Absolutismus zu befreien, sondern sie auch glücklich zu machen. Der Anwalt Robespierre war am Anfang seiner politischen Laufbahn Gegner der Todesstrafe. Sein Schüler Saint-Just schrieb Gedichte und weltverändernde Aufsätze. Insofern waren die Parolen, die sie sich aufs Banner schrieben, durchaus keine Floskeln. Leidenschaftlich setzten sie sich für Gerechtigkeit und die Freiheit des geknechteten Menschen ein. Als Léon de Saint-Just in der Rede über die Verfassung behauptete: »Jede Form der Kunst hat Wunder hervorgebracht, die Kunst des Regierens hingegen nichts anderes als Monster« und damit die absolutistische Herrschaftsform anprangerte, ahnte er wohl noch nicht, dass die Regierungskunst der Revolutionäre auch Monster hervorbringen würde. Das alles hat der Franzose, der von der elementaren Bedeutung der Revolution für Frankreich überzeugt ist, nicht vergessen. Aber der Pariser, der sich als den gebildetsten Franzosen sieht, erkennt zwar das menschliche Versagen, das hinter der blutigen Entartung der Revolution steckte, gleichzeitig aber auch ihr Verdienst. Das sind im Juli 1789 die Befreiung der Bauern und somit das Ende der Feudalherrschaft, darauf folgte im August desselben Jahres die Erklärung der Menschen- und Bürgerrechte nach dem Vorbild der Unabhängigkeitserklärung der USA. Darin heißt es: »Von ihrer Geburt an sind und bleiben die Menschen frei und an Rechten einander gleich.« – »La République Française« als liberal-demokratischer Verfassungsstaat stützt ihr Selbstverständnis auf die Errungenschaften jener Zeit. Diese Errungenschaften dienen heute als Grundlage der übrigen europäischen Verfassungen. Und darauf kann der Franzose natürlich stolz sein. Denn zum Zeitpunkt der Verabschiedung der »Französischen Erklärung der Menschenrechte« in der Nationalversammlung steckte die Revolution in ihrer gemäßigten Phase. Die Stürmung der Bastille und einige andere Aufstände hatten Menschenleben gekostet und Furcht verbreitet, waren aber nicht mit der radikalen Phase zu vergleichen, die die Schreckensherrschaft von Robespierre und seiner Partei brachte. Diese wollten die erste Republik aufbauen. Und während sie das zu erreichen versuchten, verloren sie ihren Verstand: »Die Republik aufzubauen, bedeutet die völlige Zerstörung dessen, was ihr entgegensteht!«, proklamierte Saint-Just.

Hört man den gebildeten Pariser bei einer Talkshow oder in einem Seminar über die Revolution diskutieren, dann weist er gerne auf die vielversprechende erste Phase hin und hat damit zugleich ein paar gute Argumente zur momentanen Weltkrise parat. Äußere Umstände – Krieg an den Grenzen, niedere Lebensqualität, schließlich die totale Mobilmachung der Bevölkerung für den Krieg – und die Unfähigkeit der Regierenden sowie ihre Verstrickungen und Feindseligkeiten hatten das fürchterliche Schreckensjahr auf den Plan gerufen. Heute stehen wir vor einem ähnlichen Dilemma, umso mehr wird heute von den Verantwortlichen verlangt, besonnen zu reagieren. Diplomatisch und, wenn möglich, friedlich. Ob der Franzose heutzutage in dieser Beziehung stolz auf seine Regierung in der Hauptstadt sein kann, wage ich zu bezweifeln.

KAPITEL 10

Für Lebenskünstler

»Die große Kunst, glücklich zu sein, besteht nur darin, gut zu leben.«
Jean-François Ducis

Weil der Tresen das Parlament des Volkes ist

»*Le comptoir d'un café est le parlement du peuple!*« Dieser Ausspruch von Honoré de Balzac hat noch immer Gültigkeit. Unter »Café« wird aber natürlich nicht das in Deutschland und Österreich beliebte Kaffeehaus verstanden, in dem es die feinsten Kuchen, Schlagsahne und schöne Tische mit bequemen Sesseln gibt. Wer mit dieser Vorstellung eines Cafés nach Paris kommt, wird herb enttäuscht werden. Lade ich eine Freundin zu einem Treffen mit den Worten »*Cet après-midi on ira dans un café, prendre un verre*« (Heute Nachmittag gehen wir auf ein Glas in ein Café) ein, so meine ich mit »Café« ein Bistro und mit »ein Glas« entweder ein Bier, einen Saft oder auch einen Kaffee.

Ein Bistro ist das kleine Café, in dem man sich trifft, in dem man eine Kleinigkeit essen und vor allem trinken kann. Meist ist es dort sehr laut, weil heftig getratscht wird. Besonders eifrig wird am Tresen des Bistros gequatscht, an dem sich Stammgäste zusammenfinden und die neuesten Nachrichten bei einem Glas durchhecheln. Das kann dann auch gerne schon gegen zehn Uhr vormittags ein Glas Rotwein sein. Der dicke Balzac hat mit scharfem Auge schon vor 170 Jahren beobachtet, wie unermüdlich da über Gott und die Welt debattiert wird. Wie leidenschaftlich sich der Mann aus dem Volk für seine politische Richtung einsetzt, kein Blatt vor den Mund nimmt, während die anderen Gäste trotz des Geschreis seelenruhig weiter essen oder trinken. Leicht kann man sich in die Zeit der Revolution versetzt fühlen, als während der Debatten um den Entwurf der ersten Republik der Konvent kochte und man sich gegenseitig im Eifer auch mal an den Kragen ging.

In manchen Bistros versteht man deshalb sein eigenes Wort nicht. Diese Art von Café gibt es in ganz Frankreich, aber in Paris findet man die originellsten. Und mittlerweile auch einige feinere, in denen keine Pommes frites auf dem Boden liegen und in denen es beim Eintreten nicht stark nach Ausschank riecht. Die feineren Cafés haben allerdings nicht mehr das Flair des alten Bistros mit seinen urigen Stammgästen, die teilweise aussehen, als kämen sie geradewegs aus der Unterwelt oder wären Überlebende aus Balzacs Zeiten. In den edleren, neu dekorierten Bistros verkehren dafür zu viele *bobos*. »*Bobo*« ist die Abkürzung für *bohemien-bourgois*, was übersetzt Bürgerbohemien bedeutet, der gepflegte Bohemien oder leicht schräge Bürger also, der kaum noch etwas mit dem armen Bohemien der 1950er- und 1960er-Jahre zu tun hat.

Wer lieber sein *croque monsieur* in einem althergebrachten Bistro verspeisen und dabei ein paar Fetzen des diskutierenden Volkes aufschnappen will, der braucht keine Liste angesagter Cafés. Er findet sie überall, ob rund um die Place de la Bastille (da gibt es noch einige urige), Place des Vosges, an der Opéra, in den geselligen Vierteln nahe der Rue Saint-Martin, République, les Halles oder im Quartier Latin.

Hier dennoch ein paar Tipps, was die exklusiveren Cafés betrifft: Häufig sind sie an feine Restaurants angekoppelt und haben nicht den üblichen Tresen, sondern eine vornehme Bar.

Le Café Constant, 139 , Saint Dominique. Das freundliche Café befindet sich am Ausgang eines pittoresken Platzes, der an ein Dorf erinnert. An der Theke wird Wein aus Kolben angeboten, Nüsse und Oliven. Statt Speisekarte konsultiert der Gast hier eine Schiefertafel, die der Chef oder Kellner vor die Nase stellt, solange man aussucht. Die Auswahl besteht aus drei bis vier Menüs zum Freundschaftspreis.

L'Office, 3, rue Richer im 9. Arrondissement.

Goldfarbenes Licht am Abend. Ambiente cosy-chic, der Tresen aus fein poliertem Holz. So präsentiert sich das Bistro *L'Office*. Die kleine Speisekarte ist ebenso eine Überraschung wie die Preise. Für 19 bis 24 Euro bekommen Sie ein ausgezeichnetes Drei-Gänge-Menü.

Die Brasserie *La Closerie des Lilas,* 171, Boulevard de Montparnasse im 6. Arrondissement hat eine hübsche Brasserie, die nicht so teuer ist wie das Restaurant des Hauses, aber ebenso schmackhaft. Häufige Gäste sind der ein oder andere *bobo* oder inländische Stars, die in der Gegend wohnen, wie Alain Souchon oder der Sänger Renaud. Ein Pianist lässt Solo-Gäste ein wenig träumen.

92. GRUND

Weil es dem hartnäckigen Gerücht zum Trotz doch gute preiswerte Lokale gibt

Ehrlich gesagt hat das Gerücht ein wenig Staub angesetzt. Vor 20 Jahren warnten sich Reisende gegenseitig, ja in keinem preiswerten Restaurant zu essen, weil die Küche sehr zu wünschen übrig ließe. Das Fleisch sei roh, der Salat nicht gewaschen, das Gemüse aus der Dose ... und noch mehr appetitverderbende Argumente dieses Kalibers kursierten. Ganz auszumerzen sind weder die Gerüchte noch die schlechten Lokale, deshalb ist es ratsam, sich schlauzumachen, bevor man ein Restaurant betritt. Geschmäcker sind verschieden, aber der Wunsch, anständig, sauber und einigermaßen geschmackvoll zu essen, dürfte universell sein.

Zunächst eine dringende Empfehlung: Wenn es sich irgendwie einrichten lässt, sollte der Voyageur bitte nicht dort speisen, wo Reisende in Scharen auftreten. Das heißt in manchen Bereichen des Quartier Latin, um Notre-Dame de Paris oder Les Halles, auf der Rue de Rivoli, am Louvre, auf den Champs-Élysées oder an der Place du Tetre auf dem Montmartre. Nicht, dass die Köche dort besondere Nieten wären. Nein, es liegt vor allem am Andrang, an der Geschwindigkeit, mit der alles bereitstehen muss, an der eher minderwertigen Ware und an dem Standpunkt des Inhabers, der sich sagt: Na, die kommen eh nicht wieder. Da muss nicht alles top sein.

Ziel sollte es sein, dort zu speisen, wo die Pariser hingehen. Da kann man nichts falsch machen.

Appetit auf innovative, junge Gastwirte?

»Big Fernand« und »Little Fernand« für alle Paris-Besucher, die einfach nicht auf ihren Hamburger verzichten können und dennoch etwas Neues wollen. In diesen kleinen, sympathischen Restaurants ist das Fleisch gut, das Gemüse frisch, die Pommes frites knackig und die Bedienung freundlich. Wo? Im 9. Arrondissement in der 55, rue du Faubourg Poissonnière.

Wenn Sie sich gerade im 9. Arrondissement aufhalten und es hingegen lieber gemütlich mögen, wäre der Italiener »Professore« in der Nummer 7, rue Choron einen Besuch wert. Es empfangen Sie römische Säulen, warmes Licht und der herrliche Duft nach klassisch italienischer Küche. Ein wenig Luchino-Visconti-Ambiente. Das Sardellen-Carpaccio und die freundliche Bedienung mit den lackierten Fingernägeln sind durchaus akzeptabel. Wer aussieht wie Alain Delon in seinen besten Zeiten, wird besonders lächelnd empfangen. Wer nicht so aussieht, nehme einfach jemanden mit, der so aussieht.

Im gleichen Arrondissement: »Bistrot La Bruyere«. Nüchterne Einrichtung, aber herzlicher Empfang. Recht gute französische neoklassische Küche. Achtung beim Rindersteak: Weisen Sie darauf hin, ob es rosa oder durchgebraten sein soll, sonst bekommt man es in jedem Fall blutig. Tarif? Menüs ab 21 Euro pro Person.

»Le Bistrot d'Henri« ist für jene, die das traditionelle kulinarische Angebot der Franzosen mögen und sich in ländlicher, sehr geselliger Atmosphäre zu Hause fühlen, ein absolutes Muss und unvergesslich. Chef Henri kommt sicherlich an den Tisch und fragt, wie gut sein Gigot de 7 heures oder die hausgemachte Hühnerleberpastete schmeckt. Hier ist alles typisch französisch: eng, geschwätzig, lebensfroh. Und natürlich ist Henris Weinkeller exzellent. Hier lässt sich die echte, köstliche französische Landküche kennenlernen, wie sie leibt und lebt. Verständlicherweise ist bei Henri fast immer alles ausgebucht. Wer nicht reserviert, muss warten, aber er wartet mit Genuss, einem Teller Salami und einem Aperitif. Henris Bistro findet man in der schmalen Rue Princesse im 6. Arrondissement, umringt von anderen kleinen Lokalen und ungewöhnlichen Buchläden und Boutiquen.

Wenige Schritte weiter, der Voyageur biege am oberen Ende der Rue Princesse in die Rue Guisarde, fällt ihm vielleicht der Grieche »Evi Evane« auf. Wunderbare griechische Küche, eine cosy Atmosphäre und endlich ein wenig Ruhe umgibt den Gast, kaum hat sich die Tür zur turbulenten Rue Guisarde hinter ihm geschlossen.

Geht er die Rue Guisarde geradeaus Richtung Rue des Canettes, stößt er auf den Italiener »Santa Lucia«. Der Familienbetrieb existiert schon seit Urzeiten und hat nichts von seiner Qualität eingebüßt. Pizza und Spaghetti schmecken immer al dente, weshalb sich auch häufig eine Schlange an der Eingangstür bildet. Die Tische stehen, wie in den meisten Pariser Restaurants, eng beieinander und sind abends oft ausgebucht. Um die Mittagszeit herrscht weniger Andrang. Allerdings ist die Küche nicht durchgehend geöffnet. Trotz prominenter Gäste, unter anderen einst Brad Pitt und Gwyneth Paltrow, und seiner strategisch guten Lage sind die Preise für Pariser Verhältnisse akzeptabel. Überhaupt sollte man in Paris nicht mit dem Taschenrechner essen gehen. Für acht Euro kann man sich höchstens selbst versorgen (Baguette, Käse, Tomaten und Wein) und darf nicht erwarten, bewirtet zu werden. Wir sind in Paris: Mieten und Steuern sind hoch und die Konkurrenz ist groß.

Ich könnte noch unzählige gute, preisgünstige, kleine Restaurants in ansprechendem, typischem Pariser Ambiente beschreiben und damit ein ganzes Buch füllen. Deshalb nur noch ein paar Tipps:

Rue du Dragon im 6. Arrondissement: Der Italiener »La Locanda« hat ein schmackhaftes kleines Buffet, an dem man sich Antipasti zusammenstellen kann.

Restaurant »Au Club des Siciliens«: klein, fein, reizend und exzellent. Wir kehren immer wieder dorthin zurück.

»Aux Lyonnais« im 2. Arrondissement. Es regiert Sternekoch Alain Ducasse und das ist unweigerlich mit exzellenter Küche verbunden. Nebenbei nicht einmal zu teuer. Als Weindepot existiert das Gebäude schon seit den Zwanzigerjahren des 20. Jahrhunderts. Nach dem Zweiten Weltkrieg eröffnete Daniel Violet ein auf Lyoner Köstlichkeiten spezialisiertes Restaurant, das im Jahr 2002 unter der Direktion von Alain Ducasse zum »Aux Lyonnais« wurde. Ich wette, der Voyageur erliegt dem Charme des Ortes, sobald er ihn betritt. Die Geselligkeit zieht ihn hinein und lässt ihn erst wieder los, wenn er eine typische Lyoner Spezialität gekostet und dazu einen hervorragenden Roten aus dem alten Weinkeller getrunken hat.

93. GRUND

Weil die feinen traditionellen Restaurants immer *en vogue* bleiben

Ein gut gepolsterter Geldbeutel und die Lust, mal sehr fein essen zu gehen, sind die Voraussetzungen für die schönen Esstempel, die ich jetzt vorstelle. Denn sollte man schon etwas tiefer in die Tasche greifen, dann darf sich nach dem Essen keine Reue einstellen, sondern nur ein sensationelles Hochgefühl. Wie schon erwähnt: Essen ist ja das, was gleich nach der Liebe kommt.

Nun, im »Voltaire« wird jeder glücklich, der die Pariser Esskultur nimmt, wie sie ist: Man sitzt an kleinen Tischen, die dicht beieinanderstehen. Man respektiert den Dresscode (und kommt nicht im Tramper-Look). Man passt sich dem Höflichkeitsritual des Lokales an. Man murrt nicht über die Preise, sondern bezahlt mit strahlender Miene die gute, aber teure Küche. Wer das alles nicht will, braucht ja nicht dort zu essen, aber ihm entgeht neben dem hervorragenden Essen auch eine interessante Erfahrung. Im »Le Voltaire« wird unbewusst vorgeführt, wie die vornehme französische Gesellschaft zu Zeiten Marcel Prousts gespeist hat. Würden sich die Menschen, die gut gekleidet an den schönen Tischen sitzen, umgeben von holzgetäfelten Wänden und Regalen mit ledergebundenen Büchern, etwas besser kennen, so könnte man meinen, man sei bei der Herzogin von Guermantes zu Gast. Und auch das Essen ist köstlich, besonders der frische Salat aus Avocado und gepellter, fein geschnittener Pampelmuse. Das Restaurant befindet sich im Erdgeschoss eines Eckgebäudes des Quai Voltaire, wo der große Denker François-Marie Arouet, genannt Voltaire, am 30. Mai 1778 die letzten Stunden seines Lebens verbrachte.

Liebhaber von hervorragend zubereiteten Fischgerichten gehen ins »Le Divellec«. Man sitzt zwischen adrett gekleideten Damen und Herren aus dem Innenministerium und der Nationalversammlung, die sich gleich um die Ecke befinden. In diesem Restaurant ist alles harmonisch aufeinander abgestimmt: Einrichtung, Service und feine Fischgerichte. Menüs ab 55 Euro pro Person, Getränke natürlich nicht inbegriffen.

Im Gegensatz zur Brasserie der »Closerie des Lilas« mag manchem die Karte des Restaurants »La Closerie des Lilas« zu üppig erscheinen. Dafür entschädigt einen der historische, romantische Rahmen des Ortes. Das Restaurant kann auf eine lange Reihe illustrer Gäste zurückblicken. Seit dem späten 19. Jahrhundert speisten dort Dichter wie Baudelaire, Theophile Gautier, Émile Zola und der Maler Cézanne. In der lauschigen Laube seiner Terrasse las Scott Fitzgerald dem Schriftsteller Ernest Hemingway aus seinem Gatsby vor. Samuel Beckett, Oscar Wilde, Picasso, Modigliani trugen dazu bei, das Lokal auf der ganzen Welt bekannt zu machen. Vor vier Jahren entdeckten wir Toni Morrison an einem Nebentisch. Sie trug ihren üppigen Zopf und ihre Pfunde mit großer Würde.

Das »Jules Verne« – auch hier ist Alain Ducasse für die kulinarische Exklusivität verantwortlich – hoch über Paris: gute bis sehr gute Küche, serviert auf diesen Weight-Watcher-Tellern, die ganz automatisch die Portionen klein halten. Angenehme Bedienung, elegante, dunkle Einrichtung. Das Beste an diesem Restaurant ist jedoch sein überwältigender Blick auf Paris. Egal zu welcher Tageszeit getafelt werden soll, unbedingt einen Tisch am Fenster reservieren! Dafür kalkuliert man mindestens drei Wochen Wartezeit ein, falls ein Abendessen am Wochenende geplant ist. Paris in der Nacht aus der Vogelperspektive in einem feinen Raum bei Kerzenlicht ist einfach gigantisch.

94. GRUND

Weil die superteuren Restaurants
auch in Krisenzeiten punkten

In den Charts der zehn besten Restaurants der Welt findet sich kein französisches, worüber sich die betuchten Freunde meiner Eltern, die in der ganzen Welt speisen, absolut wundern. Meine Empfehlungen dürften deshalb sehr pariserisch sein.

Das klare, helle, in modernem Ambiente gehaltene »L'Arpège« zum Beispiel steht auf Platz 16 der 50 besten Restaurants, sollte aber nach Meinung von französischen Gourmets mindestens auf Platz drei rücken. Sternekoch Alain Passard hat nämlich ein besonderes Händchen für Gemüse. Und damit liegt er ganz im Trend der Zeit: Weg vom Fleisch. Unter seinem Dirigentenstab entfaltet sich jedes Grünfutter zu einer derart köstlichen Beilage, dass weder Fleisch noch Fisch nötig sind, um das Gericht abzurunden. Seine reichhaltige Palette von Gewürzen fügt er im Laufe der Saison zu ständig neuen überraschenden Geschmackskombination. Getäfelte Wände aus Birnbaum, geschmückt mit feinen Zeichnungen und Aquarellen, umgeben den Gast, während er aus Kristallgläsern hervorragenden Wein trinkt und für 360 Euro exzellent isst.

Im »Plaza Athénée« wird unter üppigen Kronleuchtern serviert, auf samtbezogenen Sesseln gesessen, von feinem Geschirr gegessen und aus drei edlen Gläsern getrunken. Für Wasser, Wein und nochmals Wein. Jeder möchte einmal in seinem Leben eine Viertelstunde lang berühmt sein, sagte Andy Warhol. Ich sage: Jeder möchte doch einmal in seinem Leben wie eine Prinzessin ausgehen, oder?

»Tour d'Argent«. Wer es sich wirklich leisten kann, 600 Euro für ein Mittag- oder Abendessen zu berappen, ein Gourmet, Genießer und Romantiker ist, dem rate ich, diese Lokalität wenigstens einmal in seinem Leben aufzusuchen. Dort oben zu essen, im eleganten Silberturm, ist wirklich ein besonderes Erlebnis, das einem ein Leben lang in Erinnerung bleibt. Er sage ruhig: Es ist zu teuer. Er hat trotz des exzellenten Weines, der gut zubereiteten Silberente, des himmlischen Desserts, des Kerzenlichts, des gigantischen Ausblicks auf die strahlende Notre-Dame und der beleuchteten Bateaux-Mouches auf der Seine schlicht und einfach recht. Und er hat immer noch recht, nachdem er von einem überfreundlichen Kellner in den Keller begleitet wird, um dort die über 100 Jahre alten Weine, einen Cognac aus dem Jahre 1788 und den Champagner Roederer Cristal – eigens für Zar Nikolaus II. hergestellt – in staubigen Flaschen zu bewundern. Alles im astronomischen Preis inbegriffen. Dennoch: Mal ehrlich! Bekommen Sie jemals irgendwo die Gelegenheit, Paris so luxuriös und angenehm kennenzulernen?

»Les Ambassadeurs« wirkt majestätisch. Ein Esstempel aus Tausendundeiner Nacht. Marmorwände und Kristallleuchter wohin man nur sieht. Ein einziges umwerfendes Glitzern, das keinesfalls dazu dient, einen zu blenden. Ich habe es dank einer Einladung selbst prüfen können und war sehr angetan. Es sollte allerdings nicht verwundern, von Herrschaften im Rentenalter umgeben zu sein. Das liegt wohl daran, dass sich erstens nur wenige jüngere Menschen die Preise hier leisten können und zweitens das prunkvolle Ambiente an das Versailles Ludwigs XIV. erinnert, an die Zeit, als die Könige noch Perücken trugen und die Aristokraten noch ihre Köpfe. Doch Spaß beiseite. Eines kann man mit Sicherheit behaupten: Die Küche ist ausgezeichnet, absolut einwandfrei.

Bei dem Restaurant »Le Versance« kann man in der Tat von einem Esstempel sprechen. Geheimnisvoll und versteckt zwischen der Opéra und der Börse, in der Nummer 16, rue Feydeau, liegt diese Gaststätte für den, der gerne ländlich isst. Attention: Die Wartezeiten sind nichts für Eilige.

»Lapérouse«, diese ehemalige Stadtvilla aus dem 18. Jahrhundert, wurde vielfach umgebaut, bis aus ihr das wurde, was den Gast heute empfängt: wunderschöne Räume mit herrlichen Wand- und Deckenmalereien, Kristallleuchtern, Orientteppichen und Stuck. Es gibt die berühmten *chambres séparées* für Verliebte, Familienfeste oder Geburtstage unter Freunden und natürlich das betörend schöne Restaurant für alle anderen. Zwei Dinge werfen jedoch ihre langen Schatten über die äußere Schönheit: Die Wartezeiten sind manchmal unerträglich und das Essen könnte besser sein.

»Guy Savoy« in der Nummer 18, rue Troyon im 17. Arrondissement. »Hier würde ich mein letztes Essen auf Erden zu mir nehmen«, schreibt ein Fan dieses Restaurants. Ich habe den Esstempel nicht geprüft, aber nach Aussagen meiner Bekannten muss der Fan wohl recht haben. Vielleicht bevorzugt mancher Besucher das schlichte, asiatisch anmutende Dekor. Kein Kronleuchter weit und breit, dafür Sessel im Stil der 1960er-Jahre und moderne und farbenfrohe Tischgarnituren.

Und zum Schluss »Le Grand Vefour«, Nummer 17, rue de Beaujolais im 1. Arrondissement. Da auch wohlhabende Paris-Besucher oft zu Fuß in der Nähe des Louvre herumstreunen und sich dort müde und hungrig laufen, bietet das »Le Grand Vefour« eine vornehme kulinarische Erholungspause.

Weil angesagte Cafés zum abendlichen oder nachmittäglichen Drink einladen

Das »Café de Flore« und »Les Deux Magots« sind bei den Ansässigen nach wie vor beliebt. Immer wieder sieht man hier ein berühmtes Gesicht und sagt sich dann natürlich: Hier musst du unbedingt gewesen sein, denn hier verkehrt die Welt. Das tut sie auch. Und nebenbei ist es sehr amüsant, Leute zu beobachten, während man unter den Markisen sitzt. Ob es regnet oder die Sonne scheint, immerzu schlendern die ungewöhnlichsten Gestalten vorbei. Für Landmenschen oder Touristen, die in abgelegenen Orten wohnen, kann eine Rast im »Café de Flore« oder »Les Deux Magots« so unterhaltsam sein wie ein Actionfilm. Auch wenn sie jedermann kennt und sie in keinem Führer fehlen, erwähne ich die beiden Cafés auch hier, weil sie genauso zu Paris gehören wie der Eiffelturm.

Dennoch lässt der eingefleischte junge Pariser diese Cafés zugunsten anderer, die weniger bekannt und vor allem weniger von Reisenden besucht werden, immer häufiger links liegen.

Sehr beliebt bei jungen Leuten ist das »Maria Stuart« in der Rue Montorgueuil. Schon allein die Straße ist absolut in, von der Pariser Jugend derart bevorzugt, dass dort auch an den Wochentagen bis spätabends etwas los ist. Da ich ganz in der Nähe wohne und zu den Menschen gehöre, die nachts schlafen, frage ich mich oft, wann sich all die Nachtgewächse, die noch um drei Uhr morgens kichern und singen, erholen.

Das »Maria Stuart« ist zwar nicht für sein Essen berühmt, aber es wirft jeden Reisenden mitten hinein in den typischen Pariser Lifestyle junger Leute. Am Abend ist es manchmal brechend voll und laut, morgens riecht es nach Kaffee und frischen Croissants.

Ebenso wie bei »Le Progrè« in der Rue de Bretagne. Vor allem am Donnerstagabend scheint sich hier le Tout-Paris zu treffen. Ob für einen Kaffee oder eine heiße Schokolade nach einem anstrengenden Shopping-Nachmittag: Dieses Café ist goldrichtig für alle, die es so richtig rummelig mögen.

Überhaupt ist das Marais, in dem beide Cafés liegen, das derzeit angesagteste Viertel der Metropole. Wer dort vor zehn Jahren eine Wohnung gekauft hat, verkauft sie heute für das Dreifache. Wer sein Café dem jungen Geschmack angepasst hat, kann sich vor Andrang nicht retten.

Ein bisschen anders: »Experimental Cocktail Club«, 37, rue Saint-Saveur. Luxuriös, tolle Cocktails, Nachtclub-Atmosphäre und teurer als die oben erwähnten Cafés. Wer Lust auf Lichteffekte und eine gut ausgerüstete, fürs Auge sehr schön eingerichtete Bar hat, sollte mal hineinschauen.

»Le Barav«, ebenfalls im Marais, gehört in die Kategorie Bar à Vin, die ich in einem anderen Kapitel behandelt habe. Hier erwähne ich diese Örtlichkeit nur, weil man dort auch gerne mal zwischendurch einen Saft, ja sogar einen Kaffee trinken kann. Am besten eignet sich die kleine Bar jedoch für einen Drink und einen Snack nach einem harten Trip durch Paris.

Der »Prescription Cocktail Club« in der 23, rue Mazarine im 6. Arrondissement ist bekannt für seine vornehmen, auserwählten Cocktails und sein bizarres Dekor. Wände aus roten Ziegeln, Wendel- und Spiraltreppen, die Bar mit Blick auf eine große Bibliothek, in der nicht nur Bücher, sondern auch Spirituosen dekorativ aufgereiht sind. Sehenswert. Und die Cocktails lohnen sich auch.

»Restaurant Le Germain« in der Nummer 25, rue de Buci hat zwar im Internet keine gute Bewertung bekommen, wird aber von Parisern gern besucht, weil es sich von den normalen Cafés unterscheidet. Essen würde ich dort nicht unbedingt, aber einen Drink ohne Weiteres einnehmen. Das Café liegt zentral und während der Paris-Tour kommen man garantiert daran vorbei. Die Bedienung ist nicht immer guter Laune (eine hartnäckige Kellner-Krankheit), doch darüber sollte man sich nicht ärgern – lieber lachen!

96. GRUND

Weil man an ihr nicht vorbeikommt: die In-Disco

»Le Showcase«. Verglichen mit anderen Clubs und Discos ist diese Disco enorm groß. Es liegt am rechten Seine-Ufer, genau unter der Brücke Alexandre III., und war vor acht Jahren noch ein verwahrlostes Bootshaus. Heute ist es eine noble, sehr schöne Disco. Es ist nicht ganz leicht, hineinzukommen, aber es ist auch nicht unmöglich. Man muss nicht unbedingt ein Star sein oder die Visage eines Milliardärs haben, wichtig ist: ein Minimum an Chic. Keine Sneakers, keine T-Shirts für Männer, keine zu üppig aufgedonnerten Mädchen. Hingegen feines Hemd, schöne Schuhe für die Männer, Rock 'n' chic für die Ladys. Man trifft vor allem Jugendliche, im Besonderen Studenten der *aristocratie*. Obwohl diese Disco in den Top Ten mittlerweile nicht mehr ganz oben rangiert, ist sie immer noch cool und die Musik gemischt.

Wer auf Electro und Techno steht, geht ins »Le Rex«. Dieser Kult-Club, der schon seit den 70ern existiert, befindet sich im gleichen Gebäude, in dem eines der größten Kinos der Stadt untergebracht ist: Le Grand Rex. Das gigantische Lichtspielhaus wurde 1932 gebaut und funktioniert seitdem mit Erfolg. Kehren wir zurück in den Keller zur Disco. Hier haben es sämtliche bedeutenden Techno- und Electro-DJs der Welt krachen lassen: Carl Cox, Jeff Mills, Miss Kittin, Roni Size und auch David Guetta. Der Voyageur suche sich die beste Party aus und reserviere auf der Website.

Das »Wanderlust« befindet sich ebenfalls am Seine-Ufer, jedoch etwas flussaufwärts auf der linken Seite, in der Nummer 32, quai d'Austerlitz, ganz präzise auf der Terrasse der »Cité de la Mode et du Design«. Für Sommerpartys ideal. Es ist empfehlenswert, schon um 20 Uhr einzutrudeln, denn ab 21 Uhr steht man sich zwei Stunden in der Warteschlange die Beine in den Bauch. Ab 22 Uhr geht es los. Bis morgens um vier wird unter freiem Himmel zu Electro- und Hip-Hop-Rhythmen gechillt. Neben sich hat man die finstere Seine, vor sich die flimmernden Lichterspiele der Party.

Der angesagteste und fast schon antike Rock-Schuppen der Stadt heißt »Bus Palladium«. Schon die Beatles und Surrealist Salvador Dalí haben sich hier vergnügt. Seitdem wurde der Club allerdings renoviert. Seit 2010 hat er ein neues Gesicht und zwar ein rockiges. Menschen, die modernen Rock hören und dabei chillen wollen, gehen hierhin. Chef ist der französische Manager von Pete Doherty. Das ist auch einer der Gründe, weshalb hier hin und wieder bekannte englische Rock- und Popgrößen anzutreffen sind.

»Favela Chic« ist der Laden für Salsa-Liebhaber und Fans brasilianischer Musik. Die Deko ist brasilianisch, Reservieren ist nicht nötig. Wer essen will, kann sich im Restaurant sättigen, einen der guten Cocktails zu sich nehmen und dann tanzen gehen. Einlass findet jeder. Ein Dresscode existiert nicht. Im selben Stil gibt es das »Barrio Latino«, nahe der Place de la Bastille.

Das »Batofar« lärmt auf einer Peniche, einem Hausboot, das am Quai François Mauriac liegt. Und es lärmt tatsächlich. Sind auch die Preise für Pariser Verhältnisse zufriedenstellend, so ist die Musik – Techno, Electro, Hip-Hop – oft zu laut. Viele Partys und Konzerte finden hier statt. Gesichtskontrolle existiert nicht. Jeder kommt rein.

97. GRUND

Weil es In-Discos gibt, von denen der Reisende meist nur träumt

Der »Social Club« zählt zu den Spitzenclubs der Metropole. Wenn Underground-Rapper aus den USA oder Europas Top-DJs ein paar Tage in Paris sind, werden sie sicher irgendwann im »Social Club« auftauchen. Auch eine Menge neuer DJs sind dort am Start, und so gut wie alle, die heute bekannt sind, haben dort angefangen. Dienstags toben hier die besten Partys. Da der Club erst um Mitternacht seine Tore öffnet, geht es erst gegen zwei so richtig los. Gefeiert wird bis fünf Uhr morgens zu Electro. Was Klamotten betrifft: Anzug und feines Hemd bitte vermeiden, hingegen einen coolen eigenen Stil zur Schau stellen. Zum Beispiel sind Hipster in krassem Outfit und Retro-Sneakers sehr willkommen. Nachteil: Reisende tun sich nicht leicht, eingelassen zu werden. In dem Fall könnten zwei Dinge aus der Patsche helfen: Entweder man punktet mit einem außerirdischen Aussehen, gepaart mit einem auffallenden Look, der Klasse hat, sowie einer kleinen Lüge (zum Beispiel einfach behaupten, man sei der deutsche Schauspieler Sowieso oder Model bei Boss in Düsseldorf). Oder man befindet sich in Begleitung eines Stars.

Das »Montana« ist das auserwählte Disco-Paradies des Showbusiness. Wer Angelina Joli begegnen will, muss ins Montana. Aber wie kommt ein namenloser Reisender hinein? Ehrlich gesagt: Die Auslese ist hart, selbst für den Pariser. Das Ambiente würde ich als retro-chic bezeichnen, da sich Stilelemente aus den Sechzigern mit moderner Electro-Pop-Musik mischen. Man findet es im Herzen von Paris gleich neben dem »Café de Flore«. Es lohnt sich, hineinzuschnuppern. Falls ein berühmter Bekannter in der Nähe ist, sollte er unbedingt mitgenommen werden, um den Eintritt zu ebnen.

Der Besitzer des »Montana« begnügte sich jedoch nicht mit einer Disco allein. Mittlerweile gehört ihm auch »Le Baron«. Dekorativer und schöner als zuvor erhob er sich 2004 neugeboren, wie Phönix aus der Asche, und avancierte innerhalb kürzester Zeit zum Place-to-be. Sein Interieur wirkt mit Perlenvorhängen, samtbezogenen Sofas und gedämpftem Licht *très parisien*. Eine Spur nobler und mit noch mehr Einlass-Hindernissen verbunden als das »Montana«, ist »Le Baron« leider der VIP-Elite vorbehalten. Sofia Coppola, Björk und Melvil Poupaud machen einen Abstecher ins »Le Baron«, wenn sie in Paris sind.

Bis hierhin erwecken meine Tipps wohl den Eindruck, als richten sie sich nur an eine Generation, die sich auch bei ohrenbetäubendem Lärm köstlich amüsiert. Hier aber meine Tipps für alle, die lieber bei sanfter Musik chillen:

»Castel«. So nennt sich der sehr edle Club in der Nummer 15, rue Princesse, 1962 von Jean Castel gegründet, der sich mit dem »Regine's« Jahrzehnte den Titel »König und Königin der Nächte« teilte. Während das »Castel« heute noch einen guten Ruf hat, ist »Regine's« seit einiger Zeit im Niedergang begriffen. Was es einmal war, ist es nicht mehr, deshalb beschränke ich mich auf den Rat, die einst renommierte Disco nicht zu besuchen. Die Drei-Etagen-Stadtvilla »Castel« ist, mit rotem Samt, Schnörkeln und Gold ausgestattet, ein freundlicher Ort und empfängt gerne ein Publikum jenseits der 30, ja auch jenseits der 70. Im luxuriösen Bistro tafelt man sehr gut und in der Disco kann man zu vertrauten Rhythmen tanzen. Geschäftsleute, Anwälte und Politiker treffen sich hier auf einen Drink in entspannter Atmosphäre. Schön, aber teuer.

In der Rue Saint-Honoré, bekannt als Ladies-Mile und berüchtigt für die horrenden Preise der High-Class-Geschäfte, findet man auch »Le Costes«. Genau in der Nummer 239. Es ist jedem Reisenden zugänglich, serviert »World Food« im Restaurant, aber auch ausgewählte Cocktails in diversen gemütlichen Salons oder auf einer hinreißenden Innenterrasse. Dazu klingt im Hintergrund softe Electro-Lounge-Musik. Ein offizieller Dresscode besteht nicht, dennoch ist ein elegantes Outfit willkommen. Klientel? Geschäftsleute, Politiker und Reisende im Ausgehlook.

98. GRUND

Weil die Pariserin eine Schauspielerin ist

In Paris ist der Wunsch, Schauspieler zu sein, am stärksten ausgeprägt. Besonders beim weiblichen Geschlecht. Ich wage zu behaupten, dass jede Pariserin zwischen 15 und 75 davon träumt, ein Weltstar zu sein. Das kann man ihr kaum übel nehmen, ist sie doch täglich mit einer Boulevardpresse konfrontiert, die in den schillerndsten Farben das Leben von Schauspielern schildert.

In den Frauenzeitschriften *Madame Figaro*, *Elle* oder *Marie Claire* gibt es immer eine Rubrik über die gesunde Lebensweise, besondere Vorlieben, Lieblingsrestaurants, Cafés oder Boutiquen und natürlich die »angesagte Bücherei«, denn um keinen Preis will die Pariserin für dumm verkauft werden. Man gewinnt den Eindruck eines amüsanten, aufregenden Lebens, das sich zwischen Shopping, Stippvisiten bei Top-Designern, Bio-Tee-Pause in einer Top-Bar, Besichtigung der In-Galerien und dem Ansturm auf das neueste Buch des Schriftstellers *en vogue* abspielt. Und bevor man grün vor Neid wird, imitiert man diesen Lebensstil und fühlt sich gleich tausendmal schöner, besser und allem überlegen.

Zu diesem Zweck bruncht die Pariserin gegen 13 Uhr nur in einem *café cosy*, beispielsweise am Place des Vosges oder der Place des Victoires, wobei sie von ihrem Privatleben erzählt, als schildere sie den Ablauf ihres letzten Drehtages. Anschließend geht sie shoppen oder kauft ein wichtiges Buch, denn sie liebt Bücher und Kultur. Regelmäßig schaut sie nach Neuerscheinungen in den In-Buchhandlungen »L'Ecume des Pages«, »La Hune« oder »Chapitre

Julliard de Paris« im intellektuellen Bezirk des 6. Arrondissements, und niemals fehlt sie bei einer Vernissage. Übrigens sind die Kinder aller Pariserinnen sehr gebildet und lesen für ihr Leben gern. Da der Tag der Pariserin vollkommen ausgefüllt ist, hat sie wenig Zeit, fürs Abendessen noch in der Küche zu stehen, und punktet daher mit einem kleinen Restaurant um die Ecke, das sie »ihre Kantine« nennt, weil sie dort öfters mit den Kindern speist, so wie es einst die Modeschöpferin Sonia Rykiel tat, die allmorgendlich im Drugstore »Saint-Germain-des-Prés« (den es dort heute nicht mehr gibt) mit ihren Kindern frühstückte.

Vermutlich habe ich nun den Anschein erweckt, das hier von mir gemalte Bild betreffe nur die wohlhabende Pariserin, von Beruf Hausfrau und Mutter. Aber nein. Es betrifft auch die Berufstätige, nur ist deren Tagesablauf anders. Abgesehen vom Shoppen, von Museums- oder Ausstellungsbesuchen, die sie aufs Wochenende verlagert, trifft sie ihre Freundinnen zum *déjeuner* in einem *restaurant branché* und eilt am Abend in »l'Ecume des Pages« oder »La Hune«, die bis Mitternacht geöffnet sind, um das Must-have des Buchmarktes zu ergattern.

Durch eine winzige Geste allerdings, die sowohl der echte Weltstar als auch seine Imitation vollziehen, unterscheiden sich die beiden kolossal. Beide Frauen parfümieren sich dezent, bevor sie zu Bett gehen. Die Pariserin verwendet ihren Lieblingsduft, der Weltstar hingegen das Parfum, dessen Botschafter er weltweit ist und wofür er genug Geld bekommt, um sich ein Appartement in Paris zu kaufen.

Weil der junge Pariser die moderne
Pariser Sprache erfunden hat

Seit einigen Jahren setzt sich immer mehr eine neue Art der Kommunikation durch. Das ist in Berlin so und in Paris nicht anders. Überall gibt es In-Discos, It-Bags, Must-haves, Must-dos und Lookthroughs. Allerdings wäre der Franzose nicht Franzose, würde er nicht eigene, natürlich amerikanisierte, Würstchen braten. Insbesondere der Pariser. In diesem Kapitel stelle ich die typischen Pariser Ausdrücke unserer Zeit vor. Damit kann der Voyageur seine Basis-Kenntnisse der französischen Sprache auffrischen sowie Konversationen besser verstehen. Die hier folgenden Adjektive und Eigennamen werden sowohl in der Presse als auch bei mondänen Gesprächen verwendet. Sie zu beherrschen, hilft, sich leichter im Pariser Milieu zurechtzufinden.

- Das Suffix »ing« hat eine regelrecht magische Wirkung auf die Lebensfreude des Parisers. Voller Begeisterung erzählt er vom *fooding, dating, apéro-shopping, gaming, urbain training* und *scrapbooking*. Sein ansonsten oft griesgrämiges Gesicht hellt sich dann sofort auf.
- Alles, was man mit den Fingern essen kann oder will, nennt sich *finger food*. Es kann passieren, dass am Eingang eines In-Bistros auf Werbesprüche gestoßen wird, die nur verstanden werden können, wenn englisch und französisch zugleich gesprochen wird. Zum Beispiel: *Cet éspace Food in Shop VIP propose des assortiments pointus de finger food (*Dieser Fooding VIP Raum, einfach: Restaurant für besonders wichtige Persönlichkeiten, bietet eine

erlesene Auswahl an Finger Food, also allem, was sich schnell von der Hand in den Mund führen lässt).

- Neuerdings zeichnen sich auch manche Restaurants oder Bistros durch das Etikett *la cantine green*, die Bio-Kantine, aus.

- Das Wort *kitsch* ist wie folgt zu verstehen: Es ist zunächst, wie im Deutschen, eine Bezeichnung für schlechten Geschmack. Allerdings wird es mit leicht anerkennendem Unterton ausgesprochen, sobald es sich um die Wohnung eines schicken Parisers oder das Dekor einer coolen Buchhandlung handelt. Man akzeptiert, ja, liebt Kitsch sogar auf eine snobistische Weise.

- In Paris hat sich auch der Begriff *vintage* auf alles ausgedehnt, was Rost angesetzt hat, nur dass der Pariser an Stelle des Rostes eine vornehme Patina sieht. Wie für den *kitsch* findet er auch hier eine attraktive Lösung, Altes in Qualität zu verwandeln. Ein altes Fahrrad, eine alte Disco und eine alte Vespa werden so zu *vélo vintage*, *boîte vintage* und *vespa vintage* und schon sind sie total angesagt. Schick, nicht wahr?

- Kommen wir zum nächsten Begriff: *people*. Innerhalb dieser Gruppe von Berühmtheiten gibt es eine Hierarchie. Es gibt die *people normale*, worunter Fernseh- und Kinostars, Moderatoren und Autoren zählen. *People hype* sind die geheimen Stars, die nur Pariser Insider kennen, wie zum Beispiel ein krasser DJ, ein gerade in Mode gekommener Küchenchef oder ein neuer Disco-Manager. *People fils ou fille de* sind die Söhne oder Töchter von Prominenten.

- Und hier noch der *arty*: Er ist ein kunstbeflissener Pariser, der an keiner Vernissage vorbeikommt und immer weiß, welches Buch man gerade lesen muss und welches auf gar keinen Fall. Man kann ihn auch auf Modeschauen treffen, wo man ihm dabei zuhört, wie er aus den Kreationen Gaultiers Kunstobjekte macht und sie dementsprechend analysiert. Er ist ein Kultur-*addict*, wobei wir beim letzten Ausdruck angelangt sind, den ich Ihnen hier vorstellen werde. Das dem Englischen entnommene Adjektiv für »süchtig«

schwirrt uns in Paris ständig und überall entgegen. Wer eine Sache besonders mag, sagt nicht mehr »*J'adore!*«, sondern: »*Je suis addict.*«

100. GRUND

Weil der *Néo-Intello* den traditionellen Intellektuellen aus dem Ring wirft

Einst waren Saint-Germain-des-Prés und die gesamte Rive gauche der Aktionsradius der Intellektuellen. Hier sind die guten Schulen, die guten Universitäten, die Akademien. Hier trafen sich in den 1970er-Jahren Jean-Paul Sartre, Simone de Beauvoir und ihre Anhänger. In der Atmosphäre dieser Umgebung schrieb Simone de Beauvoir ihr mit dem Prix Goncourt ausgezeichnetes Werk *Les mandarins de Paris*, den Schlüsselroman über die Situation der französischen Linksintellektuellen nach dem Zweiten Weltkrieg. Ein Roman, den man gelesen haben muss. Jedenfalls sagte man das vor 30 Jahren. Meiner Meinung nach sollte man ihn zu jeder Zeit lesen, aber heute wird er oft als verstaubt verschrien. Genauso wie der Intellektuelle von damals. Er wirkt heute verknöchert und riecht ein bisschen muffig. Er ist einfach nicht mehr in.

So jedenfalls definiert ihn der *Néo-Intello* und tritt auf den Plan, um seinen Platz einzunehmen. Im Gegensatz zum angegrauten Intellektuellen, dessen Stirnfalten von echter geistiger Arbeit herrühren und der seine Zeit in Bibliotheken, am Schreibtisch und bei Diskussionen am linken Seine-Ufer verbringt, lebt und wirkt der *Néo-Intello* auf der rechten Seite der Seine. Er beherrscht nicht nur die Kunst, an sich selbst hochzuschauen, sondern auch die Fähigkeit, superintelligent zu scheinen, ohne es wirklich zu sein.

Wie macht er das? Zwei Dinge sind Voraussetzung: ein gutes Gedächtnis und extreme, gleichzeitig dezente Wendigkeit im Gebrauch seines iPhones. Von den traditionellen, 100 bis 300 Jahre zurückliegenden Denkern hält er nicht viel. Sie sind out of time. Der *Néo-Intello* ist *addict* des nützlichen und nutzbaren Wissens. Deshalb bevorzugt er Sekundärliteratur und prägnante Artikel, die ihm einen raschen und bündigen Überblick über Pop-Philosophie, Sexologie, Modern Science und andere In-Themen geben. Hochglanz-Frauenzeitschriften mit Niveau liebt er besonders. Er ist ein begeisterter Blogger und sieht seine Zukunft als Fernsehpsychologe, Essayist, multikultureller Kolumnist oder Sexologe.

Dresscode? Im Gegensatz zum 68er – Mao-Kragen, Cordhosen, rechteckige Brille mit dicken Gläsern – trägt der *Néo-Intello* einen schicken Trenchcoat, bequeme, aber elegante Schuhe, einen Pullover oder ein T-Shirt von Ralph Lauren und natürlich eine modische Brille in feinster Optik. Es wundert nicht, dass er auf gute Kleidung achtet, denn er ist genauso besessen von der Mode und von allen Aktivitäten, die mit »ing« enden, wie von Kultur. Die Avantgarde-Philosophen Foucault, Sloterdijk oder Žižek und die zu diesen Denkern passenden Weisheiten, die er in einem Artikel gelesen hat, zitiert der *Néo-Intello* am liebsten.

Aber ist er ein Grund, Paris zu lieben? Ja! Denn er gehört ins Städtebild wie die Pariserin. Er prägt die Stadt mit, verpasst der Kultur einen Schuss Pop, ohne dabei der Tradition wirklich etwas anhaben zu können. Das alte Paris wird nicht untergehen. So wenig wie sich die soliden Haussmann-Gebäude von gläsernen Neubauten ausblenden lassen, so wenig wird der echte Intellektuelle verschwinden.

Falls sich der Voyageur anlässlich seines Paris-Besuches unter die *Néo-Intellos* mischen will, imitiere er sie einfach ein wenig. Wenn er dabei englisch spricht, hat er große Chancen, neue Freunde zu finden. Der *Néo-Intello* wird ihm die *cinémathèque française* zeigen, das Forum der Fotografie in den Hallen oder den Point Ephémère, unter Insidern kurz »Point FM«, am Quai Valmy. Ein Treffpunkt für sonniges Entspannen für Berufstätige *afterwork*. Amateurmusiker und schräge Ausstellungen unterschiedlichster Art sorgen für ein interessantes Ambiente. Wer Lust hat, ein *Néo-Intello* zu werden, um zu Hause sämtliche Freunde und die ganze Verwandtschaft zu verblüffen, der lasse sich von einem *Néo-Intello* instruieren oder kaufe, sofern er Französisch beherrscht, das Buch *Intello Academy* von Corinne Maier. Sehr witzig, ironisch und perfekt beschrieben.

KAPITEL 11

Für aufgeweckte Kulturfreaks

»Kultur ist das, was bleibt, wenn man alles vergessen hat.«
Émile Henriot

Weil es neben Notre-Dame, dem Eiffelturm und dem Louvre auch andere Sehenswürdigkeiten gibt

La Tour Saint Jacques zum Beispiel ist ein Überbleibsel der Kirche Saint-Jacques-de-la-Boucherie, die man im 12. Jahrhundert an dieser Stelle errichtete. Im Laufe von 200 Jahren wurde sie erweitert und verschönert. 1509 begann der Bau eines neuen Glockenturms im Stil *gothique flamboyant*. Dass wir heute fast täglich an dem schönen Turm einer einstigen Kirche vorbeihasten, wissen die wenigsten, am allerwenigsten die Pariser.

Man unterteilt die Gotik allgemein in Früh-, Hoch- und Spätgotik, die sich allerdings in verschiedenen Regionen unterschiedlich entwickelte. In Frankreich wird die letzte Stilform als *flamboyant,* flammend, und die Hochgotik als *royannant*, strahlend, bezeichnet. Notre-Dame mit ihren großen Fensterflächen und einem lichtdurchfluteten Triforium gehört der Hochgotik an, der Glockenturm Saint-Jacques hingegen der Spätgotik. Seinen Namen verdankt der Turm dem Apostel Johannes, dessen Überreste er einst barg, als er noch als Heiligtum galt. Aus dieser Zeit stammen auch die geheimnisvollen Gerüchte, Karl der Große habe die Kirche Saint-Jacques-de-la-Boucherie gegründet und ihr damit den Weg in die UNESCO-Liste des Weltkulturerbes geebnet. Seit der Wiederbelebung des Jakobswegs in den 1970er-Jahren ist dieses Monument mit 70 anderen historischen Gebäuden ein Ausgangspunkt für die Pilgerfahrt nach Santiago de Compostela. Aber der Voyageur muss keineswegs zu den Pilgern gehören, um sich dem Gebäude zu nähern und es in Augenschein zu nehmen.

Der den Turm umgebende Park ist zudem ein beliebter Treffpunkt Pariser Liebespaare.

Théâtre du Châtelet. Bleiben wir noch eine Weile in der Gegend. Steht man vor dem Turm, mit dem Rücken zur Seine, sieht man linker Hand das berühmte Theater du Châtelet. Baron Haussmann hat es im Jahr 1860, zur gleichen Zeit wie das Théâtre de la Ville gegenüber, in Auftrag gegeben. Damals hieß es Le Théâtre Impériale du Châtelet, (das Kaiserliche Theater du Châtelet). Es fasst 2.500 Zuschauer und diente der Repräsentation von Dramen, Tragödien, Komödien, sowie der Oper, bevor es Anfang des 20. Jahrhunderts seine Bühne der Operette, dem Tanz, Konzerten und Filmprojektionen zur Verfügung stellte. Bedeutende Tänzer des 20. Jahrhunderts haben auf seinen Bühnenbrettern getanzt, in den 1920er-Jahren beispielsweise Vaslav Nijinsky und Anna Pawlowna Pawlowa, und berühmte Komponisten wie Mahler, Tschaikowski oder Richard Strauss an seinem Dirigentenpult gestanden. Es ist innen wie außen ein sehr schönes Theater, und die hohen Fenster seiner verspiegelten Hallen, durch die man während der Theaterpause flaniert, bieten abends einen prächtigen Ausblick auf die im Licht schillernde Seine und die beleuchtete Brücke.

Genau gegenüber befindet sich das Théâtre de la Ville. Es ist schade, dass sich sein ursprünglicher Name »Sarah Bernhardt« nur noch in der Bezeichnung des Cafés nebenan wiederfindet. Die erste Namensänderung fand unter deutscher Besatzung statt, da Sarah Bernhardt Jüdin war. Nach dem Krieg erhielt das Theater seinen früheren Namen zurück, um ihn allerdings in den späten Siebzigern, nach zweijähriger Restauration, wieder zu verlieren. An die unsterbliche Sarah Bernhardt erinnert nur noch ihre Loge. Wo sie zu finden ist? Dazu steige man im Inneren auf der Metalltreppe in den dritten Stock, halte sich an die Seite der ungeraden Zahlen und entdecke dort sämtliche Reliquien der Sängerin und Schauspielerin: Fotografien, Poster, Paravant, Badewanne und Waschbecken stehen bereit, als erwarteten sie die Göttliche jeden Augenblick zurück.

Übrigens, falls ein Faible für Sarah Bernhardt vorhanden sein sollte: Im Hotel »l'Hôtel« kann man das Zimmer der Künstlerin, ausgestattet mit ihrem eigenen Mobiliar, besichtigen.

102. GRUND

Weil man manche Kunstwerke mit der Lupe suchen muss

Wer zum ersten Mal nach Paris kommt, darf sich die herrlichen Werke im Louvre und dem Musée d'Orsay auf keinen Fall entgehen lassen, das versteht sich von selbst. Dabei sollte aber immer wieder auch an die Museen gedacht werden, von denen nicht so häufig die Rede ist. Es können wahre Edelsteine entdeckt werden!

Das Musée Jacquemart-André muss man nicht mit der Lupe suchen, aber es gerät neben den Großen leicht in den Hintergrund. Günstig ist seine Lage: nicht weit vom Parc Monceau, in dem sich anschließend von dem reichen Kunstgenuss ausgezeichnet erholen lässt. Denn der Bankier Edouard André, einer der reichsten Männer des Seconde Empire, der Epoche von Napoleon III., kaufte 1868 5.700 Quadratmeter Land im Nordwesten der Stadt und ließ darauf ein prächtiges Stadtschlösschen entstehen, das er im Laufe der Jahre mit den Kunstschätzen der Welt anfüllte. Zuerst sollten dort Feste gefeiert werden, glanzvolle Soirées stattfinden, bei denen die Upperclass ihre Juwelen und perlenbestickten Roben zur Schau stellen konnte, aber Monsieur André war zu sehr ein Kunstliebhaber, um nur der Oberflächlichkeit zu frönen. Und dank des Einflusses seiner Frau Nélie Jacquemart, einer Malerin und leidenschaftlichen Liebhaberin der italienischen Renaissance, sammelten sich im prächtigen Schloss Kunstobjekte der ganzen Welt.

Das Ehepaar reiste viel, was damals nicht immer bequem war, und brachte von überallher Kunstwerke mit. Bevor sie starb, übertrug Nélie Jacquemart ihre erlesene Kollektion dem Institut de France, unter der Bedingung, sie der Öffentlichkeit zugänglich zu machen. Ein Jahr nach ihrem Tod wurde das Museum eingeweiht. Wer also nicht um die Welt reisen, aber dennoch außereuropäische oder auch orientalische und asiatische Kunstfertigkeit bewundern will, der gehe ins Musée Jacquemart-André.

Musée Zadkine. Das Atelier von Zadkine im Herzen von Paris, das nur an der außen angebrachten Tafel zu identifizieren ist, übersieht jeder. Deshalb weise ich ausdrücklich darauf hin. Es zeigt die Werke des Bildhauers Ossip Zadkine, und die haben einen unwiderstehlichen Charme. Der gebürtige Russe ließ sich 1910 in Paris nieder. 1928 bezog er den rückwärtigen Pavillon der Nummer 100 bis, rue d'Assas. Das weiße Gebäude wurde in Wohnbereich und Atelier unterteilt, wo er mit seiner Frau, der Malerin Valentine Prax, bis zu seinem Tod im Jahre 1967 arbeitete und lebte. Gemäß seinem Wunsch ging sein Haus in der Rue d'Assas nach dem Tod von Valentine Prax an die Stadt Paris, die es 1982 in ein Museum umfunktionierte. Am Eingang wird dem Besucher ein Willkommenstee aus dem Samowar gereicht, wie es in Russland Brauch ist. Da der Ort wenig frequentiert wird, flaniert man durch stille Räume in einen kleinen ruhigen Garten und betrachtet die seltsam berührenden Körper und Gesichter, in Holz geschnitzt oder in Marmor gearbeitet. Viele sind stark von der Kunst des Primitivismus beeinflusst und fast alle drücken Trauer und Wehmut aus. Einige Werke des Meisters allerdings wirken hell, positiv und voller Kraft, wie zum Beispiel die drei Meter hohe Wasserträgerin Rebecca. Es heißt, Zadkine liebte Frauen mit erhobenen Armen. Ob ihm Valentine Prax öfters eine Backpfeife verabreicht hat?

Und nun möchte ich noch zum Musée Marmottan Monet kommen. Es ist etwas bekannter, lebt aber dennoch im Schatten der Großen, weshalb ich einen Besuch in seinen Hallen wärmstens empfehle. Besonders wenn man Monet und ein wenig Ruhe liebt. Wie das Musée Jacquemart-André war es einst die Stadtvilla eines betuchten Mannes. Allerdings wurde es erst im späten 19. Jahrhundert zu einem Wohnhaus umgebaut. Ursprünglich stand an seiner Stelle das Jagdhaus des Herzogs von Valmy. Wie Sie vielleicht wissen, war diese Gegend im 16. Jahrhundert noch Wald und Wiese. Jules Marmottan erwarb Jagdhaus und Anwesen, sein Sohn Paul baute die Stadtvilla und füllte die Räume mit erlesenen Kostbarkeiten: antiken Möbeln, napoleonischer Kunst, geerbten Kleinoden der Renaissance. Alle Schätze samt der Villa hinterließ Paul Marmottan der Académie des Beaux-Arts, die 1934 ein Museum eröffnete. Doch das ist noch nicht die ganze Geschichte. Jetzt wird es erst spannend. Die gigantische Präsenz impressionistischer Werke im Museum begann mit der Stiftung von Victorine Donop de Monchy, deren Vater Arzt von sämtlichen impressionistischen Malern war: Monet, Manet, Pissaro, Sisley, Renoir.

Was für ein Glück der Mann hatte. Ich vermute, die Maler bezahlten ihn oft mit einem Gemälde, wie es auch Paul Gauguin handhabte, als er in Pont-Aven nichts zu beißen und kein Dach über dem Kopf hatte. In den Sechzigerjahren des letzten Jahrhunderts stiftete der Sohn Claude Monets weitere Arbeiten seines Vaters, sodass das Museum mit 80 Gemälden die weltweit größte Sammlung des Künstlers ist.

103. GRUND

Weil Notre-Dame Geheimnisse hat

Vermutlich ist es kein Geheimnis, aber dennoch werden nicht viele Reisende heutzutage von jener Messe wissen, die alljährlich in der Kathedrale stattfindet, um an die Befreiung von Paris am 26. August 1944 zu erinnern. Damals besiegelten General de Gaulle und General Leclerc ihren triumphalen Einzug über die Champs-Élysées in das befreite Paris mit einer Messe in Notre-Dame. Die Generäle sangen das *Magnificat anima mea dominum* (Meine Seele preist den Herrn), a capella, im Gedenken an alle militärischen und zivilen Opfer der Nazi-Besatzung.

Auch nur wenigen wird bekannt sein, dass nach jüngsten archäologischen Forschungen mindestens drei andere Kirchen auf dem Boden errichtet wurden, auf dem heute die Kathedrale steht. Es handelte sich dabei um eine frühchristliche Kirche aus dem Jahr 500, eine Basilika aus der Zeit der Merowinger und schließlich eine romanische Kathedrale, die teilweise abgerissen, teilweise umgebaut und Stück für Stück zur aktuellen Kathedrale wurde.

Der Dachstock des Zentralturms verwahrt drei unschätzbare Reliquien: ein Fragment der Krone Jesu, Überreste des ersten Bischofs von Paris Saint-Denis und eine Reliquie der Heiligen Geneviève, Schutzpatronin der Stadt.

Den Geschichtskennern sicher bekannt, den Reisenden vermutlich weniger, ist die Tatsache, in welcher Gefahr das herrliche Bauwerk während der Revolution stand. Zunächst verwahrloste es: Altäre, Statuen und Wandmalereien wurden zerstört, Türme brachen zusammen, Leuchter und vergoldetes Kircheninventar wurden gestohlen. Kurz bevor es dem Nationalkonvent selbst an den Kragen ging, wollte man die gesamte Kathedrale niederreißen lassen und die Steine verkaufen, um den Krieg zu finanzieren. Die Glocken waren schon zu Kanonen umgeschmolzen worden.

Doch auch nach der Revolution kümmerte sich keiner um dieses kolossale, unbeschreibliche Kunstwerk, an dem so viele meisterhafte Hände zum Teil unter Lebensgefahr gemauert, gemeißelt und gemalt hatten. Erst der Erfolg von Victor Hugos *Notre-Dame de Paris* weckte die verschlafene Stadtverwaltung. Plötzlich erinnerte man sich, welchen Schatz man hier verlottern ließ, und machte sich an die Restaurierung und Renovierung.

Une forêt sous les toits (Ein Wald unter dem Dach). So lautet ein anderes Geheimnis. Quasimodo erzählt davon, wenn er auf seinem buckligen Rücken liegt und in den Himmel der Kathedrale schaut. 21 Hektar Wald haben der Rahmen und das imposante Gewölbe verschlungen. Jeder einzelne Dachbalken fraß eine Eiche. 1.300 Eichen wurden abgeholzt, manche waren zum damaligen Zeitpunkt schon 400 Jahre alt.

Der Platz vor der Kathedrale heißt seit 2006 Place Jean-Paul-II, zu Ehren Papst Johannes II. Das wiederum ist kein Geheimnis.

104. GRUND

Weil es Bauwerke gibt, die nicht nur eine schöne Fassade haben, sondern auch Leichen im Keller

Im Théâtre de l'Odéon findet man keine Leichen, keine Sorge. Allerdings waren dort im 20. Jahrhunderts sehr heftige Diskussionen im Gange, die eine frappierende Ähnlichkeit mit den Debatten im Nationalkonvent der Revolutionsregierung hatten. Ursprünglich als neuen Saal für die Comédie-Française gedacht, veranlasste 1779 König Louis XVI. den Bau eines Theaters. Es wurde 1782 als Théâtre-Français eingeweiht und überstand unbeschadet die Revolution, die es auf den Namen Théâtre de l'Égalité umbenannt hatte. 176 Jahre nach der Gründung der ersten Republik tagte im Saal des Theaters das Studentenparlament, präziser ausgedrückt: le Comité Révolutionnaire d'Unité d'Action. Das Theater wurde zur Hochburg der Studentenbewegung. Dort wurden Streiks mobilisiert und Konzeptionen für eine alternative Gesellschaft entworfen. Dort schliefen und lebten die Studenten wochenlang.

Während der Studentenrevolte im Mai 1968 rollten keine Köpfe, aber immerhin kostete die Belagerung den Theaterdirektor Jean-Louis Barrault seinen Posten. Die Renovierung des demolierten Theaters dauerte mehrere Monate. Seit 2006 steht es renoviert und blendend inmitten der Place de l'Odéon, umgeben von Altbaugebäuden, Kunstboutiquen, Cafés und dem Restaurant »Méditerranée«. Aufgeführt werden heutzutage vor allem anspruchsvolle Stücke von Ionesco, Samuel Beckett, Marguerite Duras oder Jean Anouilh.

Le Panthéon liegt auf dem Hügel der Heiligen Genoveva und ist, falls man gerade das Theater Odeon besichtigt hat, nur einen Katzensprung davon entfernt. So schlendere der Voyageur einfach an der Ostseite des Jardin du Luxembourg hinauf und überquere in Höhe des Cafés »Rostand« die Straße, danach nehme er den Boulevard Saint-Michel und biege in die Rue Soufflot ein. Angenommen, er ist immer mit einem iPod unterwegs, dann vergessen er bitte nicht, zuvor einen Song von Patrick Bruel anzuhören. Er passt super in diese Gegend, macht so richtig Laune und heißt *Place des grands hommes*.

Ja, und da sind wir nun. Vor dem Panthéon am Platz der bedeutenden Menschen. Schon vor 1.500 Jahren hat hier eine Kirche gestanden, die zu den Grabstätten der Heiligen Genoveva, des Merowinger-Königs Chlodwig und seiner zweiten Gattin wurde. Jahrhunderte gingen ins Land, ohne dass sich an der bescheidenen Apostelkirche etwas geändert hätte. Im 9. Jahrhundert erhielt sie schließlich den Namen Sainte-Geneviève, 300 Jahre später wurde sie durch einen Neubau ersetzt, der verfiel und abgerissen werden musste. Eine Weile passierte auf dem Hügel nichts. Erst Ludwig XV. entschloss sich zu einem neuen Kirchenbau, überdachte allerdings seinen Beschluss noch weitere zehn Jahre und genehmigte dann Jacques-Germain Soufflots Modell einer riesigen Kirche in Form eines griechischen Kreuzes. Angeblich bewunderte der bis dato unbekannte Architekt Soufflot den gotischen Stil der herrlichen Kathedralen Frankreichs, bevorzugte selbst hingegen die römische Klassik.

Sein Plan sah einen antiken Kuppelbau mit einer römisch-griechischen Tempelfassade und einer großen Kuppel über einem säulengeschmückten Tambour vor. Und unter den Pfeilern des Fundaments sollte eine enorme Krypta angelegt werden, die sich noch heute über die gesamte Grundfläche der Kirche zieht. Womit wir im Kellergewölbe der bedeutenden Menschen sind.

Die »Panthéonisation« begann mit dem Grafen Mirabeau, dem ersten bedeutenden Mann der Revolution. Nach dem Vorbild der Westminster Abbey wollte die Nationalversammlung eine außergewöhnliche Grabstätte für bedeutende Männer schaffen. Zu diesem Zweck wurde das Kirchengebäude in den Jahren 1791–1993 nochmals umgebaut, wodurch es definitiv zu einem Pantheon, einer weltlichen Gedenkstätte bedeutender Menschen, wurde. *Les grands hommes* sind vor allem Männer, wie sollte es auch anders sein. Nur zwei Frauen kann man hier finden: Marie Curie und die Wissenschaftlerin Sophie Berthelot. Doch das soll sich ändern. Augenblicklich diskutiert die Nationalversammlung darüber, wer noch im Jahr 2013 pantheonisiert wird. Es stehen vorzugsweise Frauen zur Debatte: Simone de Beauvoir oder auch die Frauenrechtlerin und Revolutionärin Olympe de Gouges, die es gewagt hatte, Robespierre die Stirn zu bieten, weshalb sie auf dem Schafott landete. Gehört dann nicht eigentlich auch Charlotte Corday hierher? Schließlich hat sie den Tyrannen Marat, der alle Adeligen und deren Freunde aufs Schafott bringen wollte, getötet.

105. GRUND

Weil Sacré-Cœur nicht nur eine beliebte Kitschkirche und Montmartre nicht nur ein Touristenmekka ist

Montmartre war vor langer Zeit ein Ort des Kultes und des Martyriums, daher der Name, der sich vielleicht von *mons martyrum* ableiten könnte. Saint-Denis, der erste Bischof von Paris, wurde dort zwischen 250 und 272 von Antichristen geköpft. 200 Jahre später erhob sich an der Stelle der heutigen Kirche Saint-Pierre (jene, die sich an die Basilika schmiegt) ein gallisch-römischer, dem Kriegsgott Mars gewidmeter Tempel. Manche behaupten, der Name des Hügels könnte auch auf jene Zeit zurückführen, da damals die heidnischen Menschen zum Berg von Mars, *le mont de Mars*, pilgerten, um ihren Gott zu preisen. Während der Revolutionsregierung, die viele Plätze und Straßen umbenannte, hieß der Hügel sogar Mont-Marat, zu Ehren des zweifelhaften Aristokratenhetzers Jean-Paul Marat. Woher auch immer sein Name kommt, seit Jahrhunderten zieht der Hügel Menschen an. Waren es früher Heiden und Pilger, so sind es heute Touristen.

Hauptattraktion ist hier natürlich Sacré-Cœur. Das Heiligtum hat die Form eines griechischen Kreuzes und wird von vier Kuppeln dekoriert. Umringt von Menschen sämtlicher Kontinente betritt man die Kirche durch das dreibogige Hauptportal, flankiert von Reiterstatuen der beiden Nationalheiligen Johanna von Orléans und Ludwig IX. Besonders staunen wird der Voyageur über das Christusmosaik in der Apsis, das Jesus mit flammendem, dornen-umkränztem Herzen und ausgebreiteten Armen zeigt. Das 1922 von Luc-Oliver Merson fertiggestellte, 475 Quadratmeter große Mosaik ist eines der größten der Welt. Die schöne Basilika aus robustem Stein, der mit dem Alter keine Patina annimmt, sondern immer weißer wird, beherbergt auch eine außergewöhnliche Krypta sowie etliche Statuen, die Sie im Tross der Touristenströme bewundern können. Aber, *attention*: Sacré-Cœur ist mehr als nur eine kitschige Basilika im römisch-byzantinischen Stil. Anlässlich des Ausrufens der dritten Republik im September 1870 verkündete Monsignore Fournier, Frankreichs Niederlage im preußisch-französischen Krieg sei eine Gottesstrafe für den moralischen Verfall des Landes seit der Revolution gewesen. Daraufhin äußerten zwei Pariser Notare und Architekten öffentlich den Wunsch, eine Basilika der Vergebung errichten zu wollen. »Wir versprechen Gott, in Paris ein Heiligtum aufzubauen, das dem heiligen Herzen Jesu gewidmet sein soll![13]«, schrieben sie an die Nationalversammlung. Diese sollte das Projekt als für die Öffentlichkeit wichtig und nützlich absegnen.

Heute besucht natürlich keiner mehr die Basilika, um darin Buße zu tun. Dem Reisenden rate ich allerdings, wenn möglich, die zentralen Restaurants, Cafés und Snackstände zu meiden. Denn für das schlechte Essen so teuer bezahlen zu müssen, ist wirklich eine Sünde, die er hinterher büßen wird.

106. GRUND

Weil es auch über die bekannten Museen mehr als das Übliche zu berichten gibt

Natürlich muss der Voyageur unbedingt durch den Louvre geschlendert sein, bevor er Paris den Rücken kehrt. Allerdings erfordert ein Besuch im Louvre viel Zeit und Geduld und die sind nicht jedem gegeben, besonders im schnellen Paris. Reinschneien und im Eiltempo die *Mona Lisa* anstreben, ist fast aussichtslos. Das Porträt der lächelnden *Joconde* in Ruhe zu betrachten, dagegen ganz aussichtslos. Meistens stehen dicke Trauben von Menschen davor, die ihm die Kontemplation verderben. Aber wer geht schon zur Kontemplation in den Louvre? Nur wem es gelingt, einen ruhigen Montagmorgen zu erwischen, an dem keine Schulklassen und keine Gruppen mit laut sprechenden Reiseführern unterwegs sind, der kann in einem der langen Säle beispielsweise den Lebenszyklus der Marie de Médicis von Peter Paul Rubens in Öl betrachten und dabei hin und wieder auf einer der Bänke ausruhen.

Ich empfehle, sich nur einen Flügel zur Besichtigung vorzunehmen. Denn zu viel Kunst auf einmal kann kein Mensch verdauen.

Der Louvre ist enorm und hat ähnlich der Notre-Dame mehrere Bauphasen durchgemacht, bevor das Gebäude entstand, das wir heute sehen. Vom 12. bis 14. Jahrhundert existierte nur der zentrale Teil mit dem Donjon, der als Festung und Trutzburg diente, bis dann die Könige Karl V. und Heinrich II. das Gemäuer zu einem wohnlichen

Palast ummodelten und im Stil der Renaissance erweitern ließen. Auf die Zeit des Schaffens folgte eine der Verwahrlosung, denn Ludwig XIV. zog es bekanntlich in sein pompöses Refugium in Versailles.

Derweil besetzten Schauspieler der *Académie française* die ehemals königlichen Schlafgemächer des Louvre. Gaukler, Händler und Künstler aller Kategorien schlugen in den Hallen und unteren Räumen ihre Zelte auf. Paradoxerweise machte die Revolution, deren Regierung ansonsten alle Paläste hatte vergammeln lassen, der Verwahrlosung des Louvre ein Ende und gründete in seinen Räumen im August 1793 ein Museum. Hier wurden die Schätze des geköpften Adels, die man vor den Plünderern und Geldhaien retten konnte, zusammengetragen und ausgestellt. Unter Napoleon I. bekam es am 9. November 1802 – Beginn der Epoche des Konsulats I – den Namen »Musée Napoléon«. Der Neffe des großen Bonapartes, Napoleon III., ließ sich den Nordflügel für Eigenbedarf und Empfänge renovieren und prächtig einrichten.

Es gibt unzählige Werke über die Geschichte des Louvre, in denen je nach Laune und Zeit stundenlang geschmökert werden kann, und jeder weiß ein wenig über die Hauptsehenswürdigkeiten der Stadt Bescheid, deshalb beschränke ich mich hier auf Anekdoten, die keiner kennt. Beispielsweise dass *la Joconde*, die *Mona Lisa*, 1911 hinter Glas gepackt wurde, drei Monate später verschwand und erst 1913 in Italien wiedergefunden wurde? Ihr Dieb, ein italienischer Patriot, wollte sie seinem Land zurückgeben.

Oder dass 1995 das Gemälde *Daims dans un paysage* von Lancelot Théodore Turpin de Crissé am helllichten Tag aus seinem Rahmen geschnitten wurde und bis heute unauffindbar bleibt?

Dass 1999 Corots *Le Chemin de Sevres* abgehängt wurde, ohne die geringste Regung des Alarmsystems?

Dass die Pyramide unter dem Zeichen des Teufels steht, weil sie einem Gerücht zufolge aus genau 666 gläsernen Dreiecken besteht?

Folgendes weiß der Voyageur vielleicht bereits: Man begrub die Aufständischen der Julirevolution von 1830 unter der Kolonnade des Louvre. Wonach der untröstliche Hund eines Opfers monatelang durch das Gemäuer schlich und seinen Herrn suchte. Ein Wachhabender erbarmte sich seiner schließlich und nahm ihn auf. Doch noch heute hört man an bestimmten Tagen vor der Kolonnade das Jaulen des Hundes, obwohl die Geschichte schon 183 Jahre zurückliegt.

107. GRUND

Weil es hervorragende Nischenkunst gibt

Geht man mit offenen Augen durch Paris, fällt es an sonnigen Tagen besonders auf: *le trompe-l'œil*. So bezeichnet wird die illusionistische Malerei, eine perspektivische Darstellung, die uns eine dreidimensionale Räumlichkeit vortäuscht. In der Malerei wird dieses Stilmittel seit der Renaissance verwendet, um eine Tiefe ins Bild zu bringen oder einen Ausblick auf Fantasielandschaften zu schaffen. Fast zur gleichen Zeit entdeckten aber auch Architekten diesen optischen Trick für die Gestaltung von Innenräumen, um sie zu vergrößern oder künstliche Ausblicke zu schaffen. Auf ganz Frankreich verteilt, variiert der Städtesurrealismus und passt sich den Sitten der Region an. In Paris zum Beispiel will er sich in seine Umgebung integrieren oder ist einfach nur Dekor, wie die Camouflage des 2008 in Konstruktion befindlichen Vuitton-Gebäudes am Ende der Avenue George V. Damals hatte der Künstler der Baustelle eine robuste riesige Leinwand übergeworfen, die ein wackelndes, verzerrtes mehrstöckiges Haus abbildete. Es kursierte viel Polemik um diesen *surréalisme urbain*, da es hieß, der Gestalter habe Fotos vom früheren Gebäude gemacht und diese dann lediglich in verzerrter Form auf eine Leinwand gedruckt. Vielleicht war es so.

Wenden wir uns deshalb lieber wieder echter Leinwandkunst zu, die bleibend ist. An der Ecke Rue de Montmartre und Rue de Mail prangt auf 100 Quadratmetern Mauerfläche ein Strauß Riesentulpen, deren Blüten aus rot gefärbtem Schaumgummi geformt sind und plastisch hervortreten.

Dem Hotel »Centre Ville Étoile«, Nummer 6, rue des Acacias im 17. Arrondissement, wurde eine Art-déco-Fassade verpasst, die sehr elegant aussieht.

In der Rue Castagnary im 15. Arrondissement schildert die komplette Mauer eines Gebäudes die Eskapaden dreier kletterfreudiger Jungs. Wunderschön finde ich auch das Trompe-l'Œil in der Rue Haxo: Feuerwehrleute retten eine Katze.

Und was halten Sie von dem orangenen Vorhang, der um eine Stange drapiert ist und an eine sokratische Steintafel denken lässt? Gesehen bei République.

Nur wenige Schritte von der Rue Jean-Sébastien-Bach entfernt wird die trostlose Fassade eines Gebäudes durch einen berühmten Kopf erst ansehnlich. Wem der Kopf gehört, lässt sich leicht erraten.

Falls man durch die Gassen des 11. Arrondissements schlendert, sollte man nicht nur flüchtig auf die Mauern schauen, sondern sie genauer, so richtig intensiv, betrachten, dann begegnen einem William Shakespeare, Sophokles, Victor Hugo und andere unvergessliche Dichter und Denker. Es wundert nicht, dass sich genau hinter der Fassade ein Theater und eine Schauspielschule verbergen.

Eine Mauer der Rue Lauzin im 19. Arrondissement überrascht ebenfalls mit einer interessanten Wandmalerei, die sich harmonisch in die Architektur der Nachbargebäude einfügt. Schön ist der *Schatten des Baumes* von Tamas Zanko im 10. Arrondissement. Aber als absoluter Hingucker gilt die Freske-Trompe-l'Œil im Quatier de la Goutte-d'Or des 18. Arrondissements. In dieser Ecke sind manche Mauern beschädigt und das eine und andere Gebäude wartet auf Sanierung. Die Idee, in dieser Weise die Stadt zu beleben, finde ich einfach großartig und viel einladender als gigantische Reklamewände. Aufzählen kann ich hier natürlich nicht alle urbanen Kunstwerke, aber der Rest kann selbst entdeckt werden, wenn man nur aufmerksam durch die Stadt spaziert.

108. GRUND

Weil es im Musée du Luxembourg zu allen Jahreszeiten interessante Ausstellungen gibt

Das Palais du Luxembourg zieht sich an der gesamten Nordfront des Jardin du Luxembourg entlang und ist auch nur von dieser Seite aus zugänglich. 1612 kaufte die Regentin Marie de Médicis das große Anwesen zwischen der Rue Guynemer, der Rue de Vaugirard und einem Teil des Boulevard Saint Michel, samt der Stadtvilla des Herzogs von Luxembourg. Drei Jahre später beauftragte sie den Bau eines Palastes im florentinischen Stil. Die gebürtige Florentinerin hatte ihren Mann, König Heinrich VI., drei Jahre zuvor bei einem üblen Attentat verloren (man erstach ihn) und fühlte sich in der Residenz, im Louvre, aufs Abstellgleis geschoben. Ihr Sohn Ludwig XIII. stand unter dem Einfluss Kardinal Richelieus und entglitt ihr völlig. Erst 1631 konnte sie in ihren Palazzo im Jardin du Luxembourg einziehen, denn ihren Sohn muss sie zwischenzeitlich so genervt haben, dass er sie einige Jahre nach Blois verbannte. Mehr als 100 Jahre später gründete Ludwig XV. im Palais eine Galerie, in der er einen großen Teil seiner Gemäldesammlung ausstellen ließ. Zum ersten Mal entdeckte die Öffentlichkeit Werke von Leonardo da Vinci, Tizian, Veronese, Rembrandt, Van Dyck und Raffael. Die Galerie war das erste Gemäldemuseum Frankreichs.

40 Jahre später beschlagnahmte die Revolutionsregierung den Palast als Staatseigentum und machte ihn zur Waffenschmiede und zum Gefängnis. George Danton und Camille Desmoulins schmorten dort bis zum Tag ihres Todes. Unter Napoleon dann baute man

das Gebäude erstmals zu dem um, was es noch heute ist: Sitz des Senats. Den Konferenzsaal kann man im Normalfall nicht besichtigen, die Salons im südlich gerichteten Flügel dienen jedoch als Raum für regelmäßige Ausstellungen, so wie es einst Ludwig XV. wünschte. Sämtliche große Künstler waren und sind immer wieder für eine Dauer von fünf Monaten vertreten. Die letzte Ausstellung hieß *La Renaissance et le Rêve* und stellte Werke von Veronese, El Greco, Hieronymus Bosch, Albrecht Dürer und anderen eindrucksvollen Künstlern der Renaissance aus.

Bei Interesse an einer Ausstellung im Palais du Luxembourg sollte die Website des Museums konsultiert werden und Karten reserviert. Das ist ratsam, da man sich hier oft die Beine in den Bauch steht, bis man endlich durch das schöne Eingangstor tritt, dessen Säulen und Pilaster den florentinischen Einfluss deutlich erkennen lassen. Müde Zeitgenossen können nach der Ausstellung im angegliederten Bistro etwas trinken oder eine Kleinigkeit essen. Lufthungrige spazieren im zauberhaft angelegten Park, ohne auf Kunst verzichten zu müssen, denn auch dort lauern überall Statuen berühmter Menschen. Um die Weihnachtszeit dürfen Kinder übrigens in allen Parks umsonst Karussell fahren. Es empfiehlt sich dann allerdings, weniger berühmte Grünanlagen aufzusuchen, denn der Andrang ist enorm.

109. GRUND

Weil das Musée de la vie romantique und das Musée Rodin zwei reizende Patentanten haben

Immer wieder erspäht man in Paris, verborgen hinter den großen Gebäuden, eine Stadtvilla oder ein nettes Landhaus, das im Laufe der Jahrzehnte zu einem kleinen Museum herangewachsen ist. Das Musée de la vie romantique ist beispielsweise kein bunter Hund wie der Louvre, denn es ist kein Museum im üblichen Sinn. Die Visite im ehemaligen Landhaus des holländischen Malers Ary Scheffer ähnelt eher dem Besuch bei einer verstaubten Tante, die ihre Vergangenheit an die Wand gepinnt oder in Glaskästen aufbewahrt hat. Auf den mit alten Teppichen belegten Böden stehen Sessel aus dem 19. Jahrhundert, in denen George Sand und Ary Scheffer über Literatur und Liebe diskutiert haben. Vermutlich tranken sie dazu Tee. Aber nicht unbedingt denselben, der heute in der Gartenlaube des Hauses genossen werden kann.

Ary Scheffer ließ sich 1830 in diesem Viertel nieder, das damals als *la Nouvelle Athènes*, das neue Athen, bekannt war. Zu jener Zeit rissen sich immer mehr Spekulanten die Obst- und Gemüsegärten des Hügels Montmartre unter den Nagel. Villen und Landhäuser entstanden, die wohlhabende Käufer anlockten. Als Ary Scheffer das Patrizierhaus kaufte, war es noch von Grünland umgeben. Er ließ einen Teil zu einem gläsernen Atelier umbauen. In seinem Wohnbereich empfing er das Paris der Künstler und Intellektuellen: Delacroix, Dickens, Rossini, Liszt und natürlich George Sand und Chopin, der gerne mal eine Nocturne auf Scheffers Piano spielte.

Alles, was man hier an Schmuck, Broschen, Haarspangen, Kunstobjekten und Skulpturen vorfindet, gehörte einst George Sand. Im Erdgeschoss hängen unter anderem *Leila*, ein Gemälde von Eugène Delacroix, und ein Porträt der Schriftstellerin, gemalt von der Künstlerin Auguste Charpentier. Eindrucksvoll sind die Gipsabdrücke von Chopins linker Hand und George Sands rechtem Arm. Wenn man an die spannende Liebesbeziehung der beiden denkt, wird einem beim Anblick der Gipsabdrücke schon leicht sonderbar zumute. Als Chopin die Schriftstellerin zum ersten Mal sah, gefiel sie ihm überhaupt nicht. Später kam er nicht mehr von ihr los. Da fallen einem unwillkürlich die Worte von William Butler Yeats ein: »Oh, love is the crooked thing!«

Ein sehr bekanntes und gut besuchtes Museum ist das von Rodin. Mit seinem herrlichen Garten zieht es vor allem im Sommer Reisende an. Keiner stört sich daran, wenn hier das eigene Sandwich ausgepackt und in Gesellschaft der Bronzeskulptur *Der Denker* ein kleines Picknick veranstaltet wird. Auguste Rodins Werke zeichnen sich durch Größe und Wuchtigkeit aus. Gleichzeitig sind sie von einer Zartheit, die wir erst bei genauem Betrachten erkennen. Besonders aufgefallen ist mir das an der Skulptur *Der Kuss* und an der von Balzac. Die Statue des Schriftstellers wirkt wie ein robuster Koloss, dem nichts und niemand etwas anhaben kann, und drückt dennoch Balzacs Sensibilität und Verletzlichkeit aus. Der in Bronze gegossene Balzac steht nicht im Musée Rodin, dafür aber viele andere, die gespannt auf Besuch warten.

Auguste Rodins Leben spiegelt der Film *Camille Claudel* beeindruckend wider, mit Gérard Depardieu als Rodin und Isabelle Adjani als Camille Claudel. Und da wir gerade bei Filmen angelangt sind, möchte ich auf *Midnight in Paris* von Woody Allen hinweisen, in dem Carla Bruni-Sarkozy einen Kurzauftritt als Museumsleiterin des Rodin-Museums hat.

 110. GRUND

Weil hier jeder auf seine Kosten kommt, auch Taucher

Vielen ist das Centre Pompidou bekannt. Dennoch einige Infos: Mit ihm wollte der ehemalige Präsident Georges Pompidou der Verehrung antiker Kunstschätze und der Werke der Stadt einen Hauch Modernität verpassen. Le Centre national d'art et de culture, das Staatliche Kunst- und Kulturzentrum, im Herzen der Stadt sollte ein Treffpunkt moderner Kunst, zeitgenössischen Kreationen in Bildhauerei, Gemälden, Grafiken und Fotografie einerseits und neuen Medien, Film, Musik, Architektur und Design andererseits werden. Neben der Kinderwerkstatt, einem Café und Restaurant gibt es hier natürlich auch eine große Bibliothek. Unter uns nennen wir Pariser den Koloss aus blauen Wasserrohren und grünen Klimarohren *Beaubourg* oder *La Raffinerie*, weil er an eine Fabrik erinnert. Viele Pariser hassen das Gebäude. Es sitze wie ein hässliches Unkraut inmitten schöner Blumen, womit Notre-Dame, Le Théâtre du Châtelet und Le Théâtre de Ville gemeint sind, und müsse ausgerissen werden. Ähnliches hört man von der Tour Montparnasse, von der gesagt wird, man habe von ihrer Spitze die beste Aussicht auf Paris. Und warum? Weil man von dort aus den hässlichen Turm selbst nicht sehen muss. Geschmäcker sind eben verschieden.

Machen wir zum Trotz nochmals einen Schwenker ins 13. Jahrhundert. Vor über 700 Jahren wurde auf Wunsch Ludwig IX. die Palastkapelle Sainte-Chapelle gebaut. Zur Heiligen Kapelle avancierte sie durch die Passionsreliquien, die in ihr aufbewahrt sind. Sainte-Chapelle ist im hochgotischen Stil erbaut worden und gehört zu den schönsten Bauwerken der Stadt. Tageslicht flutet durch die vielen bunten Fensterrosen, die sich über 600 Quadratmeter Wände erstrecken. Hier kann man gar nicht anders, als ergriffen zu werden von der Schönheit dieser Kunst, dem einzigartigen Lichtspiel in den Fensterfacetten, das sich auf den Steinplatten, den Bänken und in den Nischen widerspiegelt und die ganze Kapelle auf besinnliche Weise zum Leuchten bringt.

Wer aber lieber unter Wasser Eindrücke sammeln will, der tauche unter die Oper. Nein, ich mache keine Scherze. In den Tiefen der Opéra Garnier, unter den Übungsräumen der Tänzer und noch weiter unten, im Keller, befindet sich ein 1.000 Quadratmeter großes Becken, gefüllt mit Wasser. Hier soll das Phantom der Oper wohnen. Das jedenfalls behauptet Gaston Leroux in seinem Roman *Le Fantôm de l'Opéra,* der von Andrew Lloyd Webber zum Musical umgearbeitet wurde. Sogleich entstanden Legenden um den mysteriösen Raum unter der Oper, der durch seine Pfeiler und Gewölbe einem Labyrinth ähnelt. Manche faseln von einer Unterwasserinszenierung des Balletts *Schwanensee*, andere fantasieren, das Phantom könne plötzlich auf sie zuschwimmen.

Ursprünglich war kein unterirdischer See geplant. Als Architekt Charles Garnier um 1870 herum bei einer Besichtigung der Baustelle unterhalb des Mauerwerks der Nordostseite Pfützen entdeckte, wurde er zunächst blass vor Schreck. Der Bau war zu weit fortgeschritten, um ihn abzubrechen oder kostspielige Veränderungen vorzunehmen. Glücklicherweise blitzte eine Idee in ihm auf und schon bekam er wieder Farbe. Er konzipierte einen Tank, in dem sich das unterirdisch austretende Wasser sammeln sollte. Diese Maßnahme stellte sich als geniale Idee heraus, da sie eine stabilisierende Wirkung auf den Bau hatte und bis heute hat.

Dass sich mittlerweile Karpfen im unterirdischen See wohlfühlen, gefüttert von den Technikern, die den Ort instand halten, weist auf die Sauberkeit des Wassers hin. Theoretisch könnte man anlässlich der Führung durch die unterirdische Oper ein Bad nehmen. Praktisch wird das leider nicht möglich sein. Tut mir leid!

111. GRUND

Weil man Paris einfach lieben muss – meine Liebeserklärung

Ach Paris. Du mit deinem Janusgesicht. Als ich in Dir aufwuchs, habe ich Dich manchmal gehasst. Deine überfüllten Spielplätze, Deine schrecklichen Hallenbäder, die Besuche in Ausstellungen an Regentagen, das stundenlange Sitzen im Stau, wenn wir in den Wald oder ans Meer fuhren, und Deinen braunen Schnee, der mir keine Zeit ließ, einen blitzenden Schneemann zu bauen.

Ich habe mir weißen Schnee und eine weiße Weihnacht gewünscht und durfte stattdessen die Vitrinen der Galeries Lafayette oder des Bon Marché begaffen, in denen auf originelle Weise mit schönen Marionetten Märchen gespielt wurden. Jedes Jahr immer wieder die Vitrinen und unzählige Kinder davor, die sich vielleicht wie ich nichts anderes wünschten als eine weiße zauberhafte Weihnacht. Je älter ich wurde, desto kleiner wurde mein Hass, und allmählich lernte ich Dein anderes Gesicht kennen. Dieses unglaublich interessante Gesicht mit seinen schillernden Facetten, seinen tiefen Falten, von denen eine jede unter Schmerzen und Freude entstanden ist. Dein Gesicht mit den hellen Augen, in denen sich tausendjährige Geschichte spiegelt.

Ich durchstreifte Dich, um Deine Geschichte kennenzulernen, und immer wieder stieß ich dabei auf Deine finstere Seite. Auf überfüllte Metros, vollgestopfte Mülleimer, Schmutz, Regen, Gestank nach Benzin und andere üble Gerüche, die von den Trottoirs aufstiegen. Und schlimmer noch: Ich stieß auf Menschen mit grimmigen Gesichtern, aggressiven Reaktionen, auf unfreundliche Kellner in den Cafés, schlecht gelaunte Verkäufer in den Boutiquen, wütende Clochards und merkte irgendwann, dass ich nicht besser bin als sie. Ich rase durch die Stadt, boxe mich durch und rufe dabei nach allen Seiten »*Pardon, pardon, pardon!*« und schimpfe über alles, vor allem über den Verkehr. Wie sagte es doch Michel Audiard so treffend: »*Conduire dans Paris est une question de vocabulaire.*« (Fahren in Paris ist eine Frage des Wortschatzes.)

Oft schüttelte ich den Kopf über Menschen, die nach Paris ziehen wollten. Und ich schüttle ihn manchmal auch noch heute, aber zögernd.

Ach, Paris! Du bist eben meine Heimat. Ich bin hier geboren, hier aufgewachsen, habe hier laufen gelernt, bin hier zur Schule gegangen. Es war Rainer Werner Fassbinder, der gesagt hat: »Das bisschen Heimat, das ich brauche, nehme ich an den Schuhsohlen mit.«

Paris, heute kenne ich Dich besser als mich selbst, deshalb weiß ich mit Dir umzugehen. Was Du mir an Schönem gibst, finde ich und kann es genießen. Wenn der Himmel aufreißt und sich sein strahlendes Blau über Dich wölbt, als wolle es Dich beschützen. Wenn eine kräftige Sonne Deine Dächer zum Funkeln bringt und die Sandsteinhäuser golden leuchten, wenn ich bei Sonnenuntergang in einem Café auf der Île Saint-Louis sitze oder auf der Dachterrasse meiner Freundin. Wenn ich bei Regen auf der Brücke Bir Hakeim stehe und flussaufwärts den Eiffelturm, die Boote, die traditionelle Architektur des rechten Seine-Ufers sowie den modernen Komplex des linken Ufers betrachte und dabei Regentropfen wie wild auf der Wasseroberfläche hüpfen. Dann habe ich das Gefühl, nirgendwo anders leben zu können und nirgendwo anders leben zu wollen. Ich empfinde ein Prickeln, einen Jubel und meine Gefühle vollführen einen inneren Freudentanz über die Chance, Pariserin zu sein und diese Stadt wie meine Handtasche zu kennen.

Lange blicke ich auf die Liberty. Sie ist kaum zu erkennen, hinter dem Vorhang aus Regen und Dunst. Aber sie ist es. Eine der kleinen Versionen der gigantischen Lady, die in New York City im Battery Park steht, ragt vor dem Pont de Grenelle in die Höhe und versucht, dem Eiffelturm die Schau zu stehlen. Auf der ganzen Welt gibt es Repliken von der Freiheitsstatue, aber mit der französischen hat es etwas auf sich. Sie erinnert daran, dass jene im Battery Park aus Frankreich kommt. Hier wurde nach seinem elf Meter hohen ersten Modell aus dem Jahre 1878 vom Bildhauer Auguste Bartholdi mithilfe des Ingenieurs Gustave Eiffel – der sich um die innere Struktur kümmerte – in vierfacher Größe das Original geschaffen und auf dem Dampfer nach New York verschifft.

Viele schöne Dinge und viele Ideen auf unserer Welt hatten ihren Ursprung in Dir, Paris. Und so sehr meine Wut auf Dich manchmal aufschäumt und ich Dich verfluche, so schnell ist mein Zorn auch wieder verraucht und ich möchte wieder von Dir in den Arm genommen werden, Paris, in einer lauen Sommernacht an den Ufern der Seine.

Literaturverzeichnis

1   übersetzt von fr.wikipedia.org/wiki/Robert-François_Damiens#La_torture.2C_
    le_proc.C3.A8s.2C_la_sentence

2   www.art-partner.com/epochen/jugendstil

3   »Notre-Dame de Paris«, Buch III, Kapitel 2, Übersetzung der Autorin

4   Rainer Maria Rilke: Gedichte (1905): Es ist ganz stille. Aufrecht steht der Duft

5   Interview auf Süddeutsche.de: www.sueddeutsche.de/kultur/woody-allen-ueber-
    paris-stellen-sie-sich-diese-schoenheit-vor-1.1132129-2

6   www.dicocitations.com/citations/citation-3628.php

7   www.citations-francaises.fr/citation/Les-femmes-cherissent-la-mode-parce-que-
    la-nouveaute-est-toujours-un-reflet-de-jeunesse

8   penseedudiscours.hypotheses.org/10138

9   Gelesen im Figaro vom 12. August 2013 in einem Artikel von Pauline Castellani
    über die einstige Vogue-Chefredakteurin Diana Vreeland

10 Vgl. Correspondance de Frédéric Chopin. L'ascension 1831–1840. Recueillie,
    révisée, annotée et traduite par Bronislas Éduard Sydow en collaboration avec
    Suzanne et Denise Chainaye, Paris 1953–1960, S. 40

11 übersetzt aus Œuvres complètes de Voltaire, Vol. 10, S. 613

12 übersetzt aus Tu est plus belle que la ciel et la mère von Blaise Cendrars

13 übersetzt von fr.wikipedia.org/wiki/Basilique_du_Sacré-Cœur_de_Montmartre

CATHARINA GEISELHART wurde 1989 in Paris geboren und wuchs dort in einem deutschen Elternhaus auf. Nachdem sie 2004 von der namhaften Modelagentur »Karin Paris« entdeckt worden war, arbeitete sie für Chanel und andere große Modehäuser. Sie studiert an der renommierten Hochschule SciencesPo. Paris und will dort ihren Abschluss in Politikwissenschaft machen. Bei Schwarzkopf & Schwarzkopf veröffentlichte sie bereits zwei Romane: HELLO PARIS und AIN'T NO SUNSHINE.

Catharina Geiselhart
111 GRÜNDE, PARIS ZU LIEBEN
Eine Liebeserklärung an die großartigste Stadt der Welt

ISBN 978-3-89602-976-8
© Schwarzkopf & Schwarzkopf Verlag GmbH, Berlin 2014

KATALOG
Wir senden Ihnen gern kostenlos unseren Katalog.
Schwarzkopf & Schwarzkopf Verlag GmbH
Kastanienallee 32, 10435 Berlin
Telefon: 030 – 44 33 63 00
Fax: 030 – 44 33 63 044

INTERNET | E-MAIL
www.schwarzkopf-schwarzkopf.de
info@schwarzkopf-schwarzkopf.de